名家名译世界文学名著

秘密花园

【美】弗朗西丝·霍奇森·伯内特◎著
李文俊◎译

The Secret Garden

北京理工大学出版社
BEIJING INSTITUTE OF TECHNOLOGY PRESS

图书在版编目（CIP）数据

秘密花园 / (美) 伯内特著；李文俊译. -- 北京：北京理工大学出版社，2015.4（2019.3重印）

ISBN 978-7-5682-0232-9

Ⅰ. ①秘… Ⅱ. ①伯… ②李… Ⅲ. ①儿童文学－长篇小说－美国－现代 Ⅳ. ①I712.84

中国版本图书馆CIP数据核字（2015）第017472号

出版发行 / 北京理工大学出版社有限责任公司
社　　址 / 北京市海淀区中关村南大街 5 号
邮　　编 / 100081
电　　话 /（010）68914775（总编室）
82562903（教材售后服务热线）
68948351（其他图书服务热线）
网　　址 / http: //www.bitpress.com.cn
经　　销 / 全国各地新华书店
印　　刷 / 三河市金元印装有限公司
开　　本 / 700 毫米 × 1000 毫米　1/16
印　　张 / 18
字　　数 / 180千字
版　　次 / 2015年 4 月第 1 版　2019 年 3 月第 5 次印刷
定　　价 / 28.00元

责任编辑 / 刘永兵
文案编辑 / 刘永兵
责任校对 / 周瑞红
责任印制 / 边心超

图书出现印装质量问题，请拨打售后服务热线，本社负责调换

译序

在21世纪最初几年里，我曾译过伯内特夫人的两本小说《小爵爷》与《小公主》。病后翻译它们曾给我带来安慰与喜悦，出书后偶尔在书店的架子上见到它们时，我仍然很感欣慰，觉得所花的力气并未白费。我知道别的出版社也出有别人的译本，但人总敝帚自珍，我相信自己的劳作在诸多译品中恐怕还是有特点的，毕竟多年来自己都一直在从事外国文学研究与译介的工作。当然，译少儿文学和译经典作品不尽相同，这方面需要一些特殊的禀赋与修养。

但好处是，拳脚倒可以舒展得更自由一些，对于译者来说，这是更能发挥自己的创造性的一个机会。鲁迅曾说过一段话，大意是：倘若每个人都能降低一档，做自己更能胜任的工作，效果必定更好。这高见，我是很以为然的。

伯内特夫人最脍炙人口的少儿小说除了上面那两本之外，就是这一本《秘密花园》了。我去年做完两件与福克纳有关的事后，又稍有闲暇，心想倘能将此书一并译出，岂非美事。于是便像外国童话里那个顶着一篮鸡蛋前行（后来自然是鸡蛋全都摔破）的小姑娘那样，在实事未做之前就先做起美梦来。我想着，有一天我快乐地译成的三本书给配成一套，加上插图，印得漂漂亮亮的，装在一个礼品盒里。小姑娘与小男孩得到了，急不可待地打开翻阅起来，还会随着主人公的命运又是哭又是笑……如果印成的是英汉对照本，那么通过细读这套书，有些小朋友说不定还能培育与提高自己对中外语言的感情与悟性呢。

未曾读过《小爵爷》与《小公主》的读者可能对作者的情况还不熟悉，这里再稍作介绍。这位女作家的全名是弗朗西丝·霍奇森·伯内特（Frances Hodgson Burnett），1849年出生于英国曼彻斯特一个五金工厂主的家庭。1853年她父亲去世，母亲继续经营，直到工厂倒闭。弗朗西丝只受到过中等教育。由于生活困难，全家于1865年移居美国，和亲戚一起住在一座圆木屋中。对于丧失亲人，投靠亲戚，移居他国，弗朗西丝像她笔下经常出现的一些人物一样，是有亲身体会的。1905年，她入了美国籍，但从她的作品看，风土人物均是英国味十足，用的语言亦较纯正典雅。弗朗西丝结过两次婚，伯内特为其第一个丈夫的姓。1924年，弗朗西丝在美国逝世。

这本《秘密花园》出版于1911年，是作者三本少儿文学书中最后出版的一本。伯内特夫人从小喜爱花草植物，离婚后悉心投入园艺活动。她写书获得成功后，收入颇丰，因而能在英国的住所周围有几个带围墙的花园，其中一个还是她的户外书房，她每天都要在园中写作。1909年她在纽约长岛布置自家花园时，突发灵感，构思出了《秘密花园》的基本内容。

此书出版后很快就成为一部畅销书，并且多次被改编为舞台剧与音乐剧，也曾三次被拍成电影以及卡通电视片。最近一次将此书改编为音乐剧的玛莎·诺曼还获得了1991年的托尼奖，而扮演玛丽的戴西·依根还是托尼奖有史以来最年轻的最佳女主角得主。

《秘密花园》的内容有些神秘，曲径通幽处，由读者自己去探究更为合宜，这里就不点明了。书的主题，则是身世坎坷或身心有病的人，可以通过改造周围的环境，改变自己的命运，重要的是要有一颗乐观向上的心。我翻译此书时常会想起过去几十年常被告诫的一个大道理：知识分子必须通过对环境的改造来改造自我。这句话本身没有错。但如果理解为对一部分人的惩罚性的强制行动，那就是另外的一回事了。如果是像书中所写的那样自愿地在完成一项工作中达到自我完善，那我想大家都是会欣然接受的吧。在书的结尾处，我们看到，无论是患自疑症的男孩还是患自闭症的女孩，都在复活废园的活动中得到改造，成为身心健康的人。不仅如此，他们还促使大人走出自设的牢笼，做到与人心灵相通。书中常常提到“魔法”一词，实际上，主人公自我完善的要求与行动本身，恐怕正是最能起作用的无边法力吧。伯内特夫人好像与中国人的主张默契到了心心相印的地步。她笔下的农家子迪康与其母苏珊·索尔比，岂不是很现成的知识青年应该向之学习、与之结合的两位“劳动人民”的代表吗？当然，这是在打趣了。不过，由此亦可看出，在当时的文学界伯内特夫人的思想还是比较进步的，这从《小爵爷》与《小公主》中对贫苦人民的同情与讴歌上也都能得到佐证。

李文俊

2006年早春于华威西里

目录

Contents

第一章　一个也没剩下

玛丽·伦诺克斯给送到米塞斯维特庄园她姑父那儿去住的时候，谁都说比她模样更不讨人喜欢的孩子还真是没见到过。这说的也是大实话。她一张小脸尖瘦尖瘦的，身子也是又细又瘦，浅色头发又稀又薄，还老哭丧着脸。头发发黄不说，连脸色也是蜡黄蜡黄的，那是因为她出生在印度，从小就这病那病不断。她父亲在当地的英国政府机构里当差，总是不得空闲，而且他自己也老是病恹恹的；她母亲倒是个大美人，光惦记着到处去参加舞会，跟那些喜欢嘻嘻哈哈的人一起寻欢作乐。母亲根本没想要生这个小女孩，玛丽一生下来她就将婴儿交给了一个土著阿妈全权看管，并且让这个阿妈明白，要想讨得女主人的欢心，最好的办法就是尽量少让太太见到小娃娃。因此，当玛丽还是襁褓中一个病病歪歪、脾气乖戾、相貌难看的小毛头时，她老是被藏藏掖掖的；等这个病病歪歪、脾气乖戾、相貌难看的小东西都会跌跌撞撞走路了，她还是被藏藏掖掖的。除了她的阿妈跟其他土著仆人那几张黝黑的脸之外，她印象中根本就没有什么熟悉的人影，而他们对他又总是百依百顺、唯命是从的，因为要是孩子一不高兴哭闹起来，打扰了女主人，太太发起脾气来，整个宅子又要不得安宁了。由于有这样的情况，到她六岁的时候，她已经变成一头非常不讲道理与自私自利的小野猪了。请来教她念书识字的那位年轻的英国家庭女教师很不喜欢她，勉强教了三个月就辞职不干了，别的女教师也来试过，但是走得比第一位更快。因此倘若不是玛丽自己恰好想念书，那她就会永远都是个大文盲了。

她大约九岁的时候，大清早天气就热得邪门儿，她一醒来就已经觉得五心烦躁。睁开眼睛，她看到站在床边的用人并不是每天来伺候她的那个阿妈。

“你来干什么？”她对那个陌生女人说，“我不要你在这里。去叫我的那个阿妈来呀。”

那个女人显出很害怕的模样，只是结结巴巴地说阿妈来不了。

玛丽火冒三丈，对着那女人又是踢又是打，那女人显得更害怕了，再一次重复说要阿妈上小主人这儿来是根本做不到的。

那天早晨空气中就莫名其妙地有一种神秘的气氛。一切都乱了套，似乎有好几个土著用人都不见了踪影，玛丽看到的那些也是蹑手蹑脚急匆匆地跑来跑去，显得灰头土脸、惊慌失措的。可是谁也不肯告诉她任何情况，而她自己的阿妈又始终没有露面。上午一点儿一点儿过去，仍然没有人来照顾她，她终于逐渐移步进入花园，在围廊附近一棵树下独自玩耍起来。她假装砌一个花坛，把大朵大朵盛开的猩红色木槿花插进一个个小土堆里，与此同时，她的怒火燃烧得越来越旺，肚子里想出了一句比一句更恶毒的骂人话，一等阿妈萨迪再次露面，她就要把这些咒骂统统堆到她的头上去。

“猪！猪！老母猪生下的一窝小猪！”她咒骂道。她这么骂，是因为在土著人看来，让人骂作猪真算得上是奇耻大辱了。

她咬牙切齿地一遍遍这么骂着，这时，她听到母亲和另一个人来到廊子上了。跟母亲在一起的是个皮肤白皙的金发年轻男子。玛丽认识这个像是比小孩大不了多少的年轻人。她听人说过，这个年轻的军官刚从英国来。孩子瞪视着他，不过她看得更多的还是她的母亲。一有机会她总是要这样细细察看的，因为女主人——玛丽总是更习惯于用这个而不是别的称呼来叫她——是那么一个高挑、苗条、俏丽的女子，衣着也总是那么的可爱入时。她的一头鬈发丝绸一般的柔软光洁，小巧、纤细的鼻子使她显得卓尔不群、傲视人间，眼睛却是大大的、笑眯眯的。她所有的衣服都薄若蝉翼，显得轻飘飘的，所以玛丽总说它们“全是花边”。今天早上，她的衣服比平时更像花边了，可是她的眼睛却丁点儿没露出笑眯眯的表情。那里充满了惊恐，睁得大大的，恳求般地仰望着那个娃娃军官的脸。

“真的是这么糟糕吗？哦，真的是吗？”玛丽听到她这么说。

“糟糕透了，”年轻人回答说，声音都有点颤抖了，“糟糕透了，伦诺克斯太太。你是应该两星期前就进山区去的。”

女主人扭绞着她的双手。

“唉，我知道我本该早些去的，”她喊道，“我不走仅仅是想参加那场愚蠢的宴会。我真是傻到家了。”

就在此刻，一阵撕心裂肺的哭号声从用人区那边爆发出来，使得夫人紧紧地抱住那个年轻人的胳膊，玛丽站在那儿也是浑身打起了哆嗦。哭喊声越来越大了。

“怎么回事？怎么回事？”伦诺克斯夫人气急败坏地问道。

“准是有人死了，”年轻军官回答道，“莫非瘟疫也传到你家用人当中来了？”

“我没听说呀！”女主人喊道，“快跟我来！快跟我来！”说着她便扭转身子朝屋子里跑去。

从此时起，更可怕的事情发生了，早晨那么不正常的原因也总算让玛丽弄清楚了。霍乱以最可怕的形式在这一带流传，人们像苍蝇一般地死去。她的阿妈昨天夜晚染上了病，方才就是因为她死了，用人们才在小茅屋里哭天抢地的。这一天还没过完，又接连有三个用人咽了气，其他的也都吓得一跑了之。惊恐笼罩着每一个角落，所有的平房里都躺着奄奄一息的人。

在慌慌张张、乱成一团的第二天里，玛丽一个人躲在育儿室里，谁都把她忘掉了。没有人想到她，没有人需要她，奇怪的事情发生着，但她对此却一无所知。一连好几个钟点，她哭上一阵，又迷迷糊糊地睡上一阵。她只知道有人生病了，她听到了神秘与可怕的声音。有一次，她爬到餐厅里去，发现那儿空无一人，不过饭桌上、椅子上有些盘子，里面放着些没有吃完的东西，看得出不知是因为什么，吃着饭的人慌忙中把盘子一推，突然就站起身来离开了。孩子吃了些水果与饼干，因为口渴又喝了一杯东西，杯子就在桌上放着，里面几乎是满的。酒很甜，她也不知道酒劲有多凶。很快她就昏昏欲睡了。她回到自己的育儿室，重新又把自己关在里面，心里惊惶不安，因为她听到小木屋那边传来一阵阵哭声，到处都有匆匆忙忙的脚步声。那杯酒使得她昏昏沉沉，眼皮几乎都睁不开，于是她躺到自己床上，好长一段时间什么都不知道了。

在她酣睡的这段时间里发生了许多事情，不过无论是宅子里的哭喊声还是把东西搬进搬出的声音，都没能吵醒她。

她醒来时，仍然是躺在床上呆呆地瞪视着对面的那面墙。整幢宅子里没有一点点声音。她以往还从不知道家里会如此寂静呢。她既听不见人的说话声，也听不到脚步声，心里嘀咕：莫非害病的人全都治好了，所有的麻烦事全都宣告结束了？她还琢磨，她自己的那个阿妈不在了，以后又由谁来照顾她呢？必定会派一个新阿妈来的，那她又有新故事可听了。那些老故事玛丽都听腻了。她没有因为失去她的保姆而哭泣。她不是个感情丰富的孩子，不大会想到别人的。周围吵吵闹闹，乱作一团，为霍乱的事哭天抢地，这使她感到恐慌，也很生气，因为似乎没有一个人记得她还活着。所有的人都惊慌失措，想不起还有一个不讨人喜欢的小姑娘。霍乱一来，他们谁都不管，就光知道自己了。不过，既然不再害病了，也该有人记起她并来照顾她的吧。

可是，没有人来，她躺着等待的时候宅子里倒是越来越没有人声了。她听见有样东西在地席上发出沙沙声，低下头一看，原来是一条小蛇在滑行，那双宝石般的眼睛还在盯着她呢。她没有觉得害怕，因为这是个无害的小东西，看来并没有要伤害她的意思，而且急着要爬出房间。她看着它从门缝底下钻了出去。

“多奇怪也多安静呀，”她说，“什么声音都没有，好像整座房子里除了我和那条蛇，别的活物一样都没有。”

几乎就在下一分钟，她就听到有脚步声来到院子里，有几个男人走进宅子，还低声交谈着。没有人迎出去接待他们，这几个人像是自己开的门，正在察看一个个房间。

“多么荒凉呀！”她听到有个声音在说，“不是住着一位大美人的吗！好像还有个小小孩的。我听说是有个小姑娘的，虽然大家都没有见到过她。”

几分钟后，当他们推开育儿室房门的时候，玛丽正站在房间的正中央。她看上去像是个长相丑陋、脾气乖戾的小东西，眉头紧锁，因为此刻她开始觉得肚子饿了，没人来管她使得她十分气恼。最先走进来的是个身材魁梧的军官，玛丽以前见到过他跟她父亲说话。他显得很疲倦很沮丧，但是看到她时他吃了一惊，几乎都要往后跳了。

“巴尼！”他喊出声来，“这儿有个小孩！孤单单的一个小孩！在这样的一个地方！我的天哪，她会是谁呢？”

“我是玛丽·伦诺克斯。”小姑娘说，把僵僵的身子尽量挺得直一些。她认为那人把她父亲的宅子叫作“这样的一个地方”是非常粗鲁无礼的。“大家得霍乱的时候我睡着了，方才刚刚醒来。为什么没有人来管我？”

“这是个谁也没有看到的孩子！”那人转向他那几个伙伴说道，“她竟然被大家忘掉了！”

“为什么把我给忘了？”玛丽说，一边跺着脚。“为什么谁都不来找我？”

那个被称为“巴尼”的年轻人悲哀地望着她。玛丽甚至觉得他在眨巴眼睛，免得眼泪掉下来。

“可怜的小不点儿！”他说，“那是因为一个人也没剩下，没有人能够来呀。”

玛丽就是在这样奇特与突兀的情况下知道自己不再有父亲与母亲的，他们都在夜里病故，给抬出去了，家中没有染上病的用人也都一哄而散，只恨自己两条腿走得太慢，谁也没有想起家中还有一位小主人。整个地方如此安静，原因即在于此。的确，整个宅子里除了她自己与那条瑟瑟作响的小蛇，真的就再也没有别的有生命的东西了。

第二章　玛丽小姐倔乖乖

玛丽以前总爱从稍远处凝视她的母亲，认为母亲非常漂亮，不过因为对母亲不是很熟悉，所以实在是说不上对死去的母亲有多么的爱，是怎样的思念。事实上，她可以说一点儿都没有想念母亲，因为她是个自顾自的孩子，脑子里想的都是自己的事，她从小就是这样的。

倘若年纪再大上几岁呢，那她自然就会对孤零零地留在世界上非常担忧了。可是她还太小，又一直是由别人在照顾着，她总以为以后也必定会是这样的。她脑子里想的只是：自己要去的是不是好人家，是不是会对她很和蔼，让她想怎么做就怎么做，如同她自己的阿妈和其他土著用人过去所做的那样。

她知道，自己是不会一直留在一开始送去的那位英国教士的家里的。

她也不愿意留在那里。那位英国教士很穷，自己已有五个大小差不多的孩子，他们衣衫褴褛，总在吵吵闹闹，为争夺玩具而打来打去。玛丽讨厌这所不整洁的平房，跟这些人都合不来，来了没两天，就谁也不愿意跟她玩了。她来到的第二天他们就给她起了个外号，这就使她心里更窝火了。

首先想到这档子事的是巴兹尔。巴兹尔是个长了双放肆无顾忌的蓝眼睛和一只翘鼻子的小男孩，玛丽很讨厌他。玛丽在一棵树下独自玩耍，就像霍乱突然暴发的那天一样。她正在拢土、造路，打算弄成一个小花园，这时巴兹尔走过来站在边上看她怎么干。不一会儿，他产生了兴趣，突然提出一个建议。

“你干吗不在那儿堆一些石子，算是假山呢？”他说，“喏，就在中间这儿。”说着还弯腰到她头上来指点给她看。

“滚开！”玛丽喊道，“我不和男孩玩。给我滚开！”

有一会儿，巴兹尔像是很生气，但是接下去他变得调皮起来了。

他也总是这样作弄自己的姐妹的。他绕着玛丽跳圈子，一边做鬼脸，一边又唱又笑：

玛丽小姐倔乖乖，
花园真能造出来？
银铃铛、花贝壳，
金盏花儿插起来。

他一遍又一遍地唱着，直到别的孩子都听到了并且一个个都哈哈大笑，乐不可支。他们越是唱“玛丽小姐倔乖乖”，玛丽越是生气。从此以后，她住在他们家，他们提到她时总称她为“玛丽小姐倔乖乖”，还时不时当面这样叫她。

“你就要给送回家了，”巴兹尔对她说，“就在这个周末。我们都希望你快点走。”

“我还巴不得快点走呢，”玛丽反唇相讥，“不过家在哪儿呢？”

“她连自己家在哪儿都不知道！”巴兹尔说，还用了七岁儿童的嘲讽口气。“自然是在英国啦。我们家的奶奶就是住在英国，去年我大姐梅布尔也送到那里去了。你是不会去奶奶家的。你没有奶奶。你要被送到你姑父那里去。他是阿奇博尔德·克雷文先生。”

“这人我怎么连听都没听说过。”玛丽还要强词夺理。

“我就知道你不会知道。”巴兹尔回答道，“你什么都不知道。女孩就是傻。我是听我爸爸妈妈说起他的。他住在乡下一座又高又旧的空荡荡的大房子里，没有人跟他要好。他脾气太坏，不愿意见人，到后来他请人家来人家都不来了。他是个罗锅，可吓人了。”

“你的话我不信。”玛丽说。她转过身去，用两只手指塞住自己的耳朵，这样的话她再也不想听了。

不过后来她还是对这件事想了很多。那天晚上克劳福德太太告诉她，再过几天，她就要坐船去英国到她姑父阿奇博尔德·克雷文先生那里去了，这位先生住在一处叫米塞斯维特的庄园里。她板着脸听着，故意装出一副不感兴趣的样子，大人都不知道该拿她怎么办。他们想跟她亲近一些，克劳福德太太打算吻她的时候她把脸扭开了，克劳福德先生拍拍她肩膀，她却把身子挺得更僵更直。

“她长相是太一般了一些。”克劳福德太太事后挺惋惜地说，“她母亲可是个大美人呢，风度也好，可玛丽呢，脾气这么别扭的孩子我还真是没有见到过。孩子们管她叫‘倔乖乖小姐’自然是刻薄了些，不过还是有点道理的。”

“倘若那位漂亮妈妈当初多到育儿室走走，让小孩多看看她那漂亮的脸和优雅的风度，说不定这个玛丽也能多沾些光。真可惜，美人儿没了，记得她有过一个小孩的人怕也没几个了。”

“我相信她几乎压根儿就没怎么去看过她。”克劳福德太太叹了口气说，“带领她的那个阿妈死去时，就没有一个人想到还有这个小东西。想想看，那帮用人各奔东西，把她一个人留在那幢空荡荡的房子里。麦格鲁上校说，当他推开门发现有个小女孩独自站在房间中央时，他几乎都要惊得灵魂出窍呢。”

玛丽是在一位军官太太的护送下，乘船经过长途航行回英国的，那位太太要把自己的几个孩子送回国去上寄宿学校。她照顾自己那几个小男孩小女孩已经手忙脚乱，巴不得能快些将玛丽交给阿奇博尔德·克雷文先生派到伦敦来接人的那个女人。那是米塞斯维特庄园的女管家，名叫梅德洛克太太。这女人长得壮壮实实，脸颊红扑扑的，一双黑眼睛非常锐利。她穿一条深紫色的长裙，外面披一袭带流苏的黑丝绸斗篷，头上戴一顶饰有紫丝绒假花的黑帽子，她头一动，那些假花便跟着颤个不停。玛丽一点儿也不喜欢这个女人，这没有什么好奇怪的，她原本就很少喜欢过谁，再说，明摆着的是，梅德洛克太太也没怎么把她放在眼里。

“我的天哪！她真是个不起眼的小东西呢！”她说，“我们可听说过她母亲是个大美人呀。怎么就没多遗传些好的东西给下一代呢，是不是啊，太太？”

“也许会女大十八变的吧。”那位军官太太回答得很厚道，“倘若脸色不那么黄，神情也开朗一些，她五官倒还算端正的。小孩子嘛，变化很大的。”

“那她还真得脱胎换骨才行呢。”梅德洛克太太说，“在米塞斯维特庄园，想要让小孩子变得出人头地，条件可不大够。我这是实话实说！”

她们以为玛丽没有在听，因为她站在她们要下榻的这家小旅馆的窗子边上，离两个大人有一些距离。她在观看窗外川流不息的公共汽车、马车和行人，可是她听得非常清楚，而且生发出了对她的姑父与她要去住的地方的强烈好奇。那是怎么样的一个地方呢？她的姑父又是怎么样的一个人呢？什么叫罗锅？她从未见到过这样的人。没准全印度连一个罗锅都没有呢。

由于是住在陌生的房子里，又没有管她的阿妈，她开始感到寂寞，脑子里也生出一些过去从未有过的古怪念头。她开始觉得奇怪，为什么她好像从来不属于任何人，即使是父母亲都还活着的时候。别的孩子好像都属于自己的父母，可是她似乎从来都是个不属于谁的小姑娘。她有仆人，吃的穿的都不缺，可是谁也不关心她。她不知道那是因为她脾气太坏。当然，那时候，她不知道自己脾气不好。她总是认为别人脾气不好，却不知道是自己有毛病。

她认为梅德洛克太太是她见到过的最最讨厌的人了，有那么一张俗气的红得扎眼的脸，戴那么一顶俗气的细呢帽子。第二天，当她们动身去约克郡时，玛丽穿过车站上的列车时，头抬得高高的，离这个女人尽量远些，因为她不想让人以为她是属于梅德洛克太太的。一想到别人会这么想她就非常生气。

可是梅德洛克太太却丝毫没有受到她和她的想法的影响。她是那种“决不听任小孩子家胡来”的女人。至少，倘若有人问到她，她是会这样说的。她妹妹玛丽亚的女儿快要结婚了，她根本没打算这时候往伦敦跑一趟。不过，在米塞斯维特庄园当女管家生活安逸，报酬不低，而能够保住这个职位的唯一办法就是：对阿奇博尔德·克雷文先生的任何吩咐都唯命是从，立即执行。她甚至连个为什么都是从来不敢问一声的。

“伦诺克斯上尉和他太太得了霍乱去世了，”克雷文先生以他那简洁、冷漠的口气说道，“伦诺克斯上尉是我太太的兄弟，于是我便成了他们的女儿的监护人，得把那孩子带到这儿来。你必须自己上伦敦去把她接来。”

于是她打点好她的小皮箱，动身来了。

玛丽坐在客车她自己的角落里，显得很烦闷无聊。她既无书可读也没有景色可看，便交叠起她那双戴了黑手套的小手，放在膝盖上。

她的黑裙子衬得她的脸更黄了，那软塌塌、颜色不正的头发乱蓬蓬地从那顶服丧戴的黑纱帽底下散落出来。

“真是一辈子还未见过比这个更显得没治的小孩子呢。”梅德洛克太太自忖。她说的“没治”是约克郡方言，意思是“惯坏了的、脾气乖戾的”。她从来没见到过哪个小孩会这么僵坐着一动不动，什么也不干的。最后，她看这孩子也看得烦了，便开始用一种急促、生硬的声音说道：

“我想，对于你要去的地方，我还是先向你做些介绍为好。”她说。

“你对你的姑父知道点什么吗？”

“不。”玛丽说道。

“就没有听你的父母亲谈起过他？”

“没有。”玛丽说，皱起了眉头。她之所以皱眉蹙额，是因为想起父母亲从不特地跟她谈什么事情。他们确实是什么也没有告诉过她。

“哼。”梅德洛克太太嘴里咕噜了一声，一边盯着那张古怪的、没有表情的小脸。有几分钟她再没说什么。接着，她又往下继续说：

“我琢磨，对于你要去的那个地方，你最好还是多听我说上几句——

好有个思想准备。那可是个不大寻常的地方呢。”

玛丽连一声都不吭。她的毫无反应使梅德洛克太太显得相当尴尬，但是，在定了一下神之后，她继续往下说：

“尽管那是一幢有点阴沉的大房子，克雷文先生还特别欣赏这一点呢——房子确实是够阴沉的。房子有六百多年的历史，盖在荒原的边上，里面有一百来个房间，虽然大多数都是关紧门锁上的。房子里有不少图画和精致的老家具，一些用具也都有些年头了，周围有一片大林子和几处花园，树枝都垂到了地上——至少有一些是这样。”她停下来又喘了口气。“不过其他倒也没有什么了。”突然，她打住了话头。

玛丽不知不觉听入了神。听起来这地方可跟印度完全不一样呢，新鲜的事情对她还是有吸引力的。但是她不想让人看出她感兴趣的样子：这正是她不讨人喜欢、让人反感的地方之一。因此她光是一动不动地坐着。

“对了，”梅德洛克太太说，“你有什么看法？”

“没有啊。”她回答道，“这样的地方我一点也不了解。”

这个回答让梅德洛克太太嘿嘿笑了一声。

“呵！”她说，“你都有点像个老太太了。你就不在意吗？”

“我在意不在意，是一点儿用也没有的。”玛丽说道。

“你这话说得太对了。”梅德洛克太太说，“确实是不会有用。为什么让你来米塞斯维特庄园住，我不明白，或许是因为这样做最最简单吧。他是绝对不会为了你操上一点点心的，这是明摆着的，也是毫无疑问的。他从来就没有为任何人操过心。”

她猛地煞住话头，好像又及时想起了一件什么事情。

“他驼背，”她说，“这使得他很不顺。结婚之前，他是个脾气乖戾的年轻人，有那么多钱和一座大宅子也没能使他舒心一些。直到结了婚才有些改变。”

尽管玛丽有意做出一副事不关己的样子，但是眼光却不由自主地转向了梅德洛克太太。她从来没有想到驼子是可以结婚的，不由得有点感到意外。梅德洛克太太看出了这一点，她原本就是个喜欢唠叨的女人，于是就兴趣倍增地继续往下说。反正时间有的是，再说这也是一种消遣方式嘛。

“新娘子娇小玲珑，很讨人喜欢。哪怕她想得到的只是一片叶子，他也会去天涯海角为她弄来的。没有人想到她会嫁给这个人的，可是她就是嫁了，人家说是为了他的钱才嫁的。可是这不是事实——她绝对不是这样的。”梅德洛克太太斩钉截铁地说，“她去世的时候——”

玛丽不由自主地打了个冷战。

“啊！她死啦？”她喊道，是脱口而出的。她突然记起曾经读过的一个法国童话，名叫《扎起头发的里凯》。它讲的是一个可怜的驼子与一位美丽的公主的故事，这个故事使她突然为阿奇博尔德·克雷文先生感到难过起来。

“是的，她死了。”梅德洛克太太回答道，“这就使得他变得更加古怪了。他对谁都不关心。他不见任何人。他多半是在外面过日子，回到米塞斯维特时总把自己关在西边的房间里，除了皮彻之外不见任何人。皮彻是个老家人，克雷文先生自小就由皮彻服侍，皮彻对他的脾气再熟悉不过。”

听起来倒很像哪本书里写的故事似的，但是这并没能使玛丽觉得愉快一些。有一百个房间的大房子，几乎全紧关着门加上了锁，房子还处在荒野的边上，且不说荒野是什么样的地方——这听起来就让人觉得憋得慌。一个驼着个背的罗锅还把自己关在房间里！玛丽抿紧了嘴望着窗外，难怪马上老天爷要下大雨，要把灰色的雨水斜斜地溅泼在车窗玻璃上了。倘若那位漂亮的太太还活着，没准她会使局面变得愉快一些的，会跟自己母亲似的风风火火地去参加舞会，还穿着“全是花边”的裙子。可惜这位太太不在人世了。

“你别指望会见到他，因为十之八九没有这个可能，”梅德洛克太太说道，“你也别指望会有人来跟你聊天。你只好自己一个人玩，自己照顾自己了。会告诉你什么房间能去，什么房间不能去的。园子倒是有好几处。可是进了宅子就不能到处乱窜了。克雷文先生不能容忍这样。”

“我才不想到处乱窜呢。”气鼓鼓的小姑娘说。正如她方才突然开始为阿奇博尔德·克雷文先生感到难过一样，她现在又不再感到难过了，而且觉得，这人本来就够不讨人喜欢，活得这么不愉快也是活该。接下去，她把脸转向流着雨水的车厢窗玻璃，出神地凝望着像是永无休止的灰蒙蒙的暴雨。她久久地盯着，眼前的灰色雨幕变得越来越厚重，越来越厚重，终于，她沉入了梦乡。

第三章　穿过荒原

她睡了很长时间，等她醒来时，梅德洛克太太已经从一个车站上买来装在小篮子里的份饭，于是她们便吃了些冻鸡、冷牛肉和涂有黄油的面包，喝了一些热茶。比起刚才来，雨水似乎浇泼得更加厉害了，车站上的每一个人都穿着湿淋淋、闪闪发光的雨衣。列车员点亮了车厢里的灯，梅德洛克太太喝了茶，吃到鸡与牛肉时，情绪便好得多了。

她东西吃得委实不少，吃完后也就睡着了，玛丽坐在那儿盯着她看，看她那顶细呢帽子如何一点点越来越歪，看着看着，玛丽自己也靠在角落里再一次睡着了，打在车窗玻璃上的雨声变成了她的催眠曲。当她再一次醒来时，天已完全黑了下来。火车在一个站上停住，梅德洛克太太摇晃着玛丽。

“你已经睡了一大觉！”她说，“也该睁睁眼了！咱们抵达斯威特站了，还得换坐马车赶长路呢。”

玛丽站起身子，尽力睁开眼睛。与此同时，梅德洛克太太开始收拾行李。小姑娘丝毫没做出要帮忙的样子，因为在印度，收拾与搬运东西都归土著用人管，让别人伺候是再自然不过的。

这是个小站，看来除了她们再没有别人下车了。站长用他的粗嗓门很友好地跟梅德洛克太太打招呼，那口音侉侉的有点儿怪，玛丽后来发现这就是约克郡的乡音了。

“俺见到你回来啦，”他说，“还带回这小不点儿哪。”

“可不，就是这小丫头。”梅德洛克太太回答道，她也操起约克郡方言来了，还把头朝肩膀后面玛丽那儿点了点。“你那口子可好？”

“好着哩。马车就在外头等着呢。”

一辆轿式马车停在靠外边的小月台侧面的马路上。玛丽看到那是一辆漂亮的马车，扶她上车的那个男仆也长得蛮帅气。跟所有别的东西一样，他的长雨衣和雨帽也在闪闪发光和往下滴水。所有的一切全都是水汪汪的，包括那个壮实的站长在内。

男仆关好车门，爬上车和车夫坐在一起之后，马车便往前走了。

小姑娘发现自己坐在了一个有靠垫挺舒适的角落里，不过她已经没有睡意了。她坐直了朝窗外眺望，好奇地看着所经过的一切，惦记着梅德洛克太太说起过的自己要被送去的那个古怪的地方。她绝不是个胆小的孩子，也没真正觉得有什么可害怕的，但是她想象不出一幢有一百个房间却几乎全都锁上门的宅子会是什么模样——盖在荒原边上的一所房子会是什么模样。

“荒原是什么？”突然之间她问起梅德洛克太太来。

“眼睛瞧着窗外，大约再过十分钟，你就能见到了。”那个女人回答道，“咱们得在米塞尔荒原穿行五英里才能到达庄园。今儿天太黑，你不可能看得很清楚，不过看个大概还是办得到的。”

玛丽没再多问，而是待在她的角落里等着，眼睛盯着窗外。车灯把微弱的光线投在前面不多远的地方，她能瞥见掠过去的一些景物。

离开火车站之后，马车穿过一个小小的村庄，玛丽看到粉刷成白色的村舍和一家小酒馆的灯光。接着马车又经过一座教堂和牧师住宅，以及一家小店铺的橱窗，那儿挂着玩具、糖果、针头线脑这一类的小商品。接下去，马车便走上大路了，她看到了篱笆和树木。这以后，好长一段时间——至少在她感觉中是如此——似乎景色再也没有什么变化。

终于，马的步子开始变慢，似乎是在爬坡了，篱笆与树木顿时没了踪影。她实际上是什么都看不见了，窗子两边都是浓浓的一片漆黑。她身子前倾，把脸贴在车窗玻璃上，这时候，马车猛地颠簸了一下。

“啊！咱们此刻必定是来到荒原了。”梅德洛克太太说。

车灯把昏黄的灯光投射在一条崎岖不平的路上，这条路像是从灌木丛和乱草窝中开辟出来的，那些草木一直往外延伸，没入在四周围无边无际的黑暗之中。起风了，发出了一种与别处的风都不一样的猛烈而低沉的咆哮声。

“那儿——不是海，对吧？”玛丽问道，扭过头来看看她的同伴。

“不，不是的，”梅德洛克太太回答道，“也不是田野和山冈，只是一英里[①]一英里又一英里的荒地，上面除了帚石南、荆豆和金雀花，别的什么都不长，也只有野马驹和山羊能在这儿活下来。”

---

① 1英里=1.609344千米。

“我倒觉得那里像海，如果那儿有水的话。”玛丽说，“这会儿发出那样的声音，多像大海呀。”

“那是风穿过灌木丛所发出的声音。”梅德洛克太太说，“在我看来，这真是再空旷不过、再荒凉不过的地方了，不过也还有不少人喜欢呢——特别是在帚石南开花的时候。”

她们在黑暗中继续赶路。雨虽然停了，风却刮得更紧了，发出了怪里怪气的呼啸声。这条路忽而上坡忽而下坡，有好几回还要经过小桥，桥下水流湍急，发出很响的哗哗声。玛丽觉得她们走的这条路简直是没有尽头了，这片广阔无垠黑幽幽的荒原真的成了一片险恶的汪洋大海，而她们的马车却要在大海当中一条狭长的脊形陆地上朝前进发。

“我不喜欢这儿。”她对自己说，“我一点儿也不喜欢这儿。”那两片薄薄的嘴唇抿得更紧了。

马儿使劲爬上小山坡似的一段路后她才初次瞥见灯光。梅德洛克太太也同时看到了，这个女人如释重负，长长地舒了一口气。

“唉，可算是见到那一点微光了，我真高兴。”她都喊出声来了。

“那是门房窗子里的灯光。不管怎么样，再过上一会儿，便可以喝到一杯热茶了。”

的确是要像她所说的那样，还得“再过上一会儿”呢，因为马车进入大门后还有两英里的林荫路要走。而路两边的那些树（顶处的枝子都几乎要缠在一起了）使她们仿佛是在穿越长长的拱形黑隧道。

她们驶离了这个隧道，来到一片开阔的空地，在一幢不高却特别长，像是围着一个石块铺成的院落而盖起的宅子前停了下来。起先，玛丽还以为所有的窗子里都没有点亮灯光呢。不过等她下了马车才发现，从二楼屋角的一个房间里泛现出朦朦胧胧的微光。

宅子的门特别大，是由形状不规整的大块橡木组装而成的，门上饰有一只只大铁钉，还镶嵌着一根根硕大的铁条。从门一进去便是个硕大无比的厅堂，那里的灯光是如此之昏暗，使得玛丽都不想去看挂在墙上的那些肖像画和立着的人形甲胄了。她站在石铺的地板上，显得是那么细微、那么古怪的一个小东西，连她自己都感觉到她确实是又小又怪了。

在为她们开门的男仆的身边，站着一个干净利落、瘦瘦小小的老人。

“你带她到她自己的房间去好了。”他嗄声说道，“他不想见她。明天一早他要去伦敦。”

“好的，皮彻先生，”梅德洛克太太说道，“反正要我怎么做，你只要吩咐，我都会照做的。”

“需要你做的，梅德洛克太太，”皮彻先生说，“也就是：千万别去打扰他，凡是他不想见到的，就千万别让他见到。”

于是玛丽·伦诺克斯就被领着走上一道宽阔的楼梯，穿过一条长长的走廊，又登上几级阶梯，穿过一条又一条的过道，来到开在墙上的一扇门的前面。进入房间后她发现里面已经生上炉火，桌子上也摆好了晚餐。

梅德洛克太太也放松了些，她随随便便地说：

“好了，你到达目的地了！这个房间以及隔壁的那间就归你住——你得老老实实在这儿待着。可得给我记住了！”

玛丽小姐就是这样来到米塞斯维特庄园的，从出生起一直到此时此刻，她恐怕是从来都没有觉得这么窝囊这么憋屈过呢。

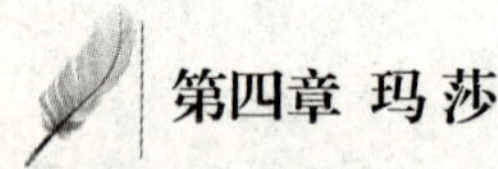

第四章 玛莎

早晨，玛丽睁开了眼睛，因为有个年轻女仆进入房间来生火，她跪在壁炉前的毯子上，为了清灰，把炉箅子弄得格格直响。玛丽躺着瞧了她一会儿，然后就开始打量这个房间。她还从未见到过这种样子的房间，觉得它很古怪也很阴暗。墙壁上挂有壁毯，上面织的是林中景色。树底下有些人穿戴古怪，背景深处则可瞥见古堡的一个个角楼。这里有猎人、马匹、猎犬和贵妇人。玛丽仿佛觉得自己也置身于树林里他们的中间。从房间一扇深嵌在墙上的窗户望出去，玛丽能看到一大片逐渐抬高的土地，上面好像没什么树，看上去似乎是一片无边无际、死气沉沉、泛紫色的海。

“那儿是什么？”她说，对着窗外指了指。

那年轻女仆玛莎刚刚站直身子，她看了看，也朝窗外指了指。

“你是说那儿吧？”她说。

“是啊。”

“那就是荒原了。”她很和蔼地笑了笑，“你喜欢那儿不？”

“不喜欢。”玛丽回答说，“我讨厌它。”

“那是因为你还不习惯的关系。”玛莎说，又转过身子继续收拾她的炉子。“你现在必定觉得它太大太秃。不过以后会喜欢的。”

“你喜欢吗？”玛丽问道。

“对啊，我喜欢呀，”玛莎回答说，一边兴致勃勃地把炉箅子揩拭干净。“我就是喜欢呢。它可一点儿也不秃。上面长满了鲜活的花草，可香了。春天、夏天是最最可爱的时候，到那时，荆豆、金雀和石南都开花了。喷香喷香，跟蜂蜜似的，新鲜的空气也是多多的——天空看着是那么的高。蜜蜂哼哼着，云雀唱着，发出那么好听的声音。啊！任凭拿什么来换，我都是不愿离开荒原的呀。”

玛丽认真地听她说着，很有点大惑不解。她自己所熟悉的印度土著仆佣的做派，跟眼前这位的一比，是有多么大的不同呀。他们都那么温顺谦卑，从不敢放肆地以平等的身份与主人说话。他们对主人行额手礼，称主人为“穷人的保护者”以及诸如此类好听的说辞。主人是命令而不是请他们做事的。对他们说“请”和“谢谢你”是不合规矩的，

玛丽发起脾气来总是照准她的阿妈脸上扇一个耳光。眼前的这位是个圆滚滚、红扑扑、看来脾气挺不错的姑娘，但是她动作里自有一副干练稳健的模样，倒使玛丽小姐担心她会依样回敬的——如果打她耳光的只不过是个小姑娘的话。

“你这个用人可有点儿奇怪呢。”玛丽躺在枕头上说，态度很傲慢。

玛莎跽坐在自己的脚后跟上，手里拿着抹黑油的刷子，大笑了起来，

倒一点儿也没有不高兴。

“啊！这我懂。”她说，“要是米塞斯维特有位正儿八经的太太，那我是连个干粗活的下人也当不上的。顶多会让我洗洗盘子什么的，连二楼都不让上。我这人太没能耐，又说一口重重的约克腔。不过这个人家有点儿奇怪，虽然架势不小，好像是除了皮彻先生和梅德洛克太太，便再没有男女主人似的。克雷文先生在的时候啥事不管，而且来的时候本来就不多。梅德洛克太太出于善心才给了我这份差事的。她告诉我说，要是米塞斯维特也跟别的大户人家一样，这好事她想做也做不成的。”

“你是他们派来做我的用人的吗？”玛丽问道，仍然是一副在印度当小霸王的盛气凌人的架势。

玛莎又擦起她的炉箅子来了。

“我能算是梅德洛克太太的用人吗？”她顶了回去，“她才算是克雷文先生的用人——我上上下下的活儿都得干，服侍你只是工作中的一小部分。再说你也不会需要别人多管你了嘛。”

“谁来帮我穿衣服？”玛丽问道。

玛莎又坐到了自己的脚后跟上去了，她瞪大了眼睛。一惊之下，她说的又纯粹是约克郡侉里侉气的土腔了。

“这丫头咋连衣裳都不会自个儿穿哪！”她说。

“你说的是什么意思？我听不懂你的话。”玛丽说道。

“啊！瞧我这记性。”玛莎说，“梅德洛克太太关照过的，要我说话用心些，不然你会听不懂我的话的。我的意思是，你就不会自己把衣服穿上吗？”

“就是不会。”玛丽气呼呼地说，“我从来也不自己穿衣服。当然是我阿妈帮我穿的。”

“那好，”玛莎说，显然是毫未察觉她又得罪人了，“现在你该学学了。你也不算小了。多做点事儿对自己有好处。俺娘老说，她总算明白上等人家的小孩干吗这么呆头憨脑了——啥事都让保姆替自己干，洗脸呀，穿衣呀，连外出走走也得有人领着，就跟是小狗似的。”

“在印度做法就是不一样。”玛丽小姐鄙视地说，她简直是忍无可忍了。

可是玛莎也不甘示弱。

“是啊！我知道是不一样。”她话里几乎都带着同情的口吻了，“我敢说那是因为那地方黑人多，有身份的白人少。我先头听说你从印度来，我还寻思你也是个黑人哩。”

玛丽勃然大怒，腾地从床上坐了起来。

“什么！”她说，“什么！你以为我是个土人。你——你这头小母猪崽子！”

玛莎瞪直了眼睛，她看来也光火了。

“你骂谁呢？”她说。“你用不着这么生气嘛。年轻小姐哪能说粗话。我一点儿也没有小瞧黑人的意思。从教堂发的传单上看，他们总是虔信上帝的。那传单上头总是说黑人也是人，也是兄弟的。我从来没见到过黑人，想到会在身边见到一个黑人我还挺高兴的呢。今儿早晨我来给你生火，我还轻手轻脚走到你的床前，把被子掀开一点点，想瞧瞧你。可你呢，”她失望地说，“也不见得比我黑嘛——也就是脸色黄一些罢了。”

玛丽甚至都不想控制自己的愤怒与不平了。

“你竟然以为我是印度的土人！你太放肆了！土人的事你懂什么！他们不是人——是必须向你们行额手礼的用人。印度的事你知道什么呀。你压根儿就不懂！”

她气得七窍生烟，但是在这个姑娘天真的瞪视之前却又无可奈何，她突然感到自己是那么的孤独，与往昔她所熟悉的一切、熟悉她的一切都隔得那么远，只能一头扎在枕头上，毫不抑制地哭泣起来。

她哭得那么伤心，使得那个好心眼的约克郡姑娘不禁有些惊慌，也替她感到难过了。玛莎走到她的床前，弯下身来对她说道：

“哟！用不着哭得这么伤心呀！”她央求地说，“真的用不着呀。我不知道你会这么不爱听的。我的确是啥都不懂——就跟你说的那样。我请你原谅了，小姐。就别再哭了吧。”

她那约克郡乡音和坦诚的态度里自有一种安抚人的、真正友好的情谊，使得玛丽觉得好过了些。她渐渐停住哭泣，安静了下来。玛莎也松了口气。

“你也该起床了，”她说，“梅德洛克太太吩咐我把你的早餐、茶点和正餐都端到隔壁那个房间去。那算是你活动的房间。你想起床，我还是愿意帮助你穿衣服的。要是纽扣在背后，你自个儿确实是扣不上。”

玛丽总算是愿意起床了，但是玛莎从衣柜里取出的衣服却不是头天晚上她和梅德洛克太太一起来到时所穿的那些。

“这些不是我的。”她说，“我的衣服是黑色的嘛。”

她细细看了那件厚厚的白色外套和裙子，冷冷地加上一句赞许的话，“它们比我的倒是好一些。”

“这些你是一定得穿的，”玛莎答道，“是克雷文先生吩咐梅德洛克太太在伦敦买的。他说了，‘我可不想让一个孩子穿了丧服飘来荡去，像个孤魂野鬼似的’。他说：‘这地方本来就够凄惨的了。让她穿得鲜亮一些。’俺娘说她懂得克雷文先生是什么意思。娘总是能懂得别人心意的。她自个儿也不喜欢黑颜色衣服。”

“我讨厌黑色的东西。”玛丽说道。

穿衣服的过程让她们两人都长了点学问。玛莎也不是没帮自己的小弟小妹“扣过纽扣”，可是还未曾见到过一个小孩站着一动不动，什么都让别人来干，仿佛自己没有手没有脚似的。

“你干吗不自己把脚伸到鞋子里去呢？”看到玛丽一言不发，光把脚举着，她不禁要问了。

“原先都是我阿妈干的。”玛丽瞪大了眼睛回答道，“这是规矩嘛。”

这句话她是经常挂在嘴边的——“这是规矩嘛。”土著仆佣也总是要讲这句话的。如果有人叫他们去做一件他们的祖先一千年来都没这么做过的事，他们总是会柔顺地看着你，说：“这可不合规矩。”于是你知道，这件事情就到此为止了。

要玛丽小姐除了像个洋娃娃似的傻站着一动不动，让别人给她穿衣穿鞋之外再做点儿旁的什么，那是不合规矩的。不过在她准备去吃早餐之前，她也开始意识到，她在米塞斯维特庄园的生活必将导致她学会一些全新的东西——比方说自己穿衣穿鞋啦，自己捡起丢落的东西啦。倘若玛莎是个训练有素、年轻文雅的上房使女，自然会伺候更加周到、彬彬有礼，会明白帮小主人梳头、摁鞋扣、捡起乱扔的东西一一归置好，这都是自己分内的事。但她仅仅是个约克郡的农家女，在荒野边一家农舍里和一大帮弟弟妹妹一块儿长大，他们除了自己管好自己，对还抱在怀里与蹒跚学步、随时都会绊倒的小把戏帮上一把之外，是从未想到还要服侍别人的。

倘若玛丽·伦诺克斯是个容易被逗乐的幼儿的话，那她说不定会因为玛莎的叽里呱啦而哈哈大笑的。但是玛丽仅仅是冷冷地听着，一边为这女仆举止这么放肆而感到惊讶。起先她丝毫也不感兴趣，可是逐渐逐渐地，在这个姑娘以她那亲切的、家常味儿十足的风格继续往下絮叨时，玛丽对她所说的事情也开始听进去了。

“嗨！你应该把咱们家全班人马看上一看的，”她说，“整整有一打呢，可俺爹每星期才挣六个先令。俺娘没辙，只好让大家喝粥。他们一整天在荒野里打打闹闹，满地乱爬。我娘说他们是靠空气和荒野长大变壮的。她说她相信，孩子们跟野马驹一样，是吃草的。咱们家的迪康，他十二了，就驯养了一匹小马驹，还说这马归他所有呢。”

“他是在哪儿找到马驹的？”玛丽问道。

“是在荒野里找到的，那会儿马还很小，跟它的妈妈在一起。迪康跟小马驹交上了朋友，喂它点面包皮啦，摘些嫩草给它吃啦，它慢慢地就喜欢上迪康了，走到哪儿都跟着迪康，还让迪康骑上它的背。迪康这孩子心眼好，动物都喜欢他。”

玛丽还从未有过自己的宠物，一直希望能养上一只。她开始对迪康产生了一点点兴趣。在过去，她除了对自己之外，对别人是从来没有兴趣的，这真可以算是健康感情的一丝萌芽了。接着她走进让她活动的那个房间，她发现这跟她睡觉的房间大致差不多。那并不是专为儿童用的房间，而是给大人用的，墙上挂有挺阴暗的老图画，椅子也都是死沉死沉的橡木椅子。房间中央的一张桌子上摆好的早餐东西还不少。玛丽一向饭量非常小，玛莎端到她面前的那份东西她看着就倒胃口。

“这我不想吃。”她说。

“你不想吃你的粥？”玛莎喊道，简直无法相信。

“不想。”

“你不知道有多么好吃。加一勺糖浆或是白糖试试看。”

“我不想吃嘛。”玛丽还是这句话。

“唉！”玛莎说，“我最看不得好好的粮食给糟践了。要是在桌子边上是俺们家那些小家伙，五分钟不到就能舔得一干二净。”

“为什么呀？”玛丽冷冷地问道。

“为什么！”玛莎重复了这几个字。“因为他们生下来从来也没吃饱过。他们永远都是饿的，就跟雏鹰和狐狸崽子一样。”

“我不明白什么叫作挨饿。”玛丽说，她因为无知，所以才感情冷淡。

玛莎简直都有点义愤填膺了。

“好呀，你试着饿上几天就会有长进了。这我绝对拿得稳。”她话说得很直率，“我可没有耐心看着别人对着那么好的面包和肉发愁。老实说，我真巴不得在这儿围着餐巾的是迪康、菲尔和简呢。”

“那你干吗不把这些吃的给他们送去？”玛丽建议道。

“这又不是我的。”玛莎较真地说，“再说，今天也不该我休假。跟大伙一样，我一个月休一天假。逢到休假，我便回家去帮俺娘打扫卫生，让她也能歇上一天。”

玛丽喝了几口茶，吃了一点点烤面包和柑橘酱。

“你穿暖和点儿，上外面去玩玩嘛。”玛莎说，“这对你有好处，会有胃口吃得下肉的。”

玛丽走到窗子前面。下面有花园、小径和大树，但是什么都显得阴沉沉、冷清清的。

“出去？像这种天气我出去干吗？”

“那好，要是不出去你只好待在屋里了，那你想干点儿什么呢？”

玛丽朝身边看了看。真是没什么可以玩的。梅德洛克太太安排儿童室时压根儿没想到小孩子还要玩耍。也许还是出去的好，还可以看看花园什么样子呢。

“那谁陪我一块儿去呢？”她问。

玛莎的眼睛又瞪大了。

“你自个儿去呀，”她回答道，“你只好像那些没有兄弟姐妹的孩子一样，学着一个人自己玩了。我们家的那个迪康也总是一个人上荒原去玩的，一玩就是半天。他就是这样跟小马驹交上朋友的。荒原里的羊也都认识他，鸟雀都飞过来从他的手上吃东西。尽管他自己可吃的东西不多，但总还是要省下一些面包渣子来哄他的那些宠物。”

实际上正是提到了迪康的这些话才使得玛丽下决心出去的，虽然她自己并未意识到这一点。外面虽然没有马驹和小羊，鸟雀总该有的吧。它们肯定跟印度的不一样，看看它们也蛮有趣的。

玛莎帮她把外套和帽子找出来，还找出一双结结实实的小靴子，又指点她怎么下楼。

“你只要顺着那条路绕过去就可以走进花园了。”她说，指了指嵌在灌木丛中的一扇门，“夏天那阵儿花儿可多了，不过这会儿什么也没有。”她好像迟疑了一小会儿，然后又加了一句：“园子里有一个是锁上门的。十年来从来没人进去过。”

“为什么呀？”玛丽忍不住问道。这宅子多奇怪，已经有了一百扇锁上的门，现在又添上一扇。

“克雷文先生在他太太突然去世后锁上的。他不愿任何人进去。那是他太太的花园。他锁上门，刨了一个坑，把钥匙埋了。梅德洛克太太在摇铃了——我得赶紧走了。”

她走后，玛丽顺着小径，朝灌木丛中有门的那个方向走去。她忍不住要琢磨那个十年都没人进去的花园。她想知道它现在是什么模样，是不是还有活着的花木。她进入那个门以后，发现自己置身在好几片大园林之中，那儿有宽阔的草坪，有迂回曲折的小径，路两边都是修剪过的树篱。这里有树木，有花坛，有修剪成各种形态的冬青树，还有一个很大的池塘，当中有个灰石砌的有点年头的喷泉。不过，花坛是光秃秃的，没有花木，喷泉也没在喷水。这自然不是那个关起来的花园了。花园怎么关得起来呢？花园总是你什么时候都能走进去的嘛。

她脑子里正思量着这件事，忽然看到，在她走着的这条小径的尽头，似乎有一堵长长的墙，上面攀满了常春藤。她不熟悉英国的情况，所以不知道自己正在走近菜园，这里面一般总是种些瓜果蔬菜之类的东西。她朝那堵墙走去，发现常春藤叶丛里有一扇绿色的门，门是开着的。显然，这也不是那个锁起的花园，因为这儿她进得去。

她走进门，发现这是个四周都有围墙的园子，而且仅仅是几个相通的带围墙的园子里面的一个。她看到了另外一扇开着的绿门，从门里望出去那边有一畦畦冬季的蔬菜，由矮树与小路围隔开来。贴着墙根，则是些修剪得低低矮矮的果树，有些菜畦上还搭有玻璃暖棚。玛丽站在那儿向四周围打量，觉得这地方是够光秃丑陋的。到夏天，草木变绿，也许会好一些，不过眼下实在是没有什么看头。

过不多久，一个扛着把铁铲的老头穿过那扇门从第二个园子里走了进来。他见到玛丽有些吃惊，但还是举起手碰了碰自己的鸭舌帽。他那张脸既苍老又阴沉，好像是见到她一肚子不高兴似的——不过，她那时也正对他的园子没有好气，在犯“倔劲儿”，自然是不会有好脸色给人家看。

“这是个什么地方？”她问道。

“也是个菜园。”他回答道。

“那边的呢？”玛丽问道，指着对面绿门之外的那个地方。

“另外一个园子。”回答得很简单，“墙外另一边还有一个，那个的外面还有果园。”

“我都能进去吗？”玛丽问道。

“你想去就去好了。不过没什么可看的。”

玛丽没有吭声。她顺着小径往前走，出了那第二扇绿色的门。在那里她见到了更多的墙，还有冬季蔬菜和玻璃暖棚，可是在第二堵墙上还有一扇绿门，门不是开着的。会不会里面就是那个十年都没人见过的花园呢。由于她完全不是那种胆小的孩子，总是想干什么就去干的，玛丽便走到那扇绿门前去拧把手。她原来指望是打不开的，因为她一心想落实这就是那个神秘的花园——可是门很容易就给打开了，于是她就走了进去，发现自己是在一个果园里。这里也是周围都有墙，墙根有修剪过的果树，在冬天干枯的草地上长着一些光秃秃的果树——可是哪儿也没见到有绿色的门。玛丽想找到门，但是当她来到园子地势较高的位置时，她发现墙并不仅仅是园子里才有，而且还延伸出去，仿佛是要圈起外面的一处什么地方似的。她能看见墙后面的树梢，当她站住不动时，她看到有一只鲜红胸脯的小鸟栖息在最高的一根枝子上，突然之间，这鸟唱起它的冬之歌来了——简直像是因为见到了她才特地表示问候似的。

她停住脚步，聆听起来，不知怎的，鸟儿的欢快、友好的轻巧啼啭赋予她一种愉悦的感觉——哪怕是一个坏脾气的小姑娘，也是会感到孤独寂寞的呀。这幢封闭的大房子、光秃秃的大荒原和光秃秃的大果园也使得这个小姑娘感到世界上除了她自己仿佛再没有第二个人了。假如她是一个一贯受到钟爱的感情丰富的孩子，那她就会伤心欲绝了，但是虽然她是“玛丽小姐倔乖乖”，她也是会觉得孤独寂寞的。

这只胸脯鲜红的小鸟使她那张阴沉沉的小脸也泛出了一种有点像是微笑的表情。她一直听着鸟叫直到它飞走。这鸟跟印度的鸟儿不一样，她喜欢它，不知道以后是不是还能再见到它。没准它就住在神秘花园里，对那里的情况知道得很清楚。

说不定正是因为她无事可做，所以才这么惦念那个荒废的花园。

她对这花园感到很好奇，非常想看看它究竟是什么样子的。阿奇博尔德·克雷文先生干吗要把钥匙埋起来呢？既然他这么喜欢他的妻子，那为什么又这么讨厌她的花园呢？玛丽不知道自己是不是有机会见到他，不过她知道即使见到，她也不会喜欢他的，他同样也不会喜欢自己。她会光是站在那儿瞪眼看他，一句话都不说，虽然她非常想开口问他为什么会干出这样一件令人不解的怪事来。

“别人从来都不喜欢我，我也从来都不喜欢他们。”她忖度道，“我永远也不能像克劳福德家的孩子那么爱说话。他们老是叫呀笑呀，吵个没完。”

她又想起了那只知更鸟以及它似乎对她唱歌的那个样子，又记起了鸟儿栖息的树梢头，她在小路上突然停住了脚步。

“我相信那棵树就在秘密花园里面——我敢肯定就是那样的。”

她说，“那儿有墙围着，可就是没有门。”

她走回到她进来的第一个菜园子，看到那个老头正在挖土。她走过去站在他前面，一连好几分钟都以自己那冷冰冰的模样瞅着他。老头也不理她，因此最后，她只得对他开口了。

“我去了好几个别的园子。”她说。

“想去就去，没人阻拦你。”他口气挺生硬的。

“我还进了果园呢。”

“门口没有狗咬你吧。”他答道。

“那儿没有门能通到别的园子里去。”玛丽说。

“什么园子？”他口气挺生硬地说，暂时停住了手里的活儿。

“墙外面的那一个，”玛丽回答道，“那里面有树——我都看到树梢头了。有一只红胸脯的鸟蹲在一根枝子上，还唱歌哩。”

使她感到意外的是，那张阴沉沉、久经风霜的脸上表情起了变化。一丝笑容缓缓地漾了开来，这花匠像是换了个人似的。这使小姑娘想到，说来奇怪，一个人一笑，就像是好看多了。她以前怎么从没想到这一层呢。

他把身子转向果园的另一边，开始吹起口哨来——一声低低的轻声口哨。她真弄不懂，一个这样阴沉的人怎么能发出如此悦耳的声音。

几乎是紧接着，一件奇异的事情发生了。她听到空中有一阵轻轻的扑动翅膀的声音——那只红胸脯的小鸟竟朝他们飞过来了，而且还真的落在了花匠脚边的一大块土坷垃上。

“它这不是来了。”老头乐呵呵地说，接着便跟小鸟说起话来，仿佛是在对着个小孩说话似的。

“你上哪儿去啦，你这厚皮赖脸的小叫花子？”他说，“怎么今天以前一直都没见到你呀。找女朋友这季节太早点儿了吧？你性子也忒急了吧？”

那鸟把头一歪，用温柔的亮眼睛瞧着老人，它的眼睛真像是一颗黑色的露珠呢。它似乎跟老人很熟，一点儿也不怕生。它蹦过来跳过去，满地啄着，在找草籽和小虫。玛丽心中还真的产生出一种奇特的感情呢，因为它是那么漂亮可爱，那么像一个人。它小小的身子胖嘟嘟的，喙很精致，一双腿又纤细又结实。

“你每回叫它，它都会来吗？”她问道，声音都轻得像是耳语了。

“没错，会来的。它刚出羽毛那会儿我就认得它了。它是在另一个园子的窝巢里孵出来的。头一回它飞过这道围墙时因为太弱小，有好几天都飞不回去，于是我们就成了好朋友。等到它重新飞回去时它的伙伴都飞走了。它太孤独了，于是又飞回到我这儿来。”

“它是什么鸟呢？”玛丽问道。

“你不知道吗？它是红胸知更，算得上是世界上最温顺、最有好奇心的鸟儿了。这鸟就和狗一样跟人友好——只要你知道怎样善待它们。瞧，它这不是一边儿在啄食，一边儿时不时瞧我们几眼吗？它很清楚我们是在说它。”

这老园丁的表情真能算是人间一绝了。他瞅着那只穿鲜红背心的胖嘟嘟小鸟，一脸既骄傲又得意的神情。

“虚荣心重得很哪。”他咯咯地笑着，“就喜欢听别人夸它。好奇心也很强——我的天哪，再也没有比这更好奇更爱管闲事的鸟儿了。它老过来瞅瞅我在种什么花木。克雷文老爷不想费神弄清楚的事儿，它全知道。果园总监理应由它来当的，理应的。”

那只知更鸟跳过来蹦过去，忙碌地啄土觅食，时不时还停下来瞧上他们一眼。玛丽认为，它那两颗黑露珠般的眼珠是在满怀好奇心打量着自己。她心中那股古怪的感觉愈来愈强烈了。

“它那些伙伴都飞到哪儿去了呢？”她问。

“那就没人知道了。老知更鸟把雏鸟轰出窝，让它们自个儿飞，谁都不知道它们散居到哪里去了。这一只有灵性，它知道自己很孤独。”

玛丽小姐向这只知更鸟走近一步，目不转睛地盯它看着。

“我也很孤独呢。”她说。

在这以前，她没有理会到这正是使她烦躁易怒的原因之一。她似乎是在知更鸟看着她、她也看着知更鸟的那个瞬间察觉到这一点的。

老园丁把秃脑袋上的便帽往后推了推，盯看了她片刻。

"你就是从印度来的那个小丫头吧？"他问。

玛丽点了点头。

"那就难怪你觉得孤单了。你往后去还会更加觉得孤单的。"他说。

他又开始挖起土来，把铁铲深深插入园子肥沃的黑土里。与此同时，那只知更鸟在他周围跳来跳去，忙个不停。

"你叫什么名字？"玛丽问道。

他站直身子回答她。

"本·韦瑟斯达夫。"他回答道，接着又苦笑了一下。"我自己也很孤单，除非是有它在边上的时候。"他用大拇指朝那只知更鸟点了点，"我就这么一个朋友。"

"我连一个朋友都没有。"玛丽说，"我从来都没有朋友。连照管我的阿妈都不喜欢我，我从来也没有跟谁一块儿玩过。"

约克郡的做派就是不绕圈子，有啥说啥。老本·韦瑟斯达夫正是约克郡荒野上的一个汉子。

"你跟我是半斤八两。"他说，"咱俩是同一块料子裁剪出来的。咱们都是模样不中看，脾气也跟长相一样别扭。咱俩一准都是火暴脾气，这是不消说的。"

这完全是大实话，对于她的真实评价，玛丽·伦诺克斯可以说从来都闻所未闻。土著仆佣不管你干出什么事来，都只是一味地行额手礼与唯命是从。对于自己的长相，她从未想过多少，不过她不大相信自己跟本·韦瑟斯达夫一样不招人喜欢，也不相信自己跟知更鸟到来前他的表情一样阴郁。实际上，她也开始怀疑，自己是不是真的"火暴脾气"。她心里挺不舒服的。

突然之间，一阵清晰的扑棱声在她耳边响起，她扭过头去看。离她站的地方几尺处是一棵幼小的苹果树，那只知更鸟竟飞来栖息在一根树枝上，叽叽啾啾地唱开了。本·韦瑟斯达夫哈哈大笑起来。

“它这是要干吗？”玛丽问道。

“它一心想跟你交朋友呢。”本回答道，“倘若不是它喜欢上你了，那就算我眼睛瞎了。”

“喜欢我？”玛丽问道，一边将身子轻轻地朝小树那边移动，同时抬起头来细看。

“你愿意跟我交朋友吗？”她对知更鸟说，仿佛那是一个人似的。

“你愿意吗？”而且她也没有用她那尖厉生硬的嗓音和在印度时的盛气凌人的口气，而是用一种温柔、热切和讨人喜欢的语调，这使本·韦瑟斯达夫大吃一惊，正如玛丽听到他吹口哨时一样。

“哈，”他喊出声来，“你说话这么和气，这么有人情味儿，都不像一个凶狠的老太婆，倒是像一个真正的小孩子了，都有点赶上迪康跟荒原里那些野物说话时的那种细声细气了。”

“你认得迪康？”玛丽问道，身子转得很猛。

“谁不认得他呀。迪康到处乱钻，就连黑莓和石南也都认得他呢。

我敢说，连母狐狸也敢把他往小狐狸崽子那儿领，就连云雀也不怕他知道自己的窝在哪里呢。”

玛丽原来还想再提几个问题的。她对迪康跟对那个废园一样感到好奇。可是就在此时，那只唱完歌的知更鸟，抖抖翅膀展翅飞走了。它已经会过了朋友，又有别的事情要做了。

“它飞到墙那边去了！”玛丽喊道，一直目送着它。“它已经飞进果园——它又飞过了对面的围墙——飞进没有门的园子里去了！”

“它就住在那儿，”老头儿说，“它就是从那儿的鸟窝里孵出来的。

如果它是想求偶的话，那就该上老玫瑰树丛里去找，那儿有不少正当年的雌知更鸟呢。”

“玫瑰树丛。”玛丽说，“真的有玫瑰树呀？”

本·韦瑟斯达夫又拿起铁铲挖起土来。

“十年前是有的。”他嘟噜出了这么一句。

“我想看呢，”玛丽说，“绿门在哪儿？不管在哪儿，门总应该是有的吧。”

本·韦瑟斯达夫重新拿起铲子后，又像她最初见到时的那样不爱答理人了。

“十年前有，现如今可没有了。”他说。

“没有门！”玛丽喊出声来，“门是必须得有的呀。”

“任谁也找不到门，再说也不关任何人的事。你就别当多管闲事的是非妞儿，到没你事的地方去乱嗅乱闻了。好了，我必须得干活了。上别处玩儿去。我没时间了。”

他竟然停止了挖土。他把铲子往肩膀上一搭，连瞥都不瞥她一眼，也不跟她说句再见，就兀自走掉了。

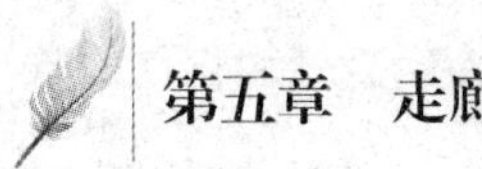

第五章　走廊里的哭声

一开初，对玛丽·伦诺克斯来说，一天跟另一天没有任何区别。每天早晨，她在挂有壁毯的房间里醒来，都会见到玛莎跪在壁炉前生火。每天早晨，她都在一点儿不好玩的活动室里吃她的早餐。吃完早餐，她就会来到窗前，凝望外面那片广阔无垠的荒野，它似乎往四面八方延伸出去，一直连接着天边。她眺望了片刻之后也就理会到，如果她不出去的话那就得无所事事老在房间里待着了——于是她就出去了。其实她不知道这样做对自己最好不过了。她不知道，她开始疾走，甚至在小径和林荫路上小跑起来时，由于要和荒原上刮过来的风抗争，她身上的血便会流动得更快，体质便会逐渐增强。其实她跑，只是为了使自己身子暖和一些，她很讨厌拍打着她的脸、吼叫着把她的身子往后推的那一股又一股的风的，它们有如一些她看不到的巨人。不过，充满她肺的从欧石南丛里刮来的大股大股新鲜空气对她整个瘦弱的身体却是大有好处，这使她脸颊泛起红色，使她暗淡无光的眼睛变得炯炯发亮，虽然她自己还一点儿都没有察觉这样的变化。

可是，一连在户外几乎待了好几个整天之后，一天早上醒来时，她竟然知道什么叫饥饿了。坐下来吃早饭时，她也没有厌恶地看着粥碗，把它推开了。相反，却拿起勺子吃了起来，一直吃得碗底朝天。

“你今儿早上胃口真好哎，对吧？”玛莎说。

“今天粥的味道不错。”玛丽说，自己也感到有一点点惊讶。

“是荒地的风让你有胃口吃东西的。”玛莎回答说，“你福气好呀，有吃的东西也有好胃口。像我们那茅屋里住的十二个人，胃口倒是很好，可是没有东西往里塞呀。你往后还是每天都出去玩儿，准保你骨头上面长肉，脸色也不会这么黄。”

“我不去玩。”玛丽说，“我没有东西可玩。”

“没有东西可玩！”玛莎叫了起来，“这儿的孩子就玩小树枝和石块。他们就光是跑呀喊呀，瞧瞧这瞧瞧那。”

玛丽喊是没有喊，不过她也是瞧瞧这瞧瞧那的。既然别的没有什么可做，她就在各个园子里一遍一遍地走着，顺着小径到处溜达。有时候她去找本·韦瑟斯达夫，不过虽然有好几回她见到他在干活，但他似乎太忙，并没有朝她这边看，要不就是神色不大对，不想理她。有一次她朝着他走过去，他却扛起铁铲，扭头走了开去，像是有意要躲开她似的。

有一处地方她去得比任何别处都多，那就是有围墙的那些园子外面的那条长长的步行道。步行道两边有光秃秃的花圃，墙根处的常春藤长得特别茂盛。有一段墙，那里的藤叶比别处的都要翠绿茂密，仿佛这地方好久都无人料理似的。旁的地方，枝叶都经过修剪，看着不那么乱，可是步行道尽头的这个地方根本没有人来整理过。

在跟本·韦瑟斯达夫谈过话之后，过了几天，玛丽散步时停了下来，注意到了这个情况，她觉得好生奇怪，事情怎么会这样的呢。她刚刚停下脚步，仰起头看着一长行藤叶在风中飘荡，忽然眼前闪过一团红色，耳朵里听到一声清脆的啁啾。瞧呀，在墙头上，栖着的不是本·韦瑟斯达夫的红胸知更吗，它正伸长了脖子歪着脑袋瓜在看她呢。

“哦！”她喊叫起来，“是你呀——真的是你呀？”她一点儿也不觉得奇怪，自己怎么用这样的口吻跟它说话，仿佛它能听懂能回应她的言语似的。

它的确是回应了。它啁啾鸣叫，在墙上跳来跳去，仿佛是在对她说各种各样的事儿。而玛丽小姐好像也懂得它的话，尽管它说的不是人的语言。它好像是在说：

“早上好！瞧这风多好！这太阳多好！一切都好极了，对不对？咱们一块儿唱吧，跳吧，高声喊吧。来呀！来呀！”

玛丽马上就变得春风满面、笑逐颜开了，鸟儿顺着墙跳跃和拍翅飞上几步时，她跟在后面追跑。平素那个可怜巴巴、又细又瘦、蜡黄丑陋的小玛丽——片刻之间竟然也显得有点儿漂亮了。

“我喜欢你！我喜欢你呀！”她一边喊着，一边嗒嗒嗒嗒沿着步行道奔跑。她呼嘘呼嘘地试着吹口哨，其实以前她是一点儿都不会吹的。

但是知更鸟似乎已经很满意了，它也以哨声来回应她。最后，它平展翅膀冲向一棵树的顶端，停栖在那里大声鸣唱起来。

这使玛丽回忆起头一次见到它时的情景。当时它栖在一个树梢上，一颠一颠，她则是站在果园里。此刻她是站在果园外墙根的步行道上——地势低了许多——但是在墙里面的还是那同一棵树。

“那树是在没有人能进去的园子里。”她对自己说，“就是没有门的那个园子。鸟儿就住在那里面。我多么希望能看看那个园子是什么模样呀！”

她沿着步行道跑回到第一天早上她进去过的那扇绿门前。接着又沿着小径穿过另一扇门进入果园。她站住了抬起头来，看到那棵树就在墙的那边，知更鸟已经唱完了歌，正在用喙整理羽毛呢。

“就是这个园子了，”她说，“我敢肯定就是的。”

她走过来走过去，细细察看这一边的园墙，但只是证实了她原先就已经知道的事——那就是墙上并没有门。接着她奔跑着再次穿过菜园，来到常春藤很茂密的那堵长墙外的步行道上，一直走到墙的尽头，一边走一边细细察看，可还是没有找到门。她往回走，也走到另一个尽头，也是细细察看，但就是没有门。

“这就怪了。”她说，“本·韦瑟斯达夫说没有门，我也没见到有门。可是十年前必定是有的呀，因为克雷文先生是把钥匙埋掉的呀。”

这让她有了很多事情可以去想，因此她开始很感兴趣了，也并不因为来米塞斯维特庄园而觉得遗憾了。在印度时，她总是觉得热，提不起精神来，对什么事都不感兴趣。现在的实际情况是，来自荒原的清新的风开始吹走蒙住她稚嫩头脑的污垢，使得她清醒了一些。

她还是几乎一整天都待在户外，晚上坐下来吃晚餐时不但觉得饿，而且是很困倦，但身心却很舒畅。玛莎唠叨时，她也不觉得心烦了，似乎还挺爱听的。到了最后，她感到自己很想问玛莎一个问题。吃完晚饭，在炉火前的地毯上坐下后，她便把问题提了出来。

“克雷文先生干吗要恨那个花园？”她说。

她让玛莎留下，玛莎也丝毫没有不愿意。她非常年轻，习惯了在一间茅屋里和那么多兄弟姐妹挤着住，在楼下那间空荡荡的用人大厅时，她觉得很郁闷。在那里，男仆和上房使女们都取笑她那一口约克郡土腔，觉得她是个一无可取的乡下丫头，他们自顾自凑在一起窃窃私语。玛莎生性爱说话，对她来说，这个曾在印度生活，一向由“黑人”伺候的陌生小姑娘，还是很新鲜、很有吸引力的。

因此不等别人请，她也在炉前地毯上坐了下来。

“你还在琢磨那个园子呀？”她说，“我知道你会惦记的。我头一回听说这事儿时也是这样的。”

“他干吗要恨它呀？”玛丽追问道。

玛莎把两只脚盘在身子底下，让自己坐得尽可能舒服些。

“听听房子周围风儿呼啸得多来劲儿。”她说，“今儿晚上你要是去到荒原里，准会连站都站不住。”

玛丽原先不明白“呼啸”是什么意思，听到风声后她才明白，这必定是围着房屋发出的那一阵阵空洞的、让人颤抖的吼叫声，好像是有个谁也看不见的巨人在猛击墙与窗，想破门而入似的。不过你很清楚他是进不来的，这倒反而使待在一个生着红红煤火的房间里的人会觉得分外安全与温暖。

“不过他为什么要这么恨那个花园呢？”听过风声之后，她又问道。她想弄明白玛莎自己是不是知道。

到此时，玛莎也就和盘托出了。

“给我记好了。”她说，“梅德洛克夫人吩咐过的，这件事是不许议论的。这地方有好多事情是不许议论的呢。这是克雷文先生定下的规矩。主子家事情不顺心与用人不相干，他说的。要不是有这个花园，他还不至于这么倒霉呢。其实那是克雷文太太的花园，他们俩刚结婚那会儿她亲自开辟的，她对这园子感情可深了。他们俩总是一块儿侍弄花木。任何一个园丁都不许进去。他和太太总是进去就把园门插上，在里面一待就是好几个小时，读书，谈话。她是个小巧玲珑的姑娘，那地方有一棵老树，伸出一根横枝，树杈正好像把椅子可以坐人。她在附近周围都种上玫瑰，自己就坐在枝杈上赏玩。可是有一天她坐在那儿时，横枝断了，她摔到地上，伤得那么重，第二天就去世了。大夫们都以为克雷文先生会发疯，会跟着死去。这就是他这么恨那个花园的原因。打那以后，再没人进去过，他也不让任何人谈论这件事情。”

玛丽再没有问别的问题。她看着红红的炉火，听着风儿的“呼啸”声。这“呼啸”像是越来越大了。

就在这一刻，一件非常正面的事情发生在她的身上。事实上，自从她来到米塞斯维特庄园之后，她已经遇见了四件这样的好事。她感到自己了解了一只知更鸟，而那只鸟也了解她。她在风中奔跑以至于血液涌流，周身发热。她生平第一次胃口大开，感觉到饿。她还明白了为别人的事而感到难过是怎么一回事。她真是大有长进了。

可是正当她在倾听风声时她又听到了别的一种声音。她不知道那是什么，因为起初她几乎无法将它与风声区分开来。那是一种古怪的声音——几乎像是一个小孩在什么地方哀号。有时候风声跟小孩子的哭声是差不太多的，可是很快，玛丽小姐就敢肯定，这声音是屋子里发出的，绝不是来自室外。声音离她很远，不过绝对是室内的。她转过身来看着玛莎。

“你听到有人在哭吗？”她说。

玛莎突然之间显得很慌乱。

“没有啊。”她回答道，“那是风声。有时候风声就跟一个人在荒野里迷了路急得哭出来的声音一样。风声也是千变万化的。”

“不过你听呀，”玛丽说，“那是楼里发出来的——从那些长长的走廊尽头的一处什么地方。”

就在此时此刻，楼下某处的一扇门准是被吹开了，因为有一股强风从过道上刮过来，她们坐着的房间的门给“咔嗒”一声吹开了，她们同时跳了起来，烛火灭了，哭声从远远一头走廊的那边传过来，因此也听得更加真切了。

“那儿！”玛丽说，“我不是跟你说了吗！是有人在哭——而且不是个大人。”

玛莎急忙跑过去关上房门，而且还扭转了钥匙，可是在她这样做以前两人都听到远处有扇门砰地关上了，这以后一切都沉寂了下来，因为连风的“呼啸”声也停歇了好一阵子。

“就是风嘛。”玛莎固执地说道，“如果不是风，那就是小贝蒂·伯特沃斯，那个管打扫的小丫头。她牙齿疼了整整一天。”

可是她神情中的慌乱和尴尬却使玛丽小姐眼光非常严厉地盯着她看。玛丽不相信她说的是实话。

第六章 “是有人在哭嘛——是真的嘛！”

第二天，又下起了倾盆大雨，玛丽朝窗外的荒野望去，荒原让灰蒙蒙的雾霭和乌云遮挡得几乎看不见了。今天是出不去了。

“像这样下大雨的时候，你们闷在茅屋里都干些什么呢？”

“主要是不让别人踩到自己的脚。”玛莎回答说，“啊！这时候就觉得家里人太多了。俺娘脾气算是好的，不过有时候也会给搞得心烦意乱。最大的那几个孩子会到牛棚里去玩儿。迪康他可不怕挨浇。他照样到外面去，就跟太阳当头照似的。他说下雨天能看到晴天看不着的东西。有一回他在一个洞里找到一只快要淹死的狐狸崽子，他把它放在胸前衬衫里捂着，带回了家。小狐狸的妈妈在不远处被杀死了，洞里浸满了水，其他幼崽也都死了。现在迪康把小狐狸养在家里。另一次，他又发现一只快淹死的小乌鸦，也把这只雏鸟带回家驯养了，还给它起了个名字叫‘煤烟’，因为它乌黑乌黑的，而且迪康跑到哪儿它都飞几下跳几下死缠着他。”

现在已发展到这一步，玛丽不再厌烦玛莎那些絮絮叨叨的闲言碎语了。她甚至还发现那些挺有趣，当玛莎停下不说或是走开去时，她还觉得很遗憾呢。她在印度时听她的阿妈说的那些故事跟玛莎讲的完全是两码事。玛莎说的是荒原茅舍里，十四个人怎样挤住在四个小房间里，吃的东西总是不够；小孩子像一窝粗野、好脾气的小狗崽一样，在荒野上推推搡搡，打打闹闹。玛丽听得最入神的是“娘”和迪康的事儿。当玛莎讲到娘说了什么做了什么的时候，玛丽总是听得心里热乎乎的。

“要是我也有一只小乌鸦或是一只小狐狸，那我就可以跟它玩了。”玛丽说，“可是我什么都没有。”

玛莎显得大惑不解。

“你会编结吗？”她问。

“不会。”玛丽答道。

“你会缝纫吗？”

“不会。”

“你能看书吗？”

“那倒是可以的。”

“那你为什么不看点儿什么呢，或是练练写字呢？你也老大不小的了，满可以看看书学点知识了。

“我什么书也没有。”玛丽说，“原来有的那些都留在印度了。”

“真可惜。”玛莎说，“要是梅德洛克太太能让你进藏书室就好了，那里的书多了去了。”

玛丽没有打听藏书室在什么地方，因为她忽然生出了一个新的主意，下决心自己去找。她不想去惊动梅德洛克太太。梅德洛克太太似乎老是猫在楼下她那间舒舒服服的管家房里。在这个古怪的地方，你简直就看不到另一个人。的确，除了用人，你根本看不到什么人。主子不在的时候，他们在楼下过的是神仙般的日子，那里有一个硕大的厨房，四周挂着锃光瓦亮的黄铜厨具，旁边有一个用人待的大厅，这里每天开四五顿丰盛的饭食是件寻常事。梅德洛克夫人一不在，这儿便打打闹闹全都活动开了。

玛丽的一日三餐都是准时端来的，由玛莎伺候着，但是她其他的事情就再没有人操心了。梅德洛克太太每天或隔上一天总会来看看她，但是无人过问她做了什么，吩咐她该做什么。玛丽寻思，英国人就是这样管理儿童的。在印度，她的阿妈一时一刻都不离开她，大事小事全替她做。她还曾经很烦有这么个人老黏在身边呢。现在呢，没人跟着她，她得自己穿衣服，因为倘若她要别人拿衣服过来帮她穿上，玛莎那表情仿佛觉得她很傻很低能似的。

“你脑瓜子没问题吧？”有一回她竟这么说，当时玛丽呆呆地站着让玛莎帮自己戴上手套。“咱们家的苏珊·安只有四岁，可比你足足机灵一倍。有时候你怎么显得呆头呆脑的呢。”

这以后足足一个小时，玛丽都面带愠色，但是这也让她想起好几件以前不曾想到的事。

这天早晨，在玛莎终于打理完壁炉下楼去了之后，玛丽在窗口前面站了大约有十分钟。她在琢磨听说有藏书室之后新产生出的那个主意。对藏书室本身她倒没有太大兴趣，因为她压根儿就没念过几本书。可是听说有这么回事之后她又重新想起了那一百个关紧了门的房间。她有点怀疑它们是不是真的都是锁上的，如果能进入某个房间她又会在里面找到什么呢。果真有一百个吗？她为什么不自己去看看能数到有多少扇门呢？反正今天上午她出不了门，那就应该即刻着手做这件事。没有人关照过她做什么事情之前先要请示一下能否这样做，对于上下尊卑这一套她压根儿没有观念，因此即便她见得到梅德洛克太太，她也不会想到是不是该问一问，自己能不能在这楼里到处走走。

她打开房门，进入走廊，接着便开始她的漫游。这走廊真长，还有分叉，它通到一处阶梯，登上几步，又通到另外一些走廊。走廊上是一扇又一扇的门，墙上则挂着一幅又一幅的油画。有些是幽暗、稀奇古怪的风景画，更多的则是穿着古老考究的绸缎丝绒服装的男子女士的画像。她发现自己已经来到挂满这些肖像画的长画廊了。她从来未曾想到哪个宅子里会有这么多肖像画的。她慢慢地往前走，一边看着那一张张脸，那些脸似乎也在回盯着她。她觉得他们是在纳闷，一个从印度来的小丫头在他们的府邸里干什么。有些画里画的是儿童——小女孩穿着厚缎子的长袍，袍子一直盖到她们的脚面，小男孩的衣服则有胀鼓鼓的袖筒与花边领，头发留得很长，有的脖子上还套着个大大的领圈。她见到画有小孩的画儿总是停住脚步，寻思他们叫什么名字，此刻上哪儿去了，干吗要穿这么古怪的衣服。这里还有一个姿势僵硬、长相一般的小姑娘，她跟自己还真有几分像呢。这女孩穿一件绿织锦缎的长裙，有一只绿色的鹦鹉栖在她的手指上。她的眼神既尖锐又好奇。

“你这会儿住在哪儿呀？”玛丽大声地对她说，“我想要你出来嘛。”

可以肯定，再没有别的小姑娘会度过这样一个奇特的上午的。在这幢四下胡乱蔓延的大房子里，只有她一个小人儿，爬上楼梯又爬下楼梯，穿过狭窄与宽阔的走廊，她觉得，除了她以外，再没有人来过这些地方。既然是造出了这么多房间，那就总应该有人来住吧，可是房间好像都是空荡荡的，这让她简直不敢相信是真的。

一直到爬上了三楼，她才想起应该去扭动门把儿的。正如梅德洛克太太说的那样，所有的房间都是紧关着的。可是最后当她把手按在一个房门的把手上时，她发现没怎么使劲门把手就转动了，她推门，门渐渐迟缓地开启了。那是扇又大又重的门，里面是个很宽敞的卧室。墙上挂有绣花饰品，摆放的家具是镶嵌的，跟她在印度所见到的一样。一扇宽阔的、玻璃安在铅制格子里的窗户俯视着荒原，壁炉上方挂有那个姿势生硬、长相一般的小姑娘的另一幅肖像画，她在瞪视着玛丽。玛丽的好奇心似乎更强了。

“没准她以前就住在这里，”玛丽说，“她瞪眼看我，是想让我觉得不自在呢。”

这以后她开启了一扇又一扇的门。她见到那么多的房间都感到疲劳了，开始觉得准有一百间了，虽然她没有去数。所有的房间里都有古旧的图画或是壁毯，上面是些奇特的图景。在几乎所有的房间里都有形式古怪的家具和饰物。

有一个房间，看来是一位女士的起居间，所挂的帷幔都是绣有花的天鹅绒，有一个柜子，里面放了大约有一百只象牙雕刻的象。它们有的大有的小，有的背上还驮着驯师与轿子呢。有的象比其他的都大，有的小得简直像是刚出娘胎的。玛丽在印度见到过雕刻的象，对于象她可熟悉了。她打开柜门，站在一只矮凳上，细细地把玩起这些象来，不知不觉玩了好久。后来她感到累了，便把一只只象都放回原处，关上柜门。

在她漫游在长长的走廊与空空的房间时，她没见到任何有生命的活物，可是在这个房间里她却见到了。她刚关上柜门便听到了极轻极轻的鼾声。这使她吓了一跳，赶紧朝壁炉边的那张沙发看去，因为声音像是从这里发出的。沙发的一个角上有只靠垫，丝绒罩子上有个小洞，一只小脑袋从洞里探出来，脑袋上那双眼睛惊惊慌慌的。

玛丽蹑手蹑脚地穿过房间去看个究竟。那双亮闪闪的小眼睛是属于一只小灰鼠的，这只老鼠在靠垫上咬了个洞，在里面安了窝。六只雏鼠依偎着这只母鼠睡得正香。如果说在这一百个房间里没有其他任何活物的话，这里倒是有七只老鼠，它们可一点儿也不显得孤单寂寞。

“要不是它们会非常害怕，我倒很想把它们带回去呢。”玛丽说。

她到处逛了很久，累得不想再走了，于是便转过身子往回走。有两三回她转到别的走廊里去了，迷失了方向，不得不上下寻找，直到走上正确的方向。最后，她终于走到她住的那一层了，不过离她自己的房间还有一些距离。她弄不清楚自己究竟在什么地方。

“我准是又转错了方向。”她说。她在好像是一段短过道的尽头站住不动，这儿的墙上也挂有壁毯。“我不知道该往哪儿走。这里什么声音都没有！”

她停立在此处刚说完这句话，寂静就给打破了。那是哭声。不像她昨天晚上听到的那一种，仅仅是短促、焦躁不安的儿童的呜咽声，因为隔着几道墙，所以声音很闷。

“比昨天听到的要隔得近一些，”玛丽说，她的心速变得相当的快，“而且的确是哭声。”

她无意间把手靠在身边的壁毯上，接着心中一惊，身子往后跳了一步。那壁毯是遮在一扇门上的，门开了，显示出后面还有半段走廊，而梅德洛克太太正朝她这边走过来，手上提了一大串钥匙，满面怒容。

“你来这儿干什么？”她说，一把揪住玛丽的胳膊。“我关照过你什么来着？”

“我拐错弯了。”玛丽解释说，“我不知道该朝哪个方向走，接着我听到有人在哭。”

此时此刻，她是非常讨厌梅德洛克太太的，可是下一分钟，她对这个女人简直是无法容忍了。

“你什么声音都没听见。”女管家说，“你快给我滚回你的活动室去，不然瞧我不扇你几个大耳刮子。”

接着她揪住玛丽的胳膊，又是推又是拖地把她拽过这一段走廊以及另一段走廊，直到把玛丽搡回自己房间的门内。

“听好喽，”她说，“让你待在哪儿你就待在哪儿，不然的话就把你房门锁上。老爷原来说要给你找个家庭女教师的，他说了就该照办嘛。你是个该严加看管的小鬼。我活儿这么多哪里管得过来。”

她走出房间，把身后的门砰地关上。玛丽走到壁炉前在地毯上坐下，气得脸色发青。她倒没有哭，而是在咬牙切齿。

“是有人在哭嘛——是真的嘛——是真的嘛！”她喃喃自语道。

现在，她已经听到两次了，总有一天她要弄个水落石出的。今天上午，她已经弄清楚了不少事情。她觉得自己似乎是在长途跋涉，不管怎么说她总是时时能找到些可供消遣的赏心乐事的。她玩了半天那些牙雕的象，还见到灰老鼠和它那些小宝贝怎样在丝绒坐垫里过家家。

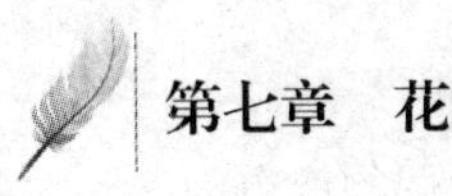

第七章　花园的钥匙

两天后，玛丽一睁开眼睛便立刻从床上坐起来，冲着玛莎喊道："瞧荒原呀！瞧荒原呀！"

暴风雨已经结束，一夜的风将灰雾与阴云席卷而空。风歇了之后，荒原上空悬垂的是一个明亮、深蓝色的苍穹。玛丽做梦也没有想到天空会这么蓝。在印度，天空灼热炙人。这里的天空却是湛蓝湛蓝的，让人觉得凉爽，宛若一泓可爱的、深不可测的湖水在粲然放光。这里那里，在高高的蓝色苍穹里，还飘浮着一小朵一小朵银羊毛似的云絮。连一望无垠的荒野也似乎蓝得惬意自在，再也不是黑不溜秋或是灰头土脑的，让人看着伤心了。

"好嘛，"玛莎也笑眯眯地说，"暴风雨总算是暂时消停了。每年的这个时候总会这样。它就这样在半夜里悄悄溜走，像是假装压根儿未曾来过，以后也不想再来似的。这是因为春天要上路了。它离我们还有一段长长的路，不过它已经出发了。”

“我原以为英国总是下雨或是阴沉沉的呢。”玛丽说。

“哦！不是的！”玛莎说，在黑刷子堆里踞坐起来，“没影儿的事儿！”

“这话是什么意思？”玛丽一本正经地问。在印度，土著人也会讲一些只有少数人才懂的方言，因此，玛莎用了一些她听不懂的话语也不是什么可奇怪的事。

玛莎哈哈大笑起来，就像第一天早晨那样。

“瞧，”她说，“我又用起梅德洛克太太不让我用的侉声侉气的约克郡土话了。‘没影儿的事儿’的意思就是‘没有这么回事’。”她一个字一个字清清楚楚地说。“可是要这么说话多费劲啊。约克郡逢到出太阳的时候，真算得上是世界上阳光最明亮的地方了。我早就告诉过你，过上一阵你就会喜欢上这荒原的。你就等着吧，你会见到金色的荆豆花、金雀花开出花来，还有石南花，上面挂满了紫色的铃铛，成百上千只蝴蝶上下翻飞，蜜蜂嗡嗡地叫着，云雀一边唱歌一边朝高空冲去。到那时候，太阳一出来你就想上外面去，在那里野上一整天，就跟迪康似的。”

“我真的能去到那儿吗？”玛丽不胜渴望地说，眺望着窗外远处的那片蓝色。这颜色是那么的新鲜、广袤，像天堂般圣洁。

“我不知道。”玛莎回答道，“你生下来就不怎么用腿脚吧，我寻思。你怕是连五英里路都走不动呢。走到我家正好是五里地。”

“我倒很想去看看你们家的茅屋呢。”

玛莎好奇地对着她瞪了好一会儿，这才拿起打光的刷子，重新擦起炉架来。她心里想，这张算不得漂亮的小脸倒不像那天早上初次见到时那么讨人厌嘛。她还有点像妹妹小苏珊·安呢，苏珊·安非常想要得到什么东西的时候也就是这副模样。

“这事我来问问俺娘看看，”她说，“她是对什么事几乎都有主意的人。今天正好该我轮休，我打算回家。啊！我挺高兴。梅德洛克太太挺看重俺娘。也许让俺娘跟她说说看。”

“我喜欢你的妈妈。”玛丽说。

“我也琢磨你会喜欢的。”玛莎附和地说，继续擦着。

“我还从来没见过她呢。”玛丽说。

“是啊，你是没见到过。”玛莎回答道。

她又坐在自己的脚跟上了，同时用手背擦擦鼻尖，似乎一时之间有点拿不定主意。但是她终于态度变得很肯定了。

“嗨，俺娘是个有头脑、勤快、好脾气、爱干净的人，那是没人会不喜欢的，不管是见到过她还是没有见到她的。每回轮休，我回家上她那儿去穿过荒原村，总是高兴得连蹦带跳的。”

“我也喜欢迪康。”玛丽说，“不过我也从来没见到过他。”

“是啊，”玛莎口气重重地说，“我跟你说过，连小鸟都喜欢他，还有兔子、野山羊、小马驹，甚至连狐狸都喜欢他呢。不过我不知道，”她沉思地看着玛丽，“迪康会怎么看你。”“他不会喜欢我的。”玛丽用她惯常的那种生硬、冰冷的口气说道，“谁也不喜欢我。”

玛莎又显得若有所思了。

“那么你喜欢你自己吗？”她问，好像真的很想知道似的。

玛丽拿不定主意，她细细地想了想。

“一点儿也不——真的。”她回答道，“不过我以前从来也没想过这事儿。”

玛莎眯起眼笑着，像是忆起了某种亲切的事情似的。

“娘有一回这么问我。”她说，“她那时正在洗衣桶前干活，我发着脾气说别人的坏话。她转过身子对我说：‘好你个小蹄子，放肆！在那儿一站，说不喜欢这个不喜欢那个，那你喜不喜欢自己呢？’我听了扑哧一笑，头脑一下子就清醒了。”

她伺候玛丽吃过早饭后便高高兴兴地离去了。她得走五英里路穿过荒原回茅舍去，她要帮母亲洗衣服，要把一星期的面包烤出来，她会彻底放松，自得其乐的。

在意识到玛莎不在宅子里之后，玛丽感到更加寂寞了。她尽快地走到园子里，她头一件要做的事情就是围着有喷泉的花园跑上十圈。她用心地数着圈数，跑完之后她觉得精神好多了。阳光使这个地方像是完全变了样。穹状的高远深邃的蓝天如同覆盖着荒原一样，也覆盖在米塞斯维特庄园之上，她不断地抬起头来，仰望天空，遐想着要是能躺在其中的一朵雪白雪白的小云絮上，在天上飘荡，那该是什么滋味。她走进第一个菜园，发现本·韦瑟斯达夫和另外两名园丁在那里干活。天气的变化似乎也使他心情好得多了。他竟主动跟她搭起话来了。

“春天眼看就要来了。”他说，“你没闻到气息吗？”

玛丽吸了吸鼻子，像是觉得真的闻到了。

“我闻到一种挺好闻的新鲜的、湿湿的气味。”她说。

“那是肥沃的泥土的气味。”他回答道，一边继续松土，“此刻准备生长东西，它心气自然就高啦。遇到播种的季节，它兴致勃勃的。到冬天没东西好长了，它也就变蔫了。在那边的那几个花园里，嫩芽眼看要在黑土里拱动了。太阳正把它们晒得暖烘烘的。再过几天，你就能见到一个个小绿芽往外顶了。”

“它们会是什么花呢？”玛丽问道。

“番红花、雪花莲跟旱水仙。这些你都没见到过吗？”

“没有。在印度，雨下过后，什么花儿都是热辣辣、潮滋滋和绿森森的。”玛丽说，“而且我寻思都是一个夜晚就长大开花的。”

“这儿的花一个晚上可长不起来。”韦瑟斯达夫说，“你得耐心等待。它们会这儿长高一点点，那儿冒出个叶尖来，今儿一张叶子舒展开来，明儿另一张伸平了。你可得好好瞅着。”

“我会好好瞅着的。”

很快，她又听到了羽翼轻轻扑动的声音，便立刻知道那只知更鸟又来了。它情绪很好，生气勃勃的，紧挨着她的脚跳过来跳过去，还把小脑袋一歪，狡黠地看看她，使得她不禁要向本·韦瑟斯达夫提出一个问题。

“你认为它会记得我吗？”她说。

“记得你！”韦瑟斯达夫气鼓鼓地说，“它记得园子里的每一处白菜的残根，更不用说人了。它以前没在这儿见到过小丫头，自然要千方百计弄清楚你的一切了。你休想瞒住什么不让它知道。”

“在它住的那个花园里，花木也在黑黑的地底下拱动吗？”玛丽问道。

“什么花园？”韦瑟斯达夫哼了一声，脸色又变得不太好看了。

“原先栽过玫瑰花的那个花园呀。”她忍不住要打听，因为她太想知道了。“是所有的花都死了呢，还是有一些到夏天还会开花？还会剩下一些玫瑰花吗？”

“问它好了。”本·韦瑟斯达夫说，朝那只知更鸟耸耸肩膀，“知道的只有它一个。十年来只有它能见到里面的情形。”

十年可是一段很长的时间呢，玛丽想。她就是十年前出生的。她走开了，一边慢慢地思索着。她开始喜欢上这座花园了，就像她喜欢上了知更鸟、迪康和玛莎的母亲一样。她也开始对玛莎产生好感了。好像招人喜欢的人还不算少嘛——而在不多久之前，她可是谁都看不上眼的呀。按她的算法，那知更鸟也和人划归为一类了。她去到覆盖着常春藤的长墙外面她的那条步行道上，在这里她可以瞥见墙里边的树梢，当她走到第二遍时，她遇上了一件最有趣、最令人兴奋的事情。那都是因为本·韦瑟斯达夫的那只知更鸟才发生的。

她听到了一阵啁啾鸣啭声，扭过肩膀朝左边的空花圃上看去，只见它在那里跳着向前，假装从土里啄食，让她觉得它并不是在跟踪她。但她知道它的确是在跟踪。她惊诧不止，以致整个身心都充满了喜悦，人都几乎要微微打起战来。

“你的确是记得我的呀！”她喊出声来。“真是记得的呀！满世界就数你最最可爱了！”

她连忙学鸟叫带说人话，哄它过来。它却一蹦一跳，摇头摆尾，啁啾个不停，就仿佛是在说话似的。它的红背心像是缎子缝的。它把小胸脯挺得鼓鼓的，这里是那么的细腻、那么高贵，又是那么的华美，就好像它真的是在向她显示，一只知更鸟是能够做到多么庄重、多么像一个人的。当鸟儿紧跟着她，她离鸟儿越来越近时，玛丽都忘掉自己曾是怎样的一个“倔小姐”了，她弯下腰，试着用知更鸟的声音跟它说话。

哦！想想看，它真的让自己挨它那么近！它知道她绝对不会伸出手去碰它，也绝不会做出一点点过头的事来惊吓它。它知道的，因为它真正通人性——甚至比所有的人还要有人性。她快乐得简直喘不过气来了。

花圃并不全是光秃秃的。这里没有花儿，是因为多年生的植物做过修剪，以利于过冬，但是花坛根处还簇拥着高高低低的灌木丛。知更鸟在灌木丛底下蹦蹦跳跳时，玛丽见到它跳上一小堆新翻上来的泥土，停在那里寻找虫子。必定是有一只狗曾在这里掏鼹鼠洞，挖得很深，所以才翻出这么些新土。

玛丽看着这个洞，真的弄不懂这儿怎么会有洞的。她细细察看时发现有样东西半埋在新翻上来的土里。那像是一圈发锈的铁的或是铜的什么东西。知更鸟飞上一棵树后她伸出手去将那个圈子捡了起来。它还不仅仅是一个铁圈呢。它上面有一把古老的钥匙，看来埋在土里已有很长时间了。

玛丽小姐站直身子，看着这物件，脸上现出一种惊恐的神情。

“没准它已经埋了十年呢。”她悄没声儿地说，“没准这就是花园的那把钥匙呢！”

第八章　引路的知更鸟

玛丽对着钥匙看了很长时间。她把它翻过来覆过去，反复琢磨。前面也曾提到过，她并不是那种经过严格管教每件事都会去问长辈能不能做、该怎样做的女孩。拿着这把钥匙，她所想的仅仅是，如果这是那个封闭的花园的钥匙，她又能找到那扇门在什么地方，那么，说不定她就能打开门，看看墙里面究竟是什么样子、旧日的那些玫瑰花又是怎么样了。正因为它封闭了这么久，所以她才想要看。想来它必定是与别的地方有所不同的，十年来，它必定已起了某种奇异的变化。不仅如此，只要喜欢，她可以每天都进去，把门一关，她还可以编一些自己的游戏出来，独自一人玩。因为绝对没有人知道她会在里面，谁都以为门仍然是锁上的，钥匙仍然是埋在地里的。这个设想使她觉得特别有意思。

像现在这样，独自一人住在有一百个门神秘紧闭的房间的宅子里，什么好玩的都没有，倒反而使她那本来不爱思考的头脑活跃起来，变得富于想象力了。毫无疑问，来自荒原的新鲜、丰富与纯净的空气也起了很大的作用。这空气增强了她的食欲，与风抗争加速了她血液的流通，同样，这些因素也活跃了她的头脑。在印度时，她总觉得又闷又热，什么都懒得管，可是在这儿，她开始关心起周围的事情来了，也想去做一些新鲜的事情了。她已经没那么“倔”了，虽然她也不清楚为什么会是这样的。

她把钥匙揣在兜里，在步行道上走来走去。除了她，似乎再没有别的人来这里，因此她大可从从容容地踱步，审视墙头，或者不如说是细细察看攀在墙上的那些常春藤。常春藤却让人越看越眼花。不管她怎么用心看，除了密密生长的光滑翠绿的叶子之外她什么都没有看见。她太失望了。她在墙外走过来走过去朝墙内的树梢望去时，她身上的那股倔劲儿又回来了。离它那么近却偏偏不能进去，这岂不是太可笑了吗。她回宅子时把钥匙揣进口袋，决心以后但凡来到户外，就要把它带在身上，以便万一找到那扇隐藏着的门时，就可以有备无患了。

梅德洛克太太允许玛莎留在家里过夜，不过她一大早回来上班时脸更红了，精神头更足了。

“我四点钟就起床了。”她说，“啊！荒原上漂亮极了，鸟儿们早早都起来了，野兔子四下乱窜，太阳一点一点地露出了头。我没有走全程，有个人让我顺路搭了一段车，我真是没法告诉你我有多么的高兴。”

她轮休一天，开心的事简直都说不过来了。她母亲见到她十分高兴，娘儿俩一鼓作气，把该烤的都烤了，该洗的也都洗了。她甚至还为弟弟妹妹每人都烙了块红糖馅儿饼呢。

“等他们在荒原上玩够回来时，热腾腾的馅儿饼正等着他们呢。满茅屋烤东西的喷香味儿，炉火正旺，他们都高兴得大叫起来。我们的迪康，他说拿国王的宫殿来换破茅屋，咱还不干呢。”

晚上，一家人围坐在炉火前，玛莎和母亲缝补破衣服、破袜子，玛莎便跟大家谈刚从印度来的小姑娘的事儿，说她生下来就由“黑人”伺候着，连袜子都不会自个儿穿。

“啊！他们可喜欢听你的事情了。”玛莎说，“黑人是怎么回事儿，你来这乘的船又是什么样儿的。我怎么说他们都听得没个够。”

玛丽思考了一会儿。

“你下回轮休前我再多多地跟你说一些，”她说，“好让你更有可讲的。我敢说他们准爱听骑大象和骆驼的事儿，还有军官们去猎杀老虎的事儿。”

“我的天！”玛莎高兴得叫了起来，“那还不得把他们听晕了呀。你真会这样做吗，小姐？那可真要跟那回约克市的野兽大展一样热闹了。”

“印度跟约克郡可大不一样。”玛丽慢条斯理地说，仿佛脑子里在掂量盘算，“这一点我还从来没有想过。迪康和你妈妈真的喜欢听我的事儿？”

“那还用说，咱家那个迪康听得眼珠都鼓了出来，眼睛倍儿圆。”玛莎回答道，“不过俺娘觉着你没人照顾不太放心。她说：‘克雷文先生就没给她请一位家庭女教师或是一位护士吗？’我就说了：‘没有呀，他没有请，虽然梅德洛克太太说了他会考虑的，不过她说总要在两三年之后才会认真安排吧。’”

“我可不要什么家庭教师。”玛丽厉声说道。

“可是俺娘说你到这个年纪，也该学学读书识字了，应该有个女人来照顾你的。她说：‘玛莎，你自己想想会有什么感觉，在偌大的一幢房子里，孤零零一个人，逛来荡去，也没有娘亲。你得尽力让她过得开心一些呀。’我回答说我会的。”

玛丽久久地定睛看着她。

“你让我觉得开心多了。”她说，“我就爱听你聊天。”

紧接着玛莎走出房间，又在围裙底下捧着一样东西走回来。

“你想得到吗？”她说，一边愉快地笑着，“我给你捎来了一件礼物。”

“一件礼物！”玛丽小姐喊了起来。一个挤住着十四个总也吃不饱的人的茅屋，居然还拿得出送人的礼物！

“有个货郎赶了辆大车上荒原来卖货，”玛莎解释说，“他把车停在了俺家门前。他有锅碗瓢盆，也有针头线脑，可俺娘没钱买任何东西。他刚要离开，咱家的伊丽莎白·埃伦喊起来了：‘娘，他有红蓝把儿的跳绳呢。’俺娘居然叫住货郎：‘嗨，等一等，大哥！这绳子要多少钱？’那人说：‘就两便士。’俺娘就在兜里摸来摸去，又对我说：‘玛莎，你真是个好姑娘，把工钱全带回了家。我一个便士都恨不能掰成四个花。可是我还是想拿出两个来给那孩子买根跳绳。’于是她就买了。呐，这就是了。”

她把绳子从围裙底下拿出来，得意扬扬地显示给玛丽看。那是一根结实、细长的绳子，每一头都有个红蓝条纹相间的木把儿。但玛丽·伦诺克斯以前连见都未曾见到过这玩意儿。她大惑不解地瞪视着它。

“这是干什么用的呀?”她好奇地问道。

“干什么用的！”玛莎喊出声来，“你是说，在印度，尽管有大象、老虎和骆驼，却连跳绳的绳子都没有吗？怪不得那儿一大半的人都是黑不溜秋的了。是干这个用的，你好好瞧着吧。”

说完她就跑到房间的正中央，一手捏着一个把儿，开始跳了起来，她跳啊，跳啊。这当儿，玛丽在椅子上转过身子，定神看着。那些古老肖像画里那一张张怪异的面孔似乎也在看着，而且在嘀咕，这茅屋来的小丫头究竟想干什么，怎么敢在他们鼻子底下放肆。可是玛莎甚至都没注意他们。玛丽小姐脸上流露出的兴趣与好奇使得她兴高采烈。她继续跳着，边跳边数数，一口气跳了一百下才停了下来。

"我完全可以继续跳下去的。"她停下时说道，"我十二岁时跳到过五百下呢。不过那会儿我不像现在这么胖，而且经常练习。"

玛丽从椅子上站到地上，也开始变得兴奋了。

"这玩意儿不错嘛。"她说，"你母亲人真好。你觉得我也能像你那样跳吗?"

"你试试好了。"玛莎鼓励地说，把绳子递给她，"一开头你自然跳不到一百下，可是多练练，数目就会上去的。俺娘就是这么说的。她说：'再没有比跳绳对她更有好处的事儿了。这种游戏对小孩子家最有益了。让她在空气新鲜的地方跳，她的腿和胳膊会长长，也会更有力气的。'"

玛丽小姐开始跳了，显然，她的胳膊和腿是没有多少力气，而且她也不算灵巧。可是她太喜欢这种游戏了，所以不想停下来。

"穿上衣服，到外面去跳吧。"玛莎说，"俺娘说让我一定告诉你，要尽量到户外去活动。就算下点小雨也要去，只要衣服穿得够暖和就行。"

玛丽穿上外衣，戴好帽子，把绳子搭在手臂上。她推开门走出去，但是突然想起件事情，又一点点地把身子转了过来。

"玛莎，"她说，"那是用你的工钱买的。实际上那两个便士是你的。谢谢你。"她口气挺不自然的，因为她不习惯感谢别人，也从不注意旁人帮她做了什么事情。“谢谢你了。”说着又伸出手去，因为她不知道还该怎么表示谢意。

玛莎笨拙地跟玛丽握了握手，好像是她也不怎么习惯处理这类事，接着又笑了起来。

“哈！你倒真像是个古怪的小老太太呢。”她说，“换了咱们家的伊丽莎白·埃伦，准会冲上来亲我一个大嘴巴的。”

玛丽显得更加不自在了。

“你要我吻你吗？”

玛莎又哈哈大笑起来。

“不，不是我要。”她回答说，“如果你不是这样的脾气，那也许你自然就想要那样做了。不过每个人都有自己的脾气。你就快快拿着绳子出去玩吧。”

玛丽小姐走出房间时心里有点儿别扭。约克郡人真是显得怪怪的，玛莎就老是让她看不透。一开始她非常不喜欢玛莎，可是现在却并非如此了。

这根绳子真是件宝物。她边数边跳，边跳边数，直到双颊通红，她出生以来还没玩过这么有趣的游戏呢。阳光灿烂，微风轻拂——不是那种狂风，而是一股股让人愉快的轻风，还挟带着新翻垦的泥土的清香气息。她绕着喷泉园圃跳绳，看见本·韦瑟斯达夫一边挖土一边在跟他的知更鸟说话，那鸟在他周围跳来跳去。她顺着步行道朝他那儿跳过去，他抬起头以一种好奇的表情看着她。她的确很希望他看到自己跳绳。

“嗨！”他喊道，“我的天！你到底还是个小孩子呀，你血管里流的毕竟还是小孩子的血而不是发馊的脱脂牛奶。你都跳得满脸通红了，不是这样的话我名字就不叫本·韦瑟斯达夫。我真不敢相信你还能跳绳呢。”

“我以前从来没有跳过。”玛丽说，“我刚开始学，我只能跳二十下。”

“继续往下练。”本说，“对于一个在不信上帝的地方长大的孩子来说，你还算是发育得不错的。你瞧瞧它在怎么瞅你吧。”说着把头朝知更鸟点了点。“它昨天就老跟着你，今天还会这样做的。它不弄清楚这绳子是怎么回事是决不会罢休的，它以前没见到过这东西。唉！”他对着鸟儿把头摇了摇，“你不加倍留神的话，有一天会把小命送在好奇心上头的。”

玛丽环绕着所有的花园和菜园跳绳，每跳几分钟就歇上一会儿。最后，她又来到自己专用的步行道上，决定试试看能不能跳完全程。

这段路可不短，她定了定神，开始不慌不忙地跳，可是没等她跳到一半路程便浑身发热，喘不过气儿了，只好停了下来。不过她倒并不大在意，因为她已经能连续跳三十下了。她轻松地笑着，停了下来。看呀，那边常春藤长长的枝条上停栖着那只知更鸟，在一上一下地晃荡。原来它一直在跟着自己呢，还啁啾唱着为自己叫好呢。玛丽挥动绳子朝着它跳了过去，觉得兜里有样东西沉甸甸的，每跳一下，那东西都要碰自己一下。在再次见到知更鸟时，她开心地笑了起来。

“你昨天带我找到了钥匙。”她说，“今天应该带我找到门了。不过我不相信你会知道门在哪儿！”

知更鸟从晃荡的常春藤枝条上飞到墙头上，张开嘴用颤音大声地唱起一支可爱的歌来，纯粹是为了卖弄技巧。世界上再没有什么比一只自我炫耀的知更鸟更讨人喜欢的了——而知更鸟呢，几乎时时刻刻都是在炫耀自己的。

玛丽·伦诺克斯以前听她的阿妈讲的故事里时常提到魔法，她后来总是说，当时所发生的事必定与魔法有关。

一股飒爽的轻风从步行道上刮过来，这股风比刚才的风都稍稍大一些。它大得足以晃动树干和枝条，更不用说从墙上挂下的那一蓬蓬未经修剪的藤叶了。玛丽往那只知更鸟靠过去，那阵风突然把一些松垂的枝条扫到一边，而她也非常突然地朝前跳去，把枝条抓在手里。她之所以要这样做，是因为她看到那底下有个什么东西——是个被枝叶遮挡住的圆球。原来那是一个球形的门把手。

她把两只手都伸到枝叶底下，开始把它们往两边推拨。常春藤又厚又密，几乎像一道松垂的帘子，有些枝条已经和木与铁粘到一起了。玛丽的心脏开始怦怦跳动，双手也因为快乐和激动而微微颤抖。知更鸟不断地啁啾歌唱，把脑袋歪向一边，仿佛也跟她一样激动。

她手底下这方方的铁家伙是什么呢？她的手指还摸到了一个眼儿呢。

那不就是将门封闭了足足十年的锁吗？她把手伸进口袋，拿出钥匙，发现正好能插进那个眼儿里。她尽量往里插，扭转钥匙，得两只手一起使劲才行，可是还真的转动了。

此时，她长长地吸了一口气，转过头去看看有没有人朝这边走来。一个人都没有。这地方好像从来也没有人来似的。她又长长地吸了口气，不然的话她真要晕倒了。她把枝叶往一边拉，去推那扇门，门缓慢地开启了——的确很慢，但还是开了。

接下去，她身子一侧，溜了进去，随即把身后的门关上。她背靠门站着，环视四周，因为激动、惊奇与喜悦而呼吸急促。

她真的是站在秘密花园的里面了。

第九章　人世间最最古怪的房子

这真是任谁都想象不出来的世界上最最奇妙，气氛最最神秘的地方了。四周环绕着它的高墙都由空无一叶的攀缘玫瑰的枝梗覆盖着，枝梗密集纠缠，简直都结成了一片片毡毯。玛丽·伦诺克斯知道它们是玫瑰，因为她在印度见到过许多玫瑰。一整片地上都铺满了冬季棕黄色的枯草，上面长出了一丛丛的灌木，它们倘若活着，就必定是玫瑰了。还有不少直接嫁接到直干上的玫瑰，它们的枝梗铺得很开，简直像是小树了。园子里还有别的树木，但是使这里显得最为奇特、最为可爱的就是攀缘的玫瑰爬上了所有的树，还把长长的卷须悬垂下来，造成了轻轻飘动的帷幕。这里那里，它们相互纠缠在一起，或是挂在了别的树伸得很长的横枝上，于是枝蔓就从这棵树搭到另一棵树上，本身便构成了一座座可爱的桥。玫瑰现在是既无叶也无花了，玛丽不清楚它们是死了还是仍然活着，但是它们那些淡灰色或棕色的粗细枝条活像雾蒙蒙的纱幕笼罩在一切之上，包括墙、树，甚至是棕黄色的枯草，枝子一直垂到草上，甚至还铺展在地上。正是树与树之间雾霭般的纠缠使得这里如此神秘。玛丽原来就设想过，这座花园与别的未被荒废如此长久的园子肯定有所不同。现在一看，它果然与她一生中所见到过的其他花园都不一样。

"这里多么安静呀！"她悄声说道，"多么静谧呀！"

接下去她伫立着等待了一会儿，倾听着周围的寂静。飞回到自己筑窠的那棵树的知更鸟也和别的东西一样，不出一声。它甚至都不拍打翅膀。它停栖在树上，一动都不动，眼睛看看玛丽。

"这么安静也很自然。"她又悄声地说了，"十年来，我是第一个在这儿开口说话的人嘛。"

她离开门边往里走，步子很轻，仿佛怕吵醒什么人。她很高兴脚底下有草，这样踩在地上不会出声。她走到树与树之间的一个童话世界般的灰暗"拱门"底下，仰起头来看看造成它的那些枝蔓与卷须。

"我真想知道它们是不是都真的死了。"她说，"它真是个没一点儿生气的花园吗？我但愿它不是死绝了的。"

如果她是本·韦瑟斯达夫，只消一看，准能判定树木是否还活着。但是由她来看，枝枝蔓蔓全是一片棕灰色的，任何地方都没能显示出哪怕有一个小小叶芽儿的迹象。

不过，她毕竟进入一个神奇的花园了呀，而且任何时候，她都可以从常春藤底下的那扇门里钻进来的。她觉得好像是发现了一个专属于她自己的天地。

园墙四围之内，阳光明媚，俯临米塞斯维特庄园这一特殊区域的蓝天苍穹，也似乎要比荒原上空的更加灿烂、更加妩媚。知更鸟从自己的高枝上飞下来，在她身边、身后飞来飞去，从一棵灌木跳到另外一棵，小嘴一刻儿也不歇着，一副大忙人的模样，像是在向客人展示自己家里的宝贝。这儿一切都很陌生，也很寂静，她似乎远离人间，但是却又丝毫不感到孤独。她心中唯一的一个疑团是：这儿所有的玫瑰都已经死了呢，还是有一部分仍然活着，在天气转暖后还会长出叶子和花蕾来？她不希望这是一个全然死寂的花园。假如它是个富于生机的花园，那该多好啊，那就会有千百朵玫瑰在前后左右生长出来了。

她进入园子时是把绳子挂在手臂上的，她四下里走了一会儿之后，心想何不边跳绳边逛园子呢，想仔细看什么的时候停下来就是了。看得出这儿那儿有一些长有草的小径，在一两个角落里还有常绿植物构成的凉亭，里面有石凳与长满了苔藓的石瓮。

在她走近第二个凉亭时，她停了下来。这里原来是有个花圃的，她觉得从黑土地里像是冒出来了什么东西——几片嫩绿色的尖尖的小东西。她记起了本·韦瑟斯达夫说过的话，于是便跪下来细细察看。

“是啊，那是正在生长的小苗芽，没准儿是番红花或是雪绒花，要不就是水仙花。”她嘀咕道。

她的头弯得离那儿非常之近，嗅闻着湿土里散发出的芳香味儿。

她很爱闻这样的气味。

“说不定别处还有小苗芽在长出来呢。”她说，“我要在整个园子里好好找找。”

她不再跳了，而是一步一步地往前走。她慢慢地走着，眼睛盯着地上。她在旧花圃和草丛里寻觅，兜了一圈之后，她竟然找到不少冒出嫩绿色尖叶的苗芽，她再次感到兴奋不已。

“这不能算是个全然荒废的花园。”她轻声对自己喊道，“即使玫瑰都死了，还有别的花木是活着的呢。”

对于园艺她一窍不通，可是她知道有些长出小苗芽的地方枯草很厚，苗芽要长出来不费点儿周折是不行的。她往四下里寻找，找到一根有个尖头的木棍，接着便跪在地上，清除起杂草来，直到小苗芽周围成了干干净净的空地。

“好了，现在小苗儿总算可以透口气了。”在清理完第一块地方后，她这么说道，“我还得清理好多地方呢。凡是我看到有小苗苗的地方我都要整理一下。要是今天来不及，那就明天再来。”

她从一个地方干到另外的一个地方，又是挖又是锄，干得那么投入那么兴致勃勃，竟从花圃一直干到树底下草丛那里。这体力活儿使得她全身出汗，她外套脱了，帽子也脱了，全然没有觉察自己自始至终都是在对着草丛与嫩绿的苗芽微笑。

那只知更鸟也是一直在忙个不停。它很高兴看到在自己的领域里也忙开了园艺活动。以前，它对于本·韦瑟斯达夫总是十分的惊异与佩服。什么地方一经他打理，各种各样好吃的东西便自然而然随着土块翻到地面上来。现在又新来了这个小家伙，个头没有本一半高，人倒不傻，一进入它的花园便懂得立即开始干活。

玛丽小姐在知更鸟的花园里干活，直到必须去吃午饭了。事实上，她想起这事也已经晚了。她穿好外套，戴上帽子，捡起绳子，自己都不相信已经干了两三个小时。她一直都确实是非常开心，在她清理过的地方显现出几十丛嫩绿色的小苗芽，比原先给杂草、枯草压得透不过气来的时候显得精神得多、愉快得多了。

“我今天下午还会来的。”她环顾着她的新王国，对树木与玫瑰丛说道，仿佛它们是听得懂自己的话的。

接着她轻快地跑过草地，推开那扇古旧发涩的门，从常春藤底下钻了出去。她脸颊通红，眼睛闪闪发亮，午饭吃下去那么多，使得玛莎都替她高兴。

“两大块肉，大米布丁添了又添！”她说，“啊！等我告诉俺娘跳绳让你起了什么变化，她会高兴的。”

在用尖木棍挖掘的过程中，玛丽小姐发现她掘出了一些像是洋葱的白色块根。她把它们放回去，再小心地把松土摁摁结实。此时，她想问问玛莎知不知道那是什么。

“玛莎。”她说，“那些样子跟洋葱差不多的白色块根是什么东西呀？”

“那叫球茎。”玛莎答道，“好多春天开的花都是从球茎里长出来的。最小的，就是雪花莲和番红花，大一些的便是水仙花、长寿花和旱水仙。最最大的呢，那就是百合花和紫菖蒲了。哎哟！它们可好看了。迪康在我们家那小地块里全都种上了呢。”

“这些花迪康都认得出来吗？”玛丽问道。她头脑里产生出一个新的主意。

“哪怕是面砖墙，咱们的迪康也能让它长出花儿来呢。俺娘说，迪康只消轻声说几句好听的话，便能让东西长出来的。”

“球茎能活很长时间吗？没有人料理它们也能一年又一年地活下去

吗？”玛丽焦虑地问道。

“它们是会自个儿照顾自个儿的。”玛莎说道，“所以穷人才养得起呀。你如果不去碰它们，大多数都会不断地在土里生存下去，而且还会生出小宝宝来。外面的公共树林里有一片地方，雪花莲有成百上千棵呢。春天来到时，那真是约克郡最最美的景色了。可是谁也不知道最初是什么人栽种的。”

“我真希望这儿此刻就是春天。”玛丽说，“我真想见到英国所有的花木。”

她已经吃完午餐，又坐到她最喜欢的壁炉前的座位上去了。

“我希望——我希望能有一把小铲子。”她说。

“你要铲子做什么呀?”玛莎问道，一边笑了起来，“莫非用来挖土不成？这我也得告诉俺娘。”

玛丽看着炉火，一边思量着。如果她想要拥有自己的秘密王国，那就得特别小心才行。她无意做任何坏事，不过如果克雷文先生发现门被打开了，那会非常生气的，会再找来一把新的锁，永远把门锁上的。这可要让她无法忍受了。

“这地方那么大，那么冷清。”她慢条斯理地说，似乎是在脑子里反复盘算，“宅子里很冷清，院子里很冷清，花园里也很冷清。那么多地方都像是锁上了。我在印度也没干什么事，不过可以看到的人却比这儿多——本地人啦、走正步的大兵啦——有时候还会见到军乐队吹吹打打，我的阿妈也会给我讲故事。在这儿没有人可以说说话，除了你和本·韦瑟斯达夫，可你还得干活，本·韦瑟斯达夫又多半不答理我。我寻思要是我有一把小铲子呢，那我就能跟他一样在什么地方翻土挖地了。如果他能给我一些种子，没准我还能开辟出一个小花园来呢。”

玛莎的脸色顿时亮了起来。

“哎哟！”她喊出声来，“你说巧不巧，俺娘昨儿才说过：‘那么大个庄园地方有的是，他们干吗不辟出块田头地脑，随便种点儿什么呢，哪怕只是栽点欧芹和小萝卜也好呀。她这儿挖挖，那儿耙耙，还不快乐得跟什么似的。’这可是她的原话。”

“真的呀?”玛丽说，“她明白的事儿真多，对不?”

“可不！”玛莎说道，“她不是说了吗:‘一个拉扯大十二个孩子的妇人懂得的就绝不单是一二三了。带小孩的学问大了去了，里面的道理用在旁的地方也是相通的。’”

“买一把铲子得多少钱——小小的那一种?”玛丽问道。

“嗬，”玛莎边想边说，“斯维特村有一家杂货铺，我见过那儿有一套拾掇小花园的工具，一把铲子外加一把耙子、一把叉子，三件捆在一起卖，要两先令，都挺结实的，用来干活完全不成问题。”

“我钱包里的钱可多过这个价。”玛丽说，“莫里森太太给过我五先令，梅德洛克太太也转给我过一些克雷文先生给的钱。”

“他倒还这么记得你呀?”玛莎大声喊道。

“梅德洛克太太说我每星期可以有一先令零用钱。她每到星期六就给我一先令。我一直都想不出来该怎么花。”

“我的天！这真是一大笔钱了。”玛莎说，“你想要什么都可以买下来。咱们住的茅屋房租也就是一先令三便士，可得全家拼死拼活干才能挣到手呢。我这会儿有个主意了。”说着，把双手往腰里一叉。

“啥主意?”玛丽急切地问道。

“斯维特村的铺子里有花籽卖，一便士一小包。咱家的迪康晓得哪种长出来最最好看，也懂得怎么栽种。你会写印刷体吗?”她蓦地发出这么一个问题。

“字我会写的呀。”玛丽回答道。

玛莎摇了摇头。

“咱们的迪康只认得印刷体。要是你能用印刷体写，咱们就可以给他写一封信，让他把种花工具和花籽一次都买来。”

“哦！你真是个好姑娘！”玛丽都叫出声来了，“你就是的，的确是的。我以前真没想到你有这么好呢。我寻思多费点劲儿写印刷体应当不成问题。咱们去跟梅德洛克太太要钢笔、墨水和信纸。”

“我有自己的。”玛莎说，“我买了一点儿，好在星期天给俺娘用印刷体写上几个字。我这就去拿来。”

她跑着出了房间，玛丽站在炉火边，扭绞着两只小手，心里有说不出的高兴。

“要是我有一把铲子，”她悄悄儿地说，“我就可以把土整得又松又软，把杂草也清除干净。要是我有花籽能让花儿开出来，花园便压根儿不再是死气沉沉的了——它会活过来的。”

那天下午玛丽没再出去，因为玛莎取了自己的钢笔、墨水和纸张回来后，她必须得清理餐桌，把盘子碟子端下楼，她进厨房时梅德洛克太太正好在那儿，吩咐她干这干那，因此玛丽好像是等了好长好长时间，才等到玛莎回来。接下来，给迪康写信可是一件大事呢。玛丽以前没学到什么本事，因为她的家庭女教师是那么不喜欢她，能躲开就尽量躲开。很多字玛丽都拼不太准，可是她发现写印刷体花点儿力气还是做得到的。这就是玛莎口述她写下来的那封信：

我亲爱的迪康，去信盼你见信时一切都好。玛丽小姐攒了许多钱，你可不可以去斯维特给她买一点花籽和一套做花圃的园艺工具。花籽要挑最好看、最容易生长的，因为她从没种过，以前住在印度和这里是不一样的。代问妈妈和每一个人好。玛丽小姐要告诉我好多事，因此下次休息时你会听到大象、骆驼和老爷们打狮子、老虎的故事。

热爱你的姐姐，

玛莎·菲比·索尔比

"咱们把钱放在信封里，我让肉铺的学徒随车带去。他跟迪康最要好了。"玛莎说。

"迪康买到东西后又怎么交给我呢？"玛丽问道。

"他会自己送来的。他会喜欢走这段路的。"

"哦！"玛丽喊道，"那我就能见到他了！我从没想到可以见到他呢。"

"你真的想见到他吗？"玛莎突然问了这么一句，她似乎挺高兴的。

"对啊，我是想的呀。我还未曾见到过让狐狸和乌鸦喜欢的男孩呢。我非常想见到他。"

玛莎打了小小的激灵，像是突然记起了一件什么事。

"你瞧，"她叫了起来，"我竟把这档子事给忘了。我还老惦记着今天早上头一件要跟你说的就是这件事呢。我问过俺娘了——她说她打算自己去问梅德洛克太太。”

“你的意思是——”玛丽开口问道。

“星期二我说过的事。问问梅德洛克太太能不能哪天用车子拉你上我们的茅屋去，尝尝俺娘做的热燕麦饼，还抹上黄油，喝上一杯牛奶。”

看来，所有好玩的事儿都要发生在同一天了。想想吧，在蓝天底下穿过荒原！还上有十二个小孩的人家去做客！

“她认为梅德洛克太太会让我去吗？”她问道，心里很焦急。

“会的吧，她觉得应该是会的。梅德洛克太太知道俺娘是个爱干净的女人，总是把家里打扫得干干净净的。”

“如果我去，就可以见到你母亲，还有迪康。”玛丽说，她越想越喜欢这个主意。“她好像跟在印度的那些母亲不一样。”

在花园里干了半天活，下午又兴奋了好一阵子，她终于安定下来并且开始思考一些事情了。下午茶之前这段时间玛莎都陪在她身边，不过两人仅仅是安安静静地坐着很少说话。可是就在玛莎要下楼去把茶端上来时，玛丽提出了一个问题。

“玛莎，”她说，“那个洗盘子的使女今天牙齿又疼了吧？”

玛莎显然是有点吃惊。

“你干吗要这么问？”她说。

“那是因为我等你久久都不来，于是就开门往走廊里走了几步，去看看你来了没有。这时我又听到远处的那个哭声，就跟那天晚上我们听到的一样。今天一点点风都没刮，因此绝不可能是风的声音。”

“唉！”玛莎惴惴不安地说，“你绝不可以上走廊去到处乱跑和偷听别人的事情。克雷文先生见到了会大发脾气的，谁晓得他会干出什么事情来。”

“我没有偷听。”玛丽说，“我只不过是在等你——我就那么听到了。那是第三次了。”

“我的天！梅德洛克太太的铃又响了。”玛莎喊道，同时几乎像冲锋一样地跑出房间。

“这真是世界上最最古怪的一座宅子了。”玛丽有气无力地说道，一边把脑袋朝身边那把安乐椅的坐垫上靠去。新鲜空气、挖掘、跳绳使得她那么舒服，又那么疲累，不知不觉间她就睡着了。

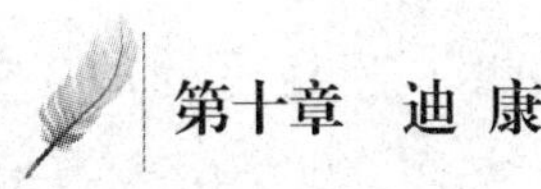

第十章　迪 康

将近一个星期以来，阳光一直沐浴着秘密花园。秘密花园，玛丽想到它的时候就这么称呼这个园子。她喜欢这个名字，她更喜欢那些美丽的古老园墙把自己关在里面却无人知晓的那一种感觉。这就几乎像是某些童话故事里的那种与世隔绝的境界了。她读过与喜欢过的为数不多的书正是童话故事，里面的某些故事就是写秘密花园的。

有时候某个人在里面昏睡百年，她觉得这样的事真是很傻。她可无意昏睡，事实上，她在米塞斯维特每度过一天头脑都变得更加清醒。她开始变得喜欢到户外去了。她不再讨厌这儿的风，却觉得吹着很惬意。她可以跑得更快，时间更久，跳绳都可以跳到一百下了。秘密花园里的那些球茎必定会感到十分惊奇。在它们的四周都清理出了那么整洁的小空地，它们这下子可以称心如意地自由呼吸了，事实上，如果玛丽小姐能够知道的话，它们已开始在黑土地里高声叫好并且在拼命生长了。阳光晒着它们，温暖着它们，雨水降临时它们马上就能得到滋润，因此它们开始变得生机勃勃了。

玛丽是个古怪而很有决心的小人儿。现在有了件有趣、自己坚决要做的事情，她是非常专心致志要把它做好的。她持久地干活，挖土，拔草，越干越喜欢，丝毫没有厌烦的意思。在她看来，那像是一种让人着迷的游戏。她找到了比她料想的要多得多的破土而出的嫩绿苗芽。它们似乎在到处萌发，每一天她都能确定找到了新的，有些是那么的微小，几乎都还没能从地面下往外窥探呢。它们是如此之多，使她想起了玛莎说过的“成千上万的雪花莲”以及能蔓生与繁殖的球茎。这儿的球茎都有十年没人管了，或许也跟雪花莲一样会蔓延为成千上万的。她真想知道，要过上多久才能见到它们显现出花的模样。有时候她停止挖掘，环顾花园，试着想象，有一天这儿遍地是盛开的可爱花儿时，它又会成为什么模样。

在这阳光明媚的一周里，她与本·韦瑟斯达夫关系更加亲密了。

有几回玛丽使得他吃了一惊，因为小姑娘不知怎的突然出现在他的身边，仿佛是从地底下钻出来似的。其实那是因为她生怕他见到自己走近便扛起工具走开，所以总是尽可能轻手轻脚地挨近他。不过事实上，他倒没有像最初见到她那样对她产生强烈反感。没准他在自尊心上还得到了相当的满足，因为小姑娘显然很渴望有他这样一个上了年纪的人给自己做伴。再说，她也比原先有礼貌得多了。他不知道，她最初见到他时与他说话是用对土著人发号施令的那种口气，她不知道，一个倔强、生硬的约克郡老汉是绝对不会对主人施额手礼的，你关照干什么活儿，他给你完成，如此而已。

·

"你都跟那知更鸟一个样了。"一天早晨他一抬头猛地见到她站在自己身边，便这样说道，"我从来都不知道我什么时候会见到你，你又是从哪一边走过来的。"

"那只鸟儿现在已经跟我很要好了。"玛丽说。

"它就是这个臭脾气。"本·韦瑟斯达夫没好气地说，"为了虚荣和想入非非，便去讨好女人。为了显摆和摇晃尾巴上那几根羽毛，它什么事儿都做得出来。它那份虚荣心呀，简直是没法说。"

他原来极少说话，有时候甚至都不搭理玛丽的提问，仅仅是鼻子里哼上一声，可是今天早晨他话儿特别多。他站直身子，将一只穿了平头钉靴的脚支在铲子顶端上，一边打量着她。

"你来到此地有多久啦？"他冒出来这么一句。

"我想该有一个月了吧。"她回答说。

"你倒也开始给米塞斯维特增光了。"他说，"你比原先胖了一点点，脸色也没那么黄了。你刚进这园子时就跟一只给拔了毛的小乌鸦似的。我心里说，比这更丑、脸拉得更长的女娃我还不曾见到过呢。"

玛丽虚荣心并不算强，也从未过高估计自己的容貌，因此她没受到多大的刺激。

"我知道我是胖了一些。"她说，"我的袜子穿着都有些紧了。原来可是松松皱皱的。知更鸟飞过来了，本·韦瑟斯达夫。"

瞧呀，那只知更鸟真的来了，玛丽觉得它比原先显得更漂亮了。

它的红背心像缎子一样闪闪发光。它扑扇翅膀，摇头摆尾，东蹦西跳，做出种种活泼优雅的姿态。它像是有心让本·韦瑟斯达夫仰慕它。可是本却对它冷嘲热讽。

"哟，臭小子来啦！"他说，"找不到更好的玩伴，就将就拿我权当替补啦。两个星期以来就一直在把你的红背心弄得颜色更艳，把你的羽毛弄得更光鲜。我晓得你打的是什么主意。是要向某位大胆冒失的年轻女士献殷勤吧，对她胡吹一通，说自己是米塞尔荒原最棒的公知更鸟，准能打败所有别的公鸟。”

“哎哟！你瞧它呀！”玛丽喊道。

那只知更鸟显然正处在想吸引人、胆子最大的状态下。它跳得离人越来越近，用越来越急切的眼光盯着本·韦瑟斯达夫。它飞到最靠近的一棵红醋栗树上，歪翘着小脑袋，专门为本唱起了一支小曲。

“你以为这样一来就能骗过我啦。”本说，脸皱成了那个样子，使玛丽觉得他必定是想显示出自己很不高兴，“你就以为谁也挡不住你的诱惑力啦——你完全是一厢情愿。”

知更鸟把翅膀一张——玛丽简直都不敢相信自己的眼睛，它直接飞到本·韦瑟斯达夫的铁铲把儿上，停在顶端处。这时候那老人脸上的皱纹一点点舒展开来，现出了一副崭新的表情。他静静地站着，连大气都不敢出——仿佛他不想惊动这个世界，以防他的知更鸟受惊飞走。他完全是在用气声说话。

“啊，我真该死！”声音是如此的温柔，仿佛是换了一个人似的。

“你真会打动人的心——真是这样的！你简直不是凡间的活物，你太有灵性了。”

于是他站在那里一动不动——几乎连大气都不出——一直到那只知更鸟又扑棱了一下翅膀飞了开去。他呆呆地看着铲子把儿，似乎那里是有魔法的，接着才重新挖起土来，好几分钟都不吭一声。

不过由于他老是过上一会便眯着眼睛漾出一个笑容，所以玛丽才敢再开口和他说话。

“你有自己的园子吗？”她问道。

“没有。我是个单身汉，和马丁一起住在门房里。”

“要是有的话，”玛丽说，“你会种些什么呢？”

“卷心菜、土豆和洋葱吧。”

“不过，如果你打算开辟一个种花的园子，”玛丽穷追不舍，“那你会种些什么呢？”

“那就种些有球茎和香味的花呗——多半会种玫瑰吧。”

玛丽的脸色顿时一亮。

“你喜欢玫瑰吗？”她说。

本·韦瑟斯达夫把一棵野草连根挖了出来，把它扔在田边，然后才回答道：“嗯，是的，我喜欢的。是一位年轻太太教会我种的，我那时候给她当花匠。她在一个心爱的地方有一片空地，她喜欢玫瑰花，就跟那是小孩子——或者是知更鸟似的。我见过她弯下身来亲吻它们。”他又挖出一棵野草，对着它皱皱眉头，“那是十年前的事喽。”

“她此刻在哪儿呢？”玛丽很感兴趣地问道。

“在天堂吧。”他回答道，把铲子往泥土里深深插去，“反正牧师是这么说的。”

“那些玫瑰又怎样了呢？”玛丽往下追问，兴趣更浓了。

“那只好任它们自生自灭了。”

玛丽变得十分兴奋。

“它们真的完全死了吗？没有人照顾的玫瑰会完全死掉吗？”她鼓起勇气问道。

“嗯，我后来也喜欢上玫瑰花了——因为我喜欢那位太太——她又那么喜欢玫瑰花。”本·韦瑟斯达夫不太情愿地承认道，“每年一两次，我会去打理一下——剪剪枝，松松土。它们变成野生的了，不过那里土壤肥沃，所以有一些还是活了下来。”

“在它们掉光了叶子，显得又灰又黄干巴巴的时候，你怎么能看出它们是死了还是活着的呢？”玛丽问道。

“等春天来到——等到太阳晒在雨水上，雨水又落在太阳晒过的地方，这时候你就看得出来了。”

“怎么看呢——怎么看呢？”玛丽喊道，都忘了得小心翼翼了。

“顺着大小枝子看去，如果你见到这儿那儿有一个个棕色的小鼓包，等下过温暖的雨之后再去观察会起什么变化。”他突然打住话头，好奇地审视她那张急切的脸，“你干吗一下子突然对玫瑰这么关心？”他问道。

玛丽小姐只觉得自己的脸涨得通红。她几乎都不敢回答了。

“我——我想玩那个——那个自己的小花园。”她磕磕巴巴地应付说，“我——没啥好干的。我啥都没有——连一个玩伴都没有。”

“就是嘛。”本·韦瑟斯达夫慢吞吞地说，一边观察着她，“那倒是不假，你是什么都没有。”

他说话的腔调有点儿异乎寻常，玛丽心想他是不是真的有一点点可怜自己了。她从来未曾自怨自艾过，只是觉得很累很烦躁，因为她是那么不喜欢周围的人和事。不过现在世界似乎在改变，在一点点往好里变。如果没有人发现秘密花园的事，她应该是能一直生活得很愉快的。

她继续与本在一起待了十到十五分钟，壮着胆子尽可能多地问了他一些问题。他以自己那样的古怪的鼻子里哼一声的口气回答了每一个问题，似乎没有真的不高兴，也没有抄起铲子扭头就走。就在她快要离开时，他又说了些关于玫瑰的事，这使她想起他方才说的他心爱的那些玫瑰。

“你现在还去看那些玫瑰吗？”她问道。

“今年还没去过。风湿病使我的关节变得不太灵活了。”

他是用他那种没好气的腔调说的，紧接着很突然，他似乎又对她生起气来了，虽然她根本看不出他为什么要这样。

“好了，你给我听着！”他很不客气地说，“你别问个没完没了。你是我一辈子里见到的最最烦人的小丫头。快快走开自个玩儿去。我今天的话都已经全部说完了。”

他话说得那么斩钉截铁，玛丽知道再多待一分钟也是多余的了。

她慢慢地跳着绳沿菜园外沿的小径往前行进，一边琢磨着他，并且自言自语地说，说也奇怪，此人脾气虽然别扭，倒是玛莎以外又一个她喜欢的人呢。她喜欢老本·韦瑟斯达夫，是的，她的确喜欢他。她总是想方设法让他开口跟自己攀谈。再说她已开始相信，花木这方面的事，他必定是无所不知。

围绕着秘密花园有一道月桂树篱做屏障的步行道，它通向一扇门，出了门就是公众地界的树林了。她想她可以跳绳顺着这条路绕过去，看看树林里有没有欢蹦乱跳的兔子。她跳得十分开心，当她来到那扇小门时，她推开门走了出去，因为她听到了一种轻轻的、很特别的呼哨声，她想弄明白这是什么声音。

那的确是一个挺古怪的景象。她停下来观看时几乎屏住了呼吸。有个男孩坐在一棵树的底下，背靠着树，在吹一支很粗糙的木笛。他是个大约十二岁的男孩，模样有点滑稽。他看上去非常干净，鼻子向上翘着，脸颊红得像罂粟花，那双眼睛，啊，玛丽小姐还从未见到过男孩子脸上会长出这么圆、这么蓝的眼睛的。在他靠着的树干上，攀伏着一只棕色的松鼠，在定睛看着他。近处一丛灌木的后面，有只公雉优美地伸长了脖颈在向外窥视。挨他很近处，有两只野兔蹲坐着在用翕动着的鼻子吸气——这些动物似乎真的是凑过来看他和听他的木笛发出的奇特、低沉的轻轻呼唤的。

当他看到玛丽时，他举起一只手，用几乎轻柔得像他的笛声的耳语，对她说道：

“你千万别动。”他说，“会惊着它们的。”

玛丽便待着一动不动。那男孩停止吹笛，开始从地上站起来。他动作慢极了，似乎根本没有在动，但他终于站直了身子。这时松鼠蹿回到它那棵树的枝干上去了，公雉缩回它的头，兔子们也落下前腿，开始跳往别处，但是都一点儿没有显得受到惊吓的样子。

“我叫迪康。”那男孩说，“我知道你是玛丽小姐。”

这时玛丽明白，不知怎的，她从一开头便知道他就是迪康。还有谁能讨得兔子、公雉的欢心，像印度土著一样能引得蛇扭身起舞呢？

他那张嘴宽阔红润，一笑起来满脸都是笑容。

“我方才起来得很慢，”他解释说，“因为动作一快会惊着它们的。”

他说话全不当她是个未曾见过面的陌生人，而仿佛是认识了很久似的。玛丽对男孩子的事一无所知，所以说话有点拘谨，因为她很羞怯。

“你收到玛莎的信了吗？”她问道。

“我就是为这事来的。”

他弯下腰去，从地上捡起方才吹笛子时放在身边的东西。

“种花的家什我买来了。瞧，一把小铲子、一只耙子、一把叉子，还有一把小锄头。嗨！都挺好使的。还多给一把抹子呢。我买花籽时店里的老板娘又附带送了一小包白罂粟籽和蓝飞燕草籽。”

“花籽给我看看行吗？”玛丽说。

她但愿自己说话能像他一样。他说起话来，是那么快，那么溜。从他说话语气里听来，他很喜欢她，也一点儿不担心她会不喜欢自己，虽然自己仅仅是个再普通不过的乡野小儿，衣服上打着补丁，面相滑稽，长着一头锈红色的乱发。等她来到他的身边，她发现他身上有一股子石南、青草和树叶的清香，就几乎想他这个人是由这些材料做成的一样。她很喜欢这股气味，在她仔细看着他那张有着红脸颊和滚圆的蓝眼睛的有趣的脸时，都忘记自己方才还很羞怯了。

“来，咱们坐到这根圆木上好好看吧。”她说。

他们坐了下来，他从外衣口袋里取出一个皱巴巴的牛皮纸小包。

他解开小绳，里面是好多个更整齐、更小的包包，每个上面都印有一种花的图形。

“这里面木犀草、罂粟花的籽儿最多。”他说，“木犀草生长时顶顶香了，你什么时候撒下种子它都会长出来，跟罂粟花一样。这两种花就仿佛你吹下口哨它们都会开花似的，花儿里面最好养的就数这两种了。”

他停住话头，急速地把头扭转过来，那张红扑扑的脸一下子变亮了。

“那只正在叫我们的知更鸟在哪儿呢？”他说。

那声啁啾来自一丛结有鲜红浆果的浓密的冬青树，玛丽寻思她知道是哪只鸟的鸣叫声。

“它真的是在叫我们吗？”

“那还用说。”迪康说道，仿佛这是世界上最自然不过的事儿似的。“它是在招呼它喜欢的一个朋友呢。它好像是在说：‘我来到这儿了。瞧瞧我呀。想跟你聊会儿天呢。’它在灌木丛里。那是谁的鸟儿？”

“是本·韦瑟斯达夫的，不过我想它跟我也有点儿熟。”玛丽回答道。

“那是，它认识你呢。”迪康又用起他的低沉的声音来了，“它还喜欢你，把你当成自家人了呢。过不了一会儿，它就会一五一十把你的事全告诉我的。”

他以引起过玛丽注意的方才的那种慢动作，逐渐与那棵冬青挨得很近，接着便发出与知更鸟啼鸣几乎一模一样的叫声。知更鸟聚精会神地听了一会儿，接着也啁啾起来，像是在回答一个问题似的。

“可不，它正是你的一个朋友。”迪康咯咯笑着说。

“你认为它真的是吗？”玛丽急切地喊道。她真的非常想知道。“你认为它真的喜欢我吗？”

“它如果不是，那就不会挨你这么近了。”迪康回答道，“鸟儿在选择朋友上是非常挑剔的，知更鸟在瞧不起人的时候态度比人还要恶劣。瞧，它这会儿在向你献殷勤哩。‘你没瞧见这儿有你的一个朋友吗？’它是在说。”

看来就真的是这么回事似的。那鸟在它那棵树的枝头上跳来跳去，挺忸怩似的，边啼啭边摆出各种姿势。

“你能听懂鸟儿发出的每个声音吗？”玛丽说。

迪康的微笑舒展开来，直到他整个脸似乎只剩下一张宽阔、红润、富于曲线的大嘴。他揉了揉自己的那头乱发。

“我想我能听懂，它们也觉着我听得懂。”他说，“我在荒原上跟它们一起生活了那么久。我亲眼看到它们破壳出来，一点点长出羽毛，开始学飞和学唱歌，到后来我都觉着我是它们当中的一个了。有时候我感觉到没准我是一只小鸟、一只狐狸、一只兔子或者是一只松鼠，甚至也许还是一只甲虫，只是我自己不知道罢了。”

他哈哈一笑，坐回到圆木上，又开始谈起花籽的事儿来。他告诉玛丽它们开出花来时会是什么模样，还告诉她怎么种，怎么照看，怎么施肥和浇水。

“得了，”他突然说道，转过身子看着她，“干脆我自己帮你种上吧。你的园子在哪儿啊？”

玛丽那双放在膝盖上的瘦小的手扭绞在了一起。她真不知道该怎么说才好，足足一分钟，她一个字都说不出来。她从来不曾想到有人会问到这一点。她觉得处境太糟糕了。她觉得自己脸上必定是红一阵又白一阵的。

“你总该有片小园子吧，对不对？”迪康说。

她确实是脸上红一阵子又白一阵子。迪康注意到了她的尴尬表情，她仍然是一言不发，迪康开始觉得奇怪了。

“他们不愿划出一块地归你管吗？”他问道，“你还没能要到一小片地吧？”

玛丽那双手扭绞得更紧了，她把眼睛转过来看着他。

“男孩的事，我是一点儿也不知道的。”她慢吞吞地说，“倘若我告诉你一个秘密，你能保守吗？这可是个非常重要的秘密。要是让别人知道，我真不知道该怎么办才好了。我想我会死的。”

迪康比以前显得更摸不着头脑了，竟然又揉了揉他那头乱发，可是他仍然是心态很平和地回答了问题。

“我啥时候都能保守秘密。”他说，“要是我不能保守秘密，把狐狸崽子、鸟窝、野物的洞窟等等秘密统统泄露给别的男孩，那么荒原上就不会有太平日子了。没错儿，我能保密着哩。”

玛丽小姐本来没想要伸出手去拽住他的衣袖，可是她不由得这样做了。

“我偷了一个花园。”她急急地说，“那不是我的，也不是任何人的。没人需要它，也没人照顾它，更没有人进去过。说不定里面的一切都已经死了。我也不清楚。”

她开始觉得全身燥热，而且出生以来还从未像现在这样觉得别扭过。

“我不管，我不管嘛！我喜欢它，他们又不喜欢，谁也没有权力把它从我手中夺走。他们把它封闭起来，就等于是让它死去嘛。”她越说情绪越加激动，竟然用两只胳臂遮挡住脸大哭起来——好可怜的玛丽小姐哟。

迪康的那双好奇的蓝眼睛变得越来越圆了。

“哟哟！”他说，那叹息声是一点一点慢慢地发出来的，他这样做既是表示惊异也是表示同情。

“我没事情可干，”玛丽说，“没有一样东西是属于我的。我自己发现了它，于是便想法子进去了。我只不过是像那只知更鸟，他们总不至于从知更鸟那里把花园夺走吧。”

“它在哪里？”迪康压低了声音问道。

玛丽小姐腾地离开圆木站了起来。她知道自己又在犯倔了，又在自行其是了，但是她一点也不在乎。她专横跋扈，完全是在印度时的那种作风，但与此同时，她又是情绪激动和自怨自艾的。

“随我来，我指给你看。”她说。

她带着他绕过了月桂小径，来到常春藤长得很密的步行道。迪康跟在她的后面，脸上是一副近乎怜悯的古怪表情。他觉得自己像是被带领着去看某种珍禽的巢，因此移动时得格外轻手轻脚才行。当她走到墙根撩起藤叶时，他惊诧万分。那里有一扇门呢。玛丽慢慢地把门推开，他们一起走了进去。这时，玛丽停住脚步，把手臂挑战性地往外一挥。

“就是这儿了。”她说，“这是一个秘密花园，而我，就是世界上唯一希望它活过来的人。”

迪康把花园从一头看到另一头，又一次一次地环顾打量着它。

“嗬！”他几乎是用耳语在说了，“这真是个奇特又美丽的地方。这就像是一个人进了梦境呀。”

第十一章　槲鸫的窝巢

足足有两三分钟他站着环顾四周，玛丽则盯着他，接着他蹑手蹑脚地走动起来，动作甚至比玛丽初次发现自己置身于园中时还要轻。

他那两只眼睛似乎要把所见到的一切都收摄进去——那些灰色的树木、那些爬在树上又从枝条上悬垂下来的灰色藤蔓、那些围墙上和草丛中的攀缘植物、那些置放有石凳和高石瓮由常绿树构成的凉亭。

“我从来没想到会见到这个地方的。”他终于开口了，发出的是轻极的耳语。

“你是不是听说过它的情况？”玛丽问道。

她说话声音很大，迪康对她做了一个手势。

“咱们说话声音得轻点儿，”他说，“否则别人听见了会起疑心的。”

“喔！我倒忘了！”玛丽说，她感到紧张了，赶紧用手将嘴捂住。“你是听说过这个花园的吧？”她平静些后又把这个问题提了出来。

迪康点了点头。

“玛莎告诉过我，有一个从没进去过人的花园。”他回答道，“我们老是琢磨那会是什么模样的。”

他停住话头，环顾周围那张灰色树枝缠成的可爱的网，那双圆眼睛显出一种奇特的喜悦。

“啊！春天到来时这儿会有许多鸟巢的。”他说，“这真是全英国筑巢最安全的地方了。绝对不会有人走近的，而且还有安巢最稳当不过的纠结的树丛和玫瑰丛呢。我真弄不懂，荒原上那么些鸟儿干吗不上这儿来筑巢呢。”

玛丽小姐不知不觉间又把手按在了他的胳膊上。

“会有玫瑰花开吗？”她悄声问道，“你能看出来吗？我寻思它们没准全都死了呢。”

“啊！不！不会的——它们不会全死掉的！”他回答道，“你瞧这儿！”

他走向挨他最近的一棵树——那是棵很老、很老的树，树皮上爬满灰色的苔藓，不过它却支撑着帐幕般的一片缠结的枝子。他掏出一把厚厚的折叠小刀，打开了其中的一个刀片。

“这棵树有许多死枝子是应该剪掉的。”他说。“树上有好多旧枝子，不过也有一些是去年新长出来的。喏，这就是一根新枝。”他碰了碰一根枝子，它看上去呈棕绿色而不是那种干巴巴的死灰色。

玛丽怀着一种热切、虔敬的心情，自己也去摸了摸。

“是这一根吗？”她说，“这根枝子真是活的吗——真的是吗？”

迪康那老张着的笑口咧得更大了。

“它跟你我一样，活得欢实着呢。”他说。玛丽记得玛莎跟自己解释过，“欢实”也就相当于“很活跃”或是“很起劲”的意思。

“我很高兴它那么欢实！”她压低了声音激动地说，“我希望它们全都活得欢实。咱们绕着园子兜一圈，数数看有多少棵是活得欢实的。”

她激动得都有点儿气喘吁吁了，迪康也跟她一样激动。他们从一棵树走到另一棵树，从一丛灌木走到另一丛灌木。迪康手里拿着那把小刀，一见到她会感兴趣的东西就指给她看。

“它们都已经长野了。”他说，“不过最最壮实的那些却皮实地活了下来。纤弱的挺不过去了，其他的那些倒是往四面八方伸延，最后简直变成了树精。瞧这儿！”他将一根粗粗的显得干巴巴的灰色枝子拉下来。“别人说不定以为它是根死枝子，可是我可不信——不会连根上都是死了的。我可以切开低一些的地方看看。”

他跪下来，用小刀把那根没有生气的枝子一劈到底，一直快到接近地面处。

“喏！”他得意扬扬地说，“我不是跟你说了吗。木芯那儿还是绿的。你瞧呀。”

他话还没说完玛丽早已蹲下来了，全神贯注地盯着。

“要是它绿生生的还有点汁液，那就算是很欢实的了。”他解释道，“要是木心处干巴巴的还很容易折断，像我方才砍下的那一枝那样，就是死掉的了。这儿准是有一坨很大的树根，因为上面长出了那么多的活枝子。要是把死枝子都清掉，把土好好松一松，再把管理工作做好，那就——”他停住话头，仰起头来看看高处那些攀缘与悬垂的树枝——“今年夏天玫瑰花就会开得跟喷泉出水似的了。”

他们从一棵树走到另一棵树，从一丛灌木走到另一丛灌木。他很有力气，使起刀来又很有巧劲，懂得该怎样把干死的枝子除掉，又能分辨清哪些枝子看上去已无希望其实内里还蕴藏有绿色的生命。半个小时之后，玛丽认为她自己也学会怎么分辨了，当迪康劈开一根貌似毫无生气的枝子，她看到了再微弱不过的一丝湿润的绿意时，她会快乐地压低声音喊叫起来。铲子、锄头和叉子都非常适用。迪康做给她看，在他用铲子在树根周围挖土，把土抖抖松好让空气钻进去时，她应该怎样用叉子配合。

他们正围着最大的嫁接玫瑰中的一棵勤奋地干着，这时迪康见到了什么，惊讶地叫了起来。“嗨！”他喊道，指着几尺外的那片草地。

“这是谁干的？”

那正是玛丽给绿苗芽清理出的小片空地里的一片。

“是我干的。”玛丽说。

“嗨，我还以为你对园艺的事一点儿不摸门呢。”他简直都喊出声来了。

“我是一点儿不懂的呀。”她回答说，“不过这些苗芽那么的小，四周围的草又是那么密集、那么强壮，苗儿们都像是连气儿都透不过来了。所以我才给它们清理出一些地方。我连它们是什么花草都不清楚呢。”

迪康走过去在近处跪下，他原来就很开朗的笑容更是变得满脸都堆着笑了。

“你做得很对。”他说，“让花匠把着手教你也不过就是这样。它们会像故事里的杰克的豆梗那样飞快往上蹿的。它们是番红花和雪花莲，这边是水仙。”他转过身子指向另一丛苗芽，“那可是黄水仙。啊！会让人看也看不够的。”

他从一处清出来的地方跑到另一处。

"对于你这样瘦弱的一个小女娃来说，干出的活儿真是不算少了。"他说道，把她从头到脚打量了一番。

"我比以前胖些了，"玛丽说，"也有力气一些了。我原来老是觉得累。不过我松土的时候倒一点儿也不觉得累。我喜欢闻翻土时从那里发出的那股土腥味。"

"那味儿对你再好不过了。"他说，一边很大人气地点了点头。"对人最有好处的就莫过于肥沃、干净的土壤的香味了，要说有什么比这更好的，那就只有雨水浇淋正在生长的新作物时所发出的气味了。有好多回我单挑下雨天进入荒原，躺在一丛灌木底下，听细雨洒在石南上的滴答声，我把那气味吸了又吸。俺娘说，我的鼻子尖都变得像兔子的一样，会颤动了。"

"那你就一次都未曾着凉过？"玛丽问道，很惊讶地盯着他。她从未遇到过这样有趣的男孩，或者说是这样了不起的男孩。

"会着凉的可不是我这种人，"他得意扬扬地笑着说，"我生下来还从没着凉过呢。我从来也不是什么娇气包。不管在什么天气下，我都能在荒原上撒腿疯跑，就跟野兔子似的。俺娘说我十二年来吸足了新鲜空气，所以凉气压根儿挤不进来。我结实着呢，就跟一根白山楂木圆头短棍似的。"

他说话的时候手里的活儿始终没停下来过，玛丽紧跟着他，用叉子或是泥刀在帮忙。

"这儿要干的活儿有的是！"有一回他说，兴致勃勃地环顾着四周。

"你愿意再来帮我干吗？"玛丽乞求地说，"我自己一定做好我做得了的事。我可以挖土和拔野草，并且干你让我干的一切活儿。噢！来吧，迪康！”

“你想让我来，我每天都可以来的，不管是天晴还是下雨。”他坚定地说，“这是我所遇到过的最最好玩的事情了——躲在这里，让一个花园重新苏醒过来。”

“要是你愿意来，”玛丽说，“要是你肯帮我使它重新活过来，我会——我还真不知道我能做什么呢。”她不知所措地说道。唉，像这样的一个能干的男孩，你还能帮他做什么事呢？

“我来告诉你你会怎么样吧。”迪康说，露出了他那讨人喜欢的笑容。“你会变胖，会像狐狸崽一样贪吃，会像我一样跟知更鸟对话。啊！我们会有许多好玩的事儿可做的。”

他开始走过来走过去，若有所思地打量着树木、围墙和灌木丛。

“我不想把这儿弄得像园艺师设计出来的花园一样，一切都设想、修剪、拾掇得整齐划一的，你说呢？”他说，“还不如像现在这样，让它们疯长野长，纠结在一起，随风飘荡呢。”

“咱们可别把它弄得太规整了，”玛丽急急地说，“要不就不像秘密花园了。”

迪康站在那里直挠他那满是锈红色头发的脑袋，像是想不通弄不懂似的。

“这是个秘密花园，明摆着是的。”他说，“可是怎么像是十年前封闭之后除了知更鸟还有谁进来过似的。”

“可是门是锁上、钥匙是埋掉的呀。”玛丽说，“没人能进来的呀。”

“那当然是的。”他回答说，“可是这地方有点儿怪。我怎么觉着这儿那儿有修剪过的痕迹，肯定不是十年前干的事。”

“可是这怎么可能呢？”玛丽说。

迪康细细察看一根嫁接过的玫瑰枝子，摇了摇头。

“对啊！怎么可能呢！”他嘟哝道，“门是锁上的，钥匙是埋了的。”

玛丽小姐一直觉得，不管她活多少年，她都将永远也不会忘记她的花园开始重获生命的那一个早晨。自然，花园那天早晨的确像是因为她，才重新获得生命的。当迪康为了种下花籽开始在清理地面时，她记起了巴兹尔为了嘲笑她而冲着她唱的那支歌。

“花儿中有模样像铃铛的吗？”她问。

“山谷百合像得很。”他回答说，一边用锄头锄地。“还有吊钟花，以及风铃草。”

“咱们种上一些吧。”玛丽说。

“这儿已经有山谷百合了，我见到的。它们长得太密集，咱们得把它们分开一些，不过这种花多的是。另外那些花种下去第二年才能开花。不过我可以从我们家茅屋旁的园子里给你移植过来一些的。你干吗要种这些花呢？”

于是玛丽就告诉他关于在印度的巴兹尔跟他那些兄弟姐妹的事，又说她多么恨他们，他们又怎么给她起了“倔乖乖”这样的外号。

“他们总是围着我跳舞，一面对着我唱——

玛丽小姐倔乖乖，
花园真能造出来？
银铃铛、花贝壳，
金盏花儿插起来。

我就偏偏记住了这首歌，并且总纳闷是不是真有什么花儿很像铃铛。”

她稍稍蹙起了眉头，狠狠地把抹刀往土里插进去。

“其实我也不比他们倔到哪里去。”她说。

迪康却哈哈大笑了起来。

“唉！”他说，在他把肥沃的黑土块敲碎时，玛丽看到他在把泥土的香气深深地吸进肺里去，“在有花香鸟语的环境里，有许多友好的野物在你身边跑来跑去，筑它们自己的巢，打它们自己的洞，啼鸣歌唱时，人也好像再没必要犯倔了，你说对不？”

玛丽正捏着花籽跪在他的身边，抬眼望着他，皱着的眉头也舒展开来了。

“迪康，”她说，“你真的跟玛莎说的一样好。我喜欢你，你就算是那第五个人了。我从来也没想到我会喜欢五个人的。”

迪康蹲坐在自己的脚后跟上，就跟玛莎擦炉栅时跽坐的姿势一模一样。玛丽寻思，他的样子真好玩和讨人喜欢，蓝眼睛圆圆的，脸颊红扑扑的，鼻尖往上翘，一副喜气洋洋的模样。

“你喜欢的只有五个人？”他说，“另外那四个是谁呢？”

“你母亲和玛莎，”把伸出的手指扳下两个，“还有那只知更鸟和本·韦瑟斯达夫。”

迪康哈哈大笑，结果只得把胳臂挡在嘴巴上好把声音压低。

“我知道你认为我是个古怪的男孩，”他说，“不过我倒认为你才是我所见到过的最最古怪的小姑娘呢。”

此时，玛丽做出了一件不可思议的事情。她把身子往前倾了倾，向他提出一个问题，这是她以前做梦也没想到会向别人提出来的。而且她还试着用约克郡方言来说，因为那是他的语言，在印度，要是你会说当地话土著人总是非常高兴的。

“（你）喜欢我不？”

“对呀！”他坦诚地回答道，“我喜欢的呀。我实在是很喜欢你，那只知更鸟也一样，我相信！”

“那么就是两个了。”玛丽说，“喜欢我的有两个了。”

接下去，他们开始干得比原来更来劲，兴致也更高了。玛丽听到庭院里的大钟敲响了她该进午餐的钟点，不由得吃了一惊，而且也感到很遗憾。

“我必须得走了。”她悲哀地说，“你也得走了，对不对？”

迪康笑了笑。

“我的午餐很简单，我随身带着呢。”他说，“俺娘总是让我兜里揣上些可以充饥的东西。”

他从草地上把外衣捡起来，从一个兜里掏出用一块干净的蓝白花粗布帕子卷起的一个小包。那里有两片厚厚的面包，中间还夹着片什么东西。

“平日间大都是除了面包再没有别的了。”他说，“不过今儿我还要到一片厚厚的肥咸肉呢。”

玛丽觉得这样的一顿午餐有点儿怪，不过迪康似乎已经在等着享用了。

“快跑回去吃你的饭吧。”他说，“我会比你先吃完。动身回家以前我还会再干上一气儿的。”

他背靠着一棵树坐了下来。

“我会把那只知更鸟叫来。”他说，“我把那圈肉皮留下给它啄啄。

鸟儿们最爱吃点有油的东西了。”

玛丽几乎都不愿意离开他了。突然之间，她觉得他似乎是林中的一个什么小精灵，等自己再进园子时就会消失不见的。看起来他太好了都不像是真的了。她慢腾腾地朝园门走去，走到一半又停住脚步重新走回来。

“不管发生什么事情，你——你都绝对不会说出去的吧？”她说。

迪康已经咬了一口夹肉面包，他那红扑扑的脸胀得鼓鼓的，不过他还是努力挤出一个安慰人的笑容。

“要是你是一只槲鸫，指给我看你的窝在什么地方，你以为我会去告诉别人吗？我是绝对不会做出这样的事来的。你放心好了，你会像一只槲鸫一样安全的。”

她拿得准自己肯定会这样的。

第十二章 “我能有一小片地吗？”

玛丽跑得那么快，以至于等她来到自己房间时已经是上气不接下气了。她前额上的头发乱糟糟的，双颊通红。她的午餐已经在桌子上安放好了，玛莎在桌旁等候她。

“你有点晚了。”她说，“你上哪儿去啦？”

“我见到迪康了！”玛丽说，“我见到迪康了！”

“我知道他会来的。”玛莎扬扬得意地说道，“你喜欢他吗？”

“我觉得——我觉得他很美！”玛丽以坚定的口气说道。

玛莎显得有点吃惊，不过她还是非常高兴的。

“是啊，”她说，“比他更出色的男孩再也没有了，不过我们倒从来未曾觉得他漂亮过。他的鼻子翘得也太厉害了。”

“我就喜欢翘鼻子。”玛丽说。

“还有他眼睛是那么的圆。”玛莎说，有点儿拿不定主意，“虽然颜色还是不错的。”

“我就喜欢圆眼睛，”玛丽说，“而且它们跟荒原上空天的颜色一模一样。”

玛莎听了，十分得意，脸上都发出了光彩。

“俺娘说他是因为老仰着头看鸟儿和天空，所以才会有这种颜色的。不过他那张嘴还是大了一些，对不？”

“我就喜欢他那样的大嘴。”玛丽执拗地说道，“我还巴不得我的嘴也那么大呢。”

“要长在你这么一张不丁点大的小脸上就会显得滑稽可笑了。”她说，“不过我早就料到你见到了会喜欢他的。那些种子和侍弄花的工具你中意吗？”

“你怎么知道他带来了呢？”玛丽问道。

“哦！我从没怀疑过他会不带来。只要约克郡有，他就必定会带来的。他是那么一个靠得住的男孩。”

玛丽真担心她再问就会触及难以回答的问题了，幸好她没有往下问。她对种子和工具非常感兴趣，只有片刻工夫玛丽感到紧张。那是在玛莎开始询问打算把花儿种在什么地方的时候。

“这件事你问过什么人了吗？”玛莎问道。

“我还没有问过谁呢。”玛丽犹犹豫豫地说。

“嗨，我是不会去问园丁领班的。他架子太大了，这个罗奇先生。”

“我还从未见到过他。”玛丽说，“我只见过几个打小工的和本·韦瑟斯达夫。”

“如果是我，我会去问本·韦瑟斯达夫的。”玛莎给他出主意说，“他虽然脾气怪，其实人不像看上去那么凶。克雷文先生随他爱怎么干就怎么干，因为克雷文太太活着的时候他就在这儿了，他老能让克雷文太太觉得快乐。太太很赏识他。没准他会在哪个角落给你腾出一小块地的。”

“如果是在偏僻的角落里谁也不要的地方，那么就不会有人在乎了吧，是不是啊？”

“应该是这样吧。”玛莎答道，“你又不碍着谁。”

玛丽尽快把饭吞咽下去，她刚从餐桌边站起来就急急忙忙要回自己房间去重新戴上帽子，可是玛莎拦住了她。

“我有件事要告诉你。”玛莎说，“我是想先让你吃完饭再说的。克雷文先生今天早上回来了，我想他打算见见你呢。”

玛丽的脸变得煞白。

“哦！”她说，“为什么呀！为什么呀！我刚来的时候他并不想见我。我听到皮彻先生说他不要见的嘛。”

“是这样的。”玛莎解释道，“梅德洛克太太说那是因为俺娘的关系。俺娘正往斯维特村走去时遇到了克雷文先生。她以前从未跟他说过话，不过克雷文先生到我们家来过两三回。他早忘了，俺娘可没忘，她壮着胆子拦住了他。我不知道她跟克雷文先生对你的事说了什么，不过她的话使他想到要在离开之前见见你，他明天就要走了。”

“哦！”玛丽喊了起来，“他明天就要走了吗？我太高兴了！”

“他要离开很长一段时间呢。也许一直要到秋天或者冬天才会回来。他要到国外几处地方去旅行。他经常这样做的。”

“哦！我太高兴了——太高兴了！”玛丽真要谢天谢地了。

如果他到冬天才回来，或者哪怕是秋天回来，那就有足够的时间让秘密花园重获生命了。到那时就算他发现此事把花园从她手里夺走，至少她还能够有这段美好的经验呢。

“你认为他什么时候想见——”

这句话她没能说完，因为门开了，梅德洛克太太走了进来。她穿的是她最好的黑长裙，戴上了她最好的帽子，领口用一枚大饰针别在一起，饰针上还有一个男人的头像。那是梅德洛克先生的一张上了色的相片，他多年前就去世了。每逢她穿得一本正经时总是别上这枚饰针的。她显得既紧张又激动。

“你的头发太乱了。”她慌慌张张地说，“快去梳一下。玛莎，快快帮她换上她最好的衣服。克雷文先生要我带她到他的书房去见他。”

玛丽那张脸变得没了一点儿血色。她的心开始怦怦乱跳，她觉得自己又重新变回到那个呆板、难看、沉默寡言的小东西了。她甚至都不搭理梅德洛克太太，而仅仅是走进自己的卧室，背后跟着那个玛莎。在给她换衣服和梳头时她一句话也不说。等穿戴齐楚后，她便默默地跟着梅德洛克太太走下廊子。她又能说什么呢？她不得不去见克雷文先生，他是不会喜欢自己的，她也不会喜欢他。她知道他对自己会有什么样的看法。

她被带到宅子里她从未到过的一个区域。梅德洛克太太终于敲响了一扇门，里面有人说了声“进来”，于是两人便一起走进房间。有个男人坐在炉火前的一把安乐椅上，梅德洛克太太向他禀告道：

“玛丽小姐来了，老爷。”

“你可以走了，让她留下。我要你带她走时会按铃叫你的。”克雷文走生说。

她走出去把门关上之后，玛丽只能站着干等了。这个扭绞着自己又瘦又细的双手微不足道的小丫头，她能看出，这个人高耸的肩膀有点扭曲，背还不能算驼得太厉害，头发里已经夹杂有不少白丝了。他把头从高耸的肩膀上扭过来，开口向她说话了。

“走过来！”他说。

玛丽向他走去。

他算不得丑陋。倘若不是那么愁苦，他那张脸还可以说是俊秀的呢：见到她让他既烦恼又惶惑，他都像有点不知所措了。

“你还好吧？”他问道。

“还好。”玛丽回答道。

“他们对你好吗？”

“挺好的。”

他一边打量着她，一边烦躁地揉搓着自己的前额。

“你很瘦呢。”他说。

“我正在长胖。”玛丽回答说，口气要多生硬就有多生硬。

他有一张多么苦兮兮的脸呀！他那双黑眼睛几乎对她视而不见，仿佛是在看别的什么。他也几乎难以把思想集中到她这儿来。

“我把你忘了。”他说，“我怎么记得起你呢？我原来打算给你派一个家庭女教师或是保姆这类人的，可后来忘了。”

“求求你。”玛丽开始说道，“求求你了——”这时候她嗓子眼给一团东西哽噎住了。

“你想要说什么？”他问道。

“我已经——我已经太大，不再需要保姆了。”玛丽说，“而且也求你——也求你晚点再给我派家庭女教师。”

他又搓起前额来了，并且盯着看她。

“索尔比家的妇人正是这么说的。”他心不在焉地喃喃自语道。

这时玛丽好不容易鼓起了一点点勇气。

“她就是——她就是玛莎的母亲吧？”她结结巴巴地说。

“是的，我想就是的吧。”他回答道。

“她懂得小孩子的事情。”玛丽说，“她有十二个呢。她懂。”

他似乎有了一点精神。

“那你想干什么事呢？”

“我想到户外去玩。”玛丽回答说，她真希望自己的声音并未打战，“我在印度的时候从来不想出去玩。在户外玩使得我来这儿后胃口变好，我都一点点长胖了。”

他又细细地观察她。

“索尔比大娘也说这会对你有好处。也许真的会吧。”他说，“她说最好等你身体先长结实，然后再请家庭女教师。”

“我玩儿，让荒原刮过来的风吹着，我觉得我变得壮实了。”玛丽争辩道。

“你在哪儿玩呢？”他接着问道。

“什么地方都去。”玛丽喘着气儿急急地说，“玛莎妈妈送给了我一条跳绳。我边跳边跑——我四下里看看有没有花草从地下钻出来。我没做任何坏事呀。”

“别显得这么害怕的样子。”他不安地说道，“你能做出什么坏事呢，像你这么大的一个小孩！你喜欢做什么就去做好了。”

玛丽把手按在喉咙上，生怕他会看出那里面因为激动而充塞着一团东西。她朝着他挨近了一步。

“我可以吗？”她声音颤抖地说。

她那张焦虑不安的小脸似乎使得他更加不愉快了。

“别做出一副提心吊胆的样子好不好。”他喊道，“你自然可以啦。我是你的监护人，虽然我当任何一个孩子的监护人都是不称职的。我匀不出时间和精力来管你。我身体很不好，心情很坏，精力集中不起来，不过我还是希望你能过得开开心心、舒舒服服的。小孩子的事我一点不懂，不过我会让梅德洛克太太满足你的一切需要的。我今天把你找来，因为索尔比太太说我应该见见你。她女儿跟她谈了你的情况：她认为你需要呼吸到新鲜空气，需要能自由自在地到处奔跑。”

“小孩子的事儿她全都懂。”玛丽情不自禁地说。

“她也理当如此了。”克雷文先生说，“我起先觉得她在荒原上拦住我未免唐突，可是她说——克雷文太太当初对她很好。”他提到已故太太的名字时似乎真得费上一些力气呢。“她是个值得敬重的妇人，现在我见到了你，我觉得她的话有道理。你尽管在户外玩就是了。我这个地方不小，你喜欢上哪儿就尽管去那儿玩好了。你需要什么吗？”他像是突然之间想起来似的，“你需要玩具、书本和玩偶娃娃吗？”

“我可以，”玛丽颤声说道，“我可以有一小片地吗？”

由于心切，她丝毫没有意识到这句话听起来多么古怪，多么不能表达她真正的意思。克雷文先生似乎大为吃惊。

“一片地？”他重复了一遍她的话，“你这是什么意思？”

“可以下种子——让东西长出来——看它们活起来。”玛丽嗫嚅地说道。

他盯看了她片刻，然后迅速地把手遮挡在自己眼睛前面。

“你真是——这么喜欢园子吗？”他慢吞吞地说道。

“我在印度那会儿对花园没有印象。”玛丽说，“我老是生病，没有精神，天气也太热。我有时用沙子堆起个小花圃，在上面插上几株花。可是在这儿，情况就不一样了。”

克雷文先生站起来，开始慢慢地在房间里踱来踱去。

“一小片地。”他自言自语地说。玛丽认为，自己大概不知怎的竟让他想起了什么事情。在他停下脚步跟她说话时，他那双黑眼睛几乎有点温柔与慈祥了。

“你要多大的一片地都是可以的。”他说，“你让我想起了一个喜欢土地和种东西的人。你若是见到你喜欢的小片土地，”此时他露出了一丝惨淡的笑容，“拿去用好了，就让它活过来好了。”

“不管在什么地方的都可以吗——只要是没有人在用的就行，是吗？”

“哪儿的都可以。”他回答道，“行了！你必须得走了，我累了。”他按了按铃召梅德洛克太太进来。“再见了。我整个夏天都不会在家。”

梅德洛克太太来得真快，玛丽怀疑她必定是在走廊上候着的。

“梅德洛克太太，”克雷文先生对她说，“我现在见过了孩子，我明白索尔比太太的意思了。这孩子开始上课之前身体先得养养好才行。给她吃简单的、有益于健康的食物。让她到花园里去无拘无束地奔跑。用不着对她看管太紧。她需要自由自在的生活，呼吸新鲜的空气和到处去嬉戏。索尔比太太过上一阵可以来看她一回，她有时候也能上那边农舍去看看的。”

梅德洛克太太显得很高兴。她听到说对玛丽不必“看管太严”简直是如释重负。她本来就觉得玛丽是个烦人的负担，总是在不失职的前提下尽量少见到玛丽。再说，她还是挺喜欢玛莎的母亲的。

“谢谢了，老爷。”她说，“苏珊·索尔比是我小时候的同学，像她这样头脑清楚、心地善良的女人真是找上一整天也难得遇见一个的。我一个孩子都没有，她却生了足足十二个，而且个个都活得再健康、出色不过了。玛丽小姐在他们那里是不会受到伤害的。有关孩子的事我自己也总是向苏珊·索尔比请教的。她正是大家所说的那种思路清楚的人——不知道我说清楚了没有？”

“我听明白了。”克雷文先生说，“你把玛丽小姐带走，让皮彻来见我。”

梅德洛克太太把玛丽留在她自己那段走廊的进口处，玛丽飞也似的跑回自己房间。她发现玛莎在那里等她。事实上，玛莎把午餐盘碟收下去后便立即回到楼上来了。

“我可以有我的花园喽！”玛丽喊道，“我可以选我要的任何地方做花园！我可以很久以后才有家庭女教师！你妈妈可以来看我而我也可以去你们的茅屋。他说像我这样的一个小姑娘不可能干出什么坏事，所以我爱干什么就能干什么——也可以上任何地方去。”

“啊！”玛莎高兴地说，“他人真好，是不是啊？”

“玛莎，”玛丽很严肃地说，“他的确是个好人，只是他面容那么愁苦，他眉头紧锁，都快结为一个疙瘩了。”

她以最快的速度朝花园跑去。她离开的时间远远超出她设想应该离开的时间，她知道迪康回家有五英里的路要走，理应早早动身。

她溜进常春藤掩映下的园门时，没见他在她离开时的那个地方干活。种花的家什都归置好堆在一棵树的底下。她往那儿跑去，朝四下寻找，却找不到迪康的影子。他走掉了，秘密花园里空荡荡的——除了那只知更鸟，它刚从墙外飞进来，正栖息在一丛嫁接玫瑰的一根枝子上，注视着她。

“他走掉了。”她沮丧地说，“哦！难道他只不过是——只不过是——只不过是树林里的小精灵吗？”

玫瑰丛上固定着的一个白色东西吸引住了她的眼睛。那是一张纸——实际上，就是她替玛莎用印刷体写给迪康的那封信。纸是用一根长长的尖刺插在树枝上的，她顿时就明白是迪康留在这儿的。上面有几个歪歪斜斜的字，还画了个什么图形。起初她看不出画的是什么？后来她辨认出那意思是一只鸟蹲在鸟巢里。底下是几个印刷体写的字，它们是：

“我会回来的。”

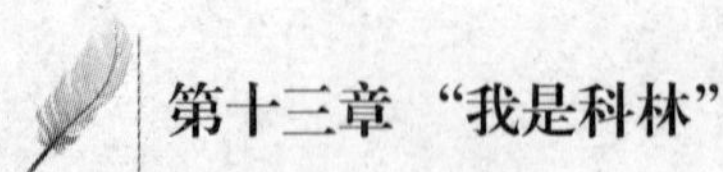

第十三章 “我是科林”

玛丽去吃晚餐时，把那幅图带回屋子去。晚餐时，她拿给玛莎看。

“啊！”玛莎非常骄傲地说，“我还从来不知道咱家迪康竟有这么聪明呢。这是张槲鸫蹲在窝里的图画，跟真鸟一般大，比真鸟还逼真一倍呢。”

于是玛丽便明白迪康是要用这画来传达一个信息的。他要说的意思是：她尽可以放心，他是会保守秘密的。她的花园就是她的窝，而她就像是那只槲鸫。哦，她是多么喜欢这个奇特而又普通的男孩呀！

可是约克郡的天气永远是谁也说不准的，特别是在春季。半夜里她给大颗雨滴摔打在她窗子上的声音惊醒了。瓢泼大雨浇下来，风则在古老大宅的角落和烟囱里“咆哮”不已。玛丽心中又气又恨，在床上坐了起来。

“这雨真是跟我以前的脾气一样倔。”她说，“它知道我不需要它，偏偏就下个没完。”

她猛地朝枕头上倒下去，把脸捂住。她没有哭，只是躺着对重重击打的雨声，对风以及它的“咆哮”声恨恨不已。她再也睡不着了。风雨的哭号声使她保持清醒，因为她自己也正想大哭一场呢。如果她心里是乐滋滋的，那么风雨声正可以催她入眠。风“咆哮”得多么凄厉，大颗的雨点在窗玻璃上捶击与流淌得多么伤心呀！

“听起来就像是有个人在荒原上迷了路，一边乱走一边大声哀哭呢。”她说。

她辗转反侧了有一个小时光景，突然听到了什么声音，这使她坐了起来，把头转向门口，仔细倾听。她听了又听。

“现在的可不是风声了。”她用气声响亮地说，“这可不是风声。这不一样。这正是我以前听到过的哭声。”

她房间的门微开着，那声音从走廊上传过来，是远处微弱的焦躁哭声。她听了好几分钟，每一分钟她都更能肯定情况就是这样的。她觉得自己必须去弄清那到底是什么声音。这似乎比秘密花园和埋掉的钥匙还要古怪嘛。也许正是她的倔强性格使得她胆子变壮了。她把脚伸出床沿站在了地板上。

“我要去弄清那是什么声音。”她说，“人人都睡了，我不怕梅德洛克太太——我不在乎！”

她床边有一支蜡烛，她拿起蜡烛轻轻走出房间。走廊显得又长又黑，不过她太兴奋，所以也顾不上这些了。她想她是记得必须在哪些地方拐弯的，这样才能找到门上挂有毯子的那段短廊——她迷路的那天梅德洛克太太就是从那里走出来的。声音也是从那段走廊里传出来的。因此她靠着手里那点微光往前走，几乎是摸索着前进的，她的心跳得响极了，她真的觉得自己都能听到了。远处那微弱的声音还在响着，这声音引导着她。有时它会停息一会儿，然后又开始。是在这个拐角转弯吗？她停下来思忖。没错，就是这儿。顺着这条走廊走下去，然后往左拐，登上两级宽阔的阶梯，然后再往右。对了，遮有毯子的门就在这儿了。

她轻轻推开门，在自己身后把门关上。现在她站在走廊里，能很清楚地听到哭声了，虽然哭声不算很响。那是从她左边一面墙的后面发出的，往前再走几步墙上有一扇门。她能看到门缝底下透出一丝微弱的光。有人在这个房间里哭，是个挺稚嫩的声音。

于是她走到门前推开门，她果真站到房间里来了！

那是一个大房间，里面放的是古色古香的优雅家具。壁炉里发出着微暗的火光，床边点着一盏长明灯，那是张雕花四柱挂有织锦帐幔的大床，床上躺着一个小男孩，在很伤心地哭泣。

玛丽不禁疑惑自己究竟是来到一个真实的地方呢，还是重新进入梦乡，蒙眬间又做起了梦。

男孩的脸尖瘦、纤巧，颜色有如象牙，相衬之下，他那两只眼睛显得太大了。他头发也很浓密，一绺绺乱蓬蓬地覆盖在脸上，使他那张瘦脸显得更小了。他像是个生病的孩子，不过他现在哭，倒像是因为疲累和心烦，而并非因为痛苦。

玛丽站在门旁，蜡烛捏在手里，屏住了呼吸。接下去她蹑手蹑脚地穿过房间，她走近时烛光引起了男孩的注意，他躺在枕头上的头扭了过来，瞪着她看。他灰色的眼睛睁得大大的，仿佛大得没有了边际。

“你是谁？”他用有点吓着了的低声说道，“你是鬼吗？”

“不，我不是的。”玛丽回答道，她自己的耳语声里也带着几分惊恐，“你是鬼吧？”

他的眼睛盯着玛丽看个没有完。玛丽没法不注意到他的那双眼睛有多么奇怪。它们是玛瑙般灰色的，在那张脸上显得太大，因为眼睛上长满了黑黑的睫毛。

“不是的。”他等了一会儿之后才回答，“我是科林。”

“科林是谁？”她嗫嚅地问道。

“我叫科林·克雷文。你是谁？”

“我叫玛丽·伦诺克斯。克雷文先生是我的姑父。”

“他是我的父亲。”那男孩说。

“你的父亲？”玛丽倒吸了一口气，“没人告诉过我他有儿子呀！他们干吗不说？”

“过来。”他说道，仍然表情焦虑地用他那双奇特的眼睛盯着玛丽。

玛丽走到床边，他伸出手去触摸她。

“你是个真的人，对不对？”他说，“我常常做一些非常逼真的梦。你没准也是一个梦吧。”

玛丽离开自己房间时匆匆拿了一件外套披在身上，此时她将外套的一角塞到他的指缝之间。

“你捏一捏，看看它有多么厚实，多么暖和。”她说，“如果你愿意，我还可以掐你一把，让你知道我真的是人不是。方才有一小会儿我也以为你是梦境中的什么呢。”

“你是从哪儿来的？”他问道。

“从我自己的房间呀。风吼得很凶，我睡不着，接着我听到有人在哭我想弄明白是谁在哭。你干吗要哭呀？”

“因为我也睡不着，而且脑袋生疼。再告诉我一遍你叫什么名字。”

“玛丽·伦诺克斯。就没有人告诉过你我在这儿住下了吗？”

他的手指仍然在揉搓她外套的一角，可是他开始显出有点相信她是真的了。

“没有。”他回答道，“他们不敢说。”

“为什么呀？”玛丽问道。

“因为我该害怕你会见到我了。我不愿意别人见到我和议论我的事。”

“这是为什么呢？”玛丽又问道，心里的疑团越大了。

“因为我一直都是这个样子，生着病，不得不躺在床上。我父亲也不愿别人议论我。用人是不允许提我的事的。如果我活下去我也许会成为一个驼子，不过我活不下去的。我父亲一想到我没准会变得像他一样，就很不喜欢。”

“哦，这是座多么古怪的宅子呀！”玛丽说，“多古怪呀！什么东西都是一个秘密。房间锁上，花园也是锁上的——还有你！你也是给锁起来的吗？”

“那倒不是的。我待在这个房间里是因为我不想让人抬出去。那样一折腾我感到更累了。”

“你父亲来看你吗？”玛丽大着胆子问道。

“有时候来。一般在我睡着的时候。他不想见到我。”

“为什么呀？”玛丽禁不住又问。

男孩的脸上掠过了一层愤怒的阴影。

“我母亲生下我后就死了，这使他看到我就很不愉快。他以为我不知道，但我听别人议论过。他几乎是在恨我呢。”

“他恨那个花园，也是因为她死了。”玛丽半自言自语地说。

“什么花园？”男孩问道。

“哦！只是——只不过是她过去喜欢的一个花园罢了。”玛丽磕磕巴巴地说，“你一直是待在这儿的吗？”

、“差不多吧。有时候会带我去海边的疗养地，可是我不愿待下去，因为别人都瞪大眼看我。我以前还戴着一个铁东西，为的是让我的背挺直。可是从伦敦请了位大专家来看我，他说这样做很愚蠢。他关照他们给我解下，让我多上户外去呼吸新鲜空气。我讨厌新鲜空气，我也不想出去。”

“我刚来这儿时也是这样的。”玛丽说，“你干吗老这样看着我？”

“因为我做的一些梦太真实了。”他火气很大地说，“有时候我睁开眼睛的时候真不敢相信自己已经醒了。”

“咱们俩都是醒着的。”玛丽说。她环顾这个天花板高高、四角黑黢黢、炉火昏暗的房间。“环境很像是在梦里，又是在半夜，宅子里每一个人都睡着了——每一个人，只除了我们。我们都清醒得很呢。”

“我不愿意这只是一个梦。”男孩不安地说。

玛丽立刻想起了一件事情。

“如果你不喜欢别人见到你。”她开始说，“那你是不是想让我走开呢？”

男孩仍然捏着她的外套，他轻轻地拉了拉外套。

“不。”他说，“你如果走了，那我就会肯定你是梦里的人了。如果你是真人，那就坐到那张大矮凳上去说话。我要听你说说你的事。”

玛丽把蜡烛放在床头小桌上，自己在一张有软垫的凳子上坐下。

她丝毫也不想走开。她要待在这个神秘隐蔽的房间里和这个神秘的男孩谈谈。

“你想让我告诉你什么呢？”她说。

他想知道她来米塞斯维特有多久了，他想知道她的房间在走廊的哪一段，他想知道她一直都在干些什么，她是不是也像他一样憎厌荒原，她来约克郡之前生活在什么地方。她回答了所有这些问题以及别的一大堆问题，而他则躺回到自己的枕头上乖乖地听着。他让她说了许多有关印度和她漂洋过海的事。她发现，由于他一直生病卧床，别的孩子全懂得的许多事情他都一无所知。在他幼年时，他的一个保姆教过他识字，他一直在看书，还看装潢精美的书里的那些图画。

虽然父亲在他醒着的时候很少来看他，但是却提供给他各种各样的玩具让他消遣。可是他似乎从未得到过什么乐趣。他想要什么都可以得到，他不愿意做的事别人也绝对不会勉强他去做。“每一个人都得按我的心意去做。”他满不在乎地说，“我一生气就会病得更厉害。谁也不相信我会活到长大成人。”

他说这些话似乎对其含意早已习以为常，根本没有什么好大惊小怪的了。他像是很喜欢玛丽的声音。她接着往下说的时候他懒洋洋地、怀着兴趣地听着。有一两次她都怀疑他是不是打起瞌睡来了。可是最后他提出一个问题，从而引出了一个新话题。

“你多大啦？”他问道。

“我十岁了。”玛丽答道。她一时之间忘乎所以，竟脱口而出：“你也是的。”

“你怎么知道的？”他声带惊异地问道。

“因为你出生时花园的门给锁上，钥匙给埋掉了。锁上到现在已经有十年了。”

科林用胳膊肘支撑着半坐起来，转身向着她。

“哪个花园的门给锁上了？谁干的？钥匙埋在哪里？”他喊出声来，

似乎突然感到了很大的兴趣。

“就是——就是克雷文先生憎厌的那个花园。”玛丽紧张不安地说，“他锁上了门。没有——没有一个人知道他把钥匙埋在哪儿了。”

“那是个什么样子的花园？”科林急切地追问道。

“十年来谁也不许进去。”玛丽小心翼翼地说。

可是现在再小心也为时已晚。他跟她自己简直一模一样，也是没有事情可以去想，对于一个隐藏的花园兴趣大得不得了。他提出一个又一个的问题。它在哪儿？她就从来都没找到园门吗？她从来没跟那些园丁打听过吗？

“他们不愿谈这件事。”玛丽说，“我想总是有人关照过他们别回答提问吧。”

“我会让他们回答的。”科林说。

“你真的能吗？”玛丽怯生生地说，开始感到害怕了。如果他能让别人回答问题，天知道会出什么事呢？

“每一个人都得讨我喜欢。这我跟你说过。”他说，“如果我能活下去，这地方迟早归我所有。他们都知道这一点。我会让他们告诉我的。”

玛丽一直不知道自己是给宠坏的，但是她十分清楚地看出来，这个神秘的孩子是完全给宠坏了。他还以为整个世界都是属于他的呢。他多么古怪呀，他谈到活不下去的时候是多么的满不在乎呀。

“你认为你活不长吗？”她问，一部分是因为好奇，另一部分是希望他能把花园的事忘掉。

“恐怕会这样吧。”他回答道，口气还是跟刚才那样满不在乎，“从我能记事的时候起我就老听别人说我活不长。起初他们以为我太小不可能听懂，而现在他们又认为我听不到。可是我听到了。给我治病的医生是我父亲的堂弟。他很穷，如果我死了，他就可以在我父亲死后继承米塞斯维特庄园。我琢磨他必定是不愿意我活下去的。”

“那你想不想活下去呢？”玛丽问道。

“不想。”他答道，一副乖戾、疲惫的模样，“不过我也不愿意死。在我觉得不舒服的时候我就躺在这里想心事，然后就哭了又哭。”

“我听到你哭已经有三回了。”玛丽说，“只是不知道是谁在哭。你就是为了这事才哭的吗？”她说这些，为的是想让他忘掉花园的事。

“应该是的吧。”他回答道，“咱们谈点别的什么吧。就说那个花园吧。你想看看它吗？”

“想呀。”玛丽有气无力地回答说。

“我可想了。”他固执地盯住这个话题，“我以前像是从来也没想要看什么，可是这个花园我特别想看。我要把钥匙给挖掘出来。我要让园门的锁打开来。我要让下人把我连椅子一起抬到那里去，就算是去呼吸新鲜空气吧。我打算让他们把门弄开来。”

他变得十分激动，他那双奇特的眼睛像星星似的闪闪发光，显得比原先更大了。

“他们得让我高兴才行。”他说，“我要叫他们抬我去那儿，我会让你也去的。”

玛丽双手紧紧地攥在一起。一切都会给弄糟的——一切的一切。

迪立再也不会来了。她也永远不能再享有槲鸫卧在安乐窝里的那种感觉了。

“噢，别——别——别——别那样做！”她都喊出声来了。

他瞪眼看着她，就像她变疯了似的！

“为什么呀？”他喊道，“你说过想去看花园的呀。”

“我是想去的。”她回答说，嗓子眼里几乎都哽噎住了，“不过要是你让他们那样砸开门抬你进去，那就再也不是一个秘密了。”

他身子更往前倾了倾。

“一个秘密。”他说，“你这是什么意思？快告诉我。”

“你看——你看，”她气喘吁吁地说，“如果除了我们再没一个人知道——如果有那么一扇门，隐藏在常春藤下的什么地方——如果真的有——我们又能找到它；要是我们能一起悄悄溜进去，随后把门关上，那就没有人知道里面有人，我们可以称它是咱们的花园，假装情形真的是这样——假装我们是槲鸫，这是我们的窝巢，如果我们几乎每一天都去那儿玩，挖土、下籽，让花园全部重新活过来——”

“花园死了吗？”他打断她的话头。

“要是没人照顾它很快就会死的。球茎还能活下去，玫瑰可就——”

他又打断她的话头，已经跟她一样激动了。

“什么是球茎？”他急急地插嘴问道。

“黄水仙、百合和雪花莲都是。它们此刻正在泥土里使劲呢——在把嫩绿的尖芽往外拱，因为春天要来了。”

“春天要来了吗？”他说，“春天是什么样子的？生病的人躺在房间里是见不到春天的。”

“春天就是阳光照在雨水上，雨水落在泥土上，万物复苏，在泥土里悄悄使劲儿。”玛丽说，“如果这花园是一个秘密，我们可以溜进去，可以观察花木一天一天长大，看到有多少玫瑰是活的。你不明白吗？哦，你难道看不出来，如果它是秘密的，那不是要有意思得多吗？”

他倒回到他的枕头上，躺在床上，脸上显现出一种怪异的表情。

“我从来也没拥有过什么秘密。”他说，“只除了活不长、长不大的这一点。他们不知道这一点我很清楚，这么说它也可以算是个秘密了吧。不过我更喜欢你的这种秘密。”

“如果你不命令他们带你去花园，”玛丽恳求道，“也许——我几乎可以肯定迟早总能想出办法进入花园的。这样，到那时——如果医生允许你坐在椅子里到户外去的话，如果你任何时候都能想怎么做就怎么做的话——没准我们能找到一个男孩来推你，咱们就几个人自己去，那么花园就永远会是一个秘密花园了。”

“这样——当然——更加好啦。”他慢吞吞地说，眼睛里露出了梦幻般的神情，“我喜欢这样。在一个秘密花园里我该是不会怕新鲜空气的。”

玛丽呼吸开始变得顺畅些了，她也感到安全一些了，因为他像是很喜欢保守秘密这个想法。她觉得几乎可以肯定，如果她继续说下去，让他在头脑里见到那座花园，他会非常喜欢它，绝对不能忍受让任何人想进去就随随便便闯进去的。

“我来告诉你，我寻思在我们能够进去时它会是什么样子的。”她说，“它封闭了那么久，没准花木都已经纠结成团了。”

他静静地躺着，听她继续讲玫瑰没准已经从这棵树攀援到那棵树并且垂了下来——众多的鸟儿没准已经在那里筑了巢，因为这儿最最安全。接着她又谈到了那只知更鸟还有本·韦瑟斯达夫。关于这只鸟有那么多的话可说，她说得很轻松也很有安全感，因此再也不紧张了。知更鸟的事让他听得很开心，渐渐地他面容都几乎显得漂亮了，起初玛丽曾觉得，这个有着大眼睛和鬈发的孩子怎么竟比自己还显得不中看呢。

“我真不知道鸟儿能是这样的。”他说，“不过一个人老待在房间里是什么也看不到的。你知道的东西真多呀。我怎么觉得你好像是进到过那个花园去似的。”

她不知道该说什么才好，因此什么都没说。他显然也不指望能得到答复，因此，过了片刻，他向她提供了一件使她惊讶的事。

“我想让你看样东西。”他说，“你看到壁炉上方墙上挂着的那块玫瑰色的丝帘子了吗？”

玛丽这之前倒没有注意到，可是她一抬头便见到它了。那是一块好像是挂在一幅图画上的柔软的丝帘子。

“是啊，我看到了。”她回答道。

“有根绳索跟它连着的。”科林说，“你过去拉一下。”

玛丽站起身来，感到有点神秘，她找到那根绳索。她拉动时，丝帘随着环圈退往一边，退到底后，一幅画显露了出来。那是一个面带笑容的少女画像。她那头亮发用一根蓝色绸带束着，那双快乐、可爱的眼睛跟科林的一模一样，只是科林的眼睛总是忧郁、不快乐的，是灰玛瑙色的，而且因为黑睫毛很浓总显得比实际上的大上一倍。

“她是我母亲。”科林抱怨地说，“我不明白她为什么要死去。有时候我为了她这样而恨她。”

“多么奇怪呀！”玛丽说。

“要是她活着，我相信我不至于老是生病吧。”他埋怨道，“我敢说我应该也是能活下去的。而且我父亲也不会那么不喜欢见到我了。我敢说我会有一副健壮的脊背的。把帘子重新拉上吧。”

玛丽照着做了，然后又坐回到她的脚凳上去。

“她比你漂亮多了。”她说，“不过她的眼睛跟你的非常像——至少形状、颜色是一样的。为什么要用帘子盖住她呢？”

他不安地扭动着身子。

"是我让下人做的。"他说，"有时候我不喜欢她盯着我看。我生病不舒服的时候她还笑得那么开心。再说，她是我的，我不愿任何人都能看到她。"

出现了片刻的沉默，紧接着，玛丽开口了。

"如果梅德洛克太太发现我来过这里，她会怎么样？"她问道。

"她会听我的吩咐的。"他回答说，"我会告诉她我要你每天来这儿跟我说话。你来我很高兴。"

"我也很高兴。"玛丽说，"我尽可能多来，只是——"她迟疑了一下，"我每天都得去找花园的门呢。"

"是的，你一定得去。"科林说，"然后你再来把情况告诉我。"

他像往常那样躺在床上想了几分钟，然后又开口说：

"我想你也应该成为一个秘密。"他说，"除非她们自己发现，否则我是不会告诉她们的。我任何时候都可以让护士离开房间，说我想一个人待一会儿。你知道玛莎吗？"

"知道的呀，我还跟她很熟呢。"玛丽说，"她是照顾我的。"

他把头朝外面的那段走廊点了点。

"睡外面那另外一个房间的就是她。护士昨天请假，要去姐姐家过一整夜，她外出时总让玛莎来照顾我。我让玛莎告诉你什么时候可以来。"

于是，玛丽懂得了，在她问及哭声的事情时，玛莎脸上为什么会出现困惑不安的神情了。

"玛莎一直都了解你的事情，对吗？"她说。

"是的，她经常照顾我。那护士老爱从我身边走开，于是玛莎就来了。"

"我来这儿已经很长时间了。"玛丽说，"现在我该走了吧，你的眼睛像是很困倦了。”

“我希望我睡着后你再走。”他有点不好意思地说。

“闭上你的眼睛。”玛丽说，把脚凳往床边拖得更挨近些。“我会像我在印度时阿妈对待我那样，我要轻轻拍你的手，抚摩你，一边低声哼唱曲子。”

“那敢情好。”他睡意蒙眬地说。

不知怎么，她很可怜他，不想让他躺着睡不着觉，因此她俯身在床上，开始抚摩、轻拍他的手，用印度话哼唱一支很低沉的小曲。

“这样太好了。”他说，似乎更加困倦了。她继续哼曲和抚拍。等她再看他的时候，他那黑睫毛已经贴在脸颊上了，因为他已经闭上眼睛酣然入睡了。她轻轻地站起来，拿上她的蜡烛，没发出一点点声音，悄然离去。

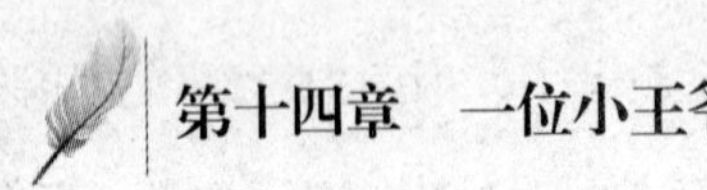

第十四章　一位小王爷

清晨来到时，滂沱大雨仍未停歇，荒原隐藏在雾霭之中。户外是去不成了。玛莎很忙，玛丽找不到机会和她说话。不过到了下午，玛丽让她上活动室来陪自己坐坐。她来了，带上那只袜子，一得空她总要织她的袜子的。

“你怎么了？”她们一坐下来玛莎就问道，“你好像有什么话要说似的。”

“我是有话要说。我发现那哭声是怎么一回事了。”玛丽说。

玛莎一松手，正织着的袜子掉落在她的膝上，她用吃惊的眼睛瞪看着玛丽。

“你不会的！”她喊道，“绝对不可能！”

“我昨天晚上听到哭声了。”玛丽接着往下说，“于是我起床去寻找声音是从哪里发出来的。那是科林。我找到他了。”

玛莎吓得满脸通红。

“唉！玛丽小姐！”她都快要哭出来了，“你不应该这样做的——真是不应该的！你会给我惹麻烦的。我可从来没跟你说过一点点他的事呀——不过你还是会让我惹上麻烦的。我会丢掉饭碗的，而且俺娘又该怎么说呢？”

“你的饭碗不会丢掉的。”玛丽说，“他很乐意我去。我们聊了又聊，他说他很喜欢我去。”

“他说了吗？”玛莎喊道，“你能肯定？你不知道他有一点点事不顺心就会怎么样。他都这么大了还像小娃娃似的哭，可一旦发起脾气来又会厉声尖叫吓唬我们。他知道我们是一点办法都没有的。”

“他没有不高兴嘛。”玛丽说，“我问了我该不该离开，可他叫我留下的嘛。他问了我许多问题，我在一张大脚凳上坐下，和他谈印度、知更鸟以及花园的事。他不肯放我走。他还让我看他母亲的肖像画。我是唱催眠曲让他入睡之后才走的。”

玛莎倒抽了口气，简直都要惊呆了。

“我简直没法相信你！”她不以为然地说，“你这不是直接闯入一个狮子窝吗？要搁在平常，他肯定会大发雷霆，把整个宅子都闹翻天的。他是不肯让陌生人看到他的。”

“他让我看他了嘛。我自始至终都在看他，他也在看我。我们面对面瞪着看了嘛。”玛丽说。

“我都不知道该怎么办了！”异常激动的玛莎喊道，“要是让梅德洛克太太发现了，她会认为我不守规矩，对你说了不该说的事，会让我卷铺盖回俺娘那儿去的。”

“他眼下还不会对梅德洛克太太透露一星半点呢。这事先要当作一个机密来对待。”玛丽坚定地说，“而且他说每一个人都得按他的心意行事。”

“可不，这一点儿不假——这个坏小子！”玛莎叹了口气，一边用围裙擦了擦脑门。

“他说梅德洛克太太必须听他的。他要我每天都去陪他说话。而且什么时候去还要由你来通知我呢。”

“我？”玛莎说，“我会丢掉饭碗的——我绝对会的！”

“你若是照他吩咐去做那就不会，每一个人都接到过必须服从他旨意的命令的。”

“你的意思是说，”玛莎大睁着泪汪汪的双眼说道，“他对你很好？”

“我想他几乎可以说是喜欢我了吧。”玛丽回答道。

“那你必定是迷惑住他了！”玛莎断言道，深深地吸了一口气。

“你指的是用了魔法？”玛丽问道，“我在印度听说过魔法的事，只是我不会玩。我仅仅是进入他的房间，见到他我大吃一惊，便站住瞪大眼睛看他。这时他转过身来瞪大眼睛看我。他以为我是鬼魂或是他梦里见到的什么，我也以为没准他自己才是呢。那样在半夜里两个人单独在一起，谁也不知道对方是谁，那真有一种诡异的感觉呢。接下去我们开始互相提出问题。我问他我是不是必须走开，他却说我必须不要走开。”

“太阳准是打西边出来了！”玛莎喘着气说。

“他到底有什么地方不对头？”

“没有人拿得准说得清。”玛莎说，“他生下来的时候克雷文先生像是疯了似的。医生们认为该把老爷送进精神病院。那都是因为克雷文太太过世了，这事我跟你说过的。他看都不要看那婴儿。他光是胡言乱语，说这孩子肯定会跟他自己一样成为驼子的，还不如早点死掉的好。”

“科林究竟是不是驼子呢？”玛丽问道，“他看上去并不像嘛。”

“他现在还不是。”玛莎说，“但是他开始不正常了。俺娘说都怪这宅子怨气、戾气太重，任何一个孩子都抗不住的。他们怕他的脊背太软，所以总是想方设法加以防范——让他躺着，不让他走路。有一阵子他们还让他戴上矫正器，可是他大吵大闹，结果身体更糟了。后来请了位高级大夫给他瞧病，他吩咐把这东西撤了。这位大夫用重话教训了原先那个大夫一通——用的词儿倒还是文质彬彬的。他说药吃得太多，也给惯得太厉害了。”

“我觉得他是个被极度宠坏了的孩子。”玛丽说。

“他算得上是古往今来脾气第一坏的小孩了！”玛莎说，“我并不是说他没有生病。有两三回，他咳嗽伤风得那么厉害差点儿就丢了小命。有一回他得了风湿热，另一回他又得了伤寒。嘿！这次真的把梅德洛克太太吓得不轻。他神志不清，梅德洛克太太跟旁边一个护士说话，满以为他什么都不会听见的，她说：‘这一回他算死定了，这对他，对我们大家都是一件好事呢。’这时她朝孩子瞧了瞧，只见他睁着一双大眼睛，直直地瞪着她，神志跟她一般清醒。她真弄不清这是怎么回事了，可是他仅仅是瞪眼看着她，并且说：‘你先别说话，去给我拿点儿水来。’”

“你认为他活得下去吗？”玛丽问道。

“俺娘说，不管是怎么样的一个孩子，如果不呼吸新鲜空气，啥事儿不干，光是躺在床上看图画书，没完没了地吃药，那就别指望能活下去。他很虚弱，又怕麻烦，不愿让人带到户外去，他很容易感冒，他说外出会使他得病的。”

玛丽坐下来，盯着炉火。

“我在琢磨，”她慢悠悠地说道，“进入一个花园，看看花木怎样一点点儿地长出来，这对他是不是会有好处？反正对我是有好处的。”

“他病犯得最最厉害的，”玛莎说，“就莫过于带他上喷泉旁有玫瑰花的地方去的那一回了。他在一份什么报上看到说人会得‘玫瑰感冒’，他一连打了好几个喷嚏，这时旁边刚好走过一个新来的园丁，那人不懂规矩，好奇地直盯着他看。于是他就大发脾气，说那人所以看他是因为他背快要驼了。他又哭又闹发起了烧，整整一夜都不消停。”

“要是他对我发脾气，那我就再也不去看他了。”

“要是他想让你去那你是非去不可的。”玛莎说，“你最好一开始就明白这一点。”

很快，铃铛响起了，玛莎把她织着的活计卷了起来。

“我敢说又是那个护士要我去陪他一阵了。”她说，“我但求他没在发脾气。”

她离开房间约莫十分钟，接着又满脸狐疑地回来了。

“哟，你倒真是把他给迷惑住了。”她说，“他起床坐到沙发上去看图画书了。他吩咐护士走开，直到六点钟再回来。又让我待在隔壁房间里听他差遣。护士一走，他就把我叫到跟前对我说：‘我要玛丽·伦诺克斯来陪我说话，你给我记住了，这事不许告诉任何人。’所以你最好是尽量快点儿上那边去吧。”

玛丽倒也是愿意快点儿去的。比起来她当然更想见到迪康，不过她也是很想见到科林的。

她走进他的房间时，壁炉里燃烧着明亮的火，在白天的光线下她发现这其实是个很漂亮的房间。炉前小地毯、帐幔、墙上的图画和书籍提供了丰富的色彩，使得房间即使在灰暗的天色和下雨天里也显得明亮舒适。科林自己也俨然是一幅图画了。他裹在一件丝绒的睡袍里，倚坐在一只锦缎面大靠垫的前面，双颊泛出了红晕。

“进来呀。”他说，“我一个上午都在想着你呢。”

“我也是在琢磨你的事呢。”玛丽回答道，“你不知道玛莎给吓成了什么样子。她说梅德洛克太太会以为是她向我泄露了你的事，会让她卷铺盖滚蛋的呢。”

他把眉头一皱。

“叫她上这儿来。”他说，“她就在隔壁房间。”

玛丽去把玛莎带了进来。可怜的玛莎颤抖得连双脚都在皮鞋里簌簌直抖。科林仍然是紧锁双眉。

“你是不是必须做我喜欢的或是要你去做的事情？”他问道。

“我是必须去做你喜欢的事情的，少爷。”玛莎磕磕巴巴地说，满脸通红。

“梅德洛克是不是也得那样做？”

“每一个人都必须这样做的，少爷。”玛莎说。

“那好，要是我命令你带玛丽小姐上我这儿来，梅德洛克知道了又怎么能开除你呢？”

“你还是别让她知道的好，少爷。”玛莎央求道。

“要是她敢对这事说三道四，我先让她滚蛋。”克雷文少爷很威严地说，“她不会那样做的，你放心好了。”

“谢谢您了，少爷。”她行了个屈膝礼，“我只想尽到自己的责任，少爷。”

“我要的也就是你尽好自己的职责。”科林说，摆出了更大的架子。“我会照顾你的。你现在走吧。”

门在玛莎身后关上时，科林发现玛丽小姐直瞪瞪地看着自己，似乎他让她觉得不可思议似的。

“你为什么这样看着我？”他问她。“你在想什么？”

“我想到了两件事。”

“哪两件事？坐下来告诉我。”

“头一件事情是这样的。”玛丽说，一边在那张大凳子上坐下来。

“在印度时我见到过一个男孩，他是一个王爷。他全身缀满了红宝石、绿宝石和钻石。他对臣民说话的口气就跟你和玛莎说话时的口气一模一样。每一个人都得照他的吩咐去做——而且是得立刻就去做。我看要是他们不去做，那准会给杀掉的。”

“我待会儿再让你讲王爷的事。”他说，“你先告诉我那第二件事吧！”

“我方才在想，”玛丽说，“你跟迪康有多大的不同啊！”

“迪康是谁呀？”他说，“这名字怎么这么怪呀！”

玛丽寻思，她倒不妨告诉他。她是可以只讲迪康而不提到秘密花园的。她当初听玛莎讲迪康的事时是多么的高兴呀。再说，她自己也很想跟别人讲讲他的事儿。这样像是能把他召唤得离自己更近一些似的。

“他是玛莎的弟弟，今年十二岁。”她解释道，“他和世界上任何一个人都不一样。他能像印度的耍蛇人一样吸引狐狸、松鼠和鸟雀。他用一支笛子吹奏出非常柔和的音乐，于是小动物们便纷纷凑过来听了。”

科林身边的一张桌子上有一些很大的书，他突然把其中的一本拖到身边。

“这本书里有一幅耍蛇人的图画。”他喊道，“你过来看呀。”

这是本有不少精美插图的印制很讲究的书，他翻到其中的一页。

“他能这样做吗？”他急切地问道。

“他吹笛子，小动物们都乖乖听着。”玛丽解释道，“不过他说他不是在施行魔法。他说他长时间待在荒原上，所以很熟悉动物的习性。

他说他有时候都觉得自己像是一只小鸟或是小兔了，他是那么喜欢小动物。我觉得他是在向知更鸟提出问题，就仿佛他们俩是在叽叽啾啾对鸣似的。”

科林往他的大坐垫深处靠去，他双眼显得越来越大，脸上那两块红斑也像是在燃烧。

“再给我多讲讲他的事情。”他说。

“有关鸟蛋和鸟巢一类的事儿，他没有不知道的。”玛丽接着往下说，“他还知道狐狸、獾和水獭都藏身在什么地方。他替小动物们保密，这样，别的男孩就不可能找到它们的洞穴，惊吓它们了。但凡生长和生活在荒原上的一切，他全都精通。”

“他喜欢荒原吗？”科林说，“这地方这么大，这么裸露、荒凉，他怎么能喜欢呢？”

“这可是最美不过的地方呢。”玛丽反驳道，“上面生长着成千上万种可爱的植物，成千上万只小动物都忙着在这儿筑巢、打洞、造穴，相互呼唤、鸣叫和歌唱。它们是那么忙忙碌碌，在地下、树上、草丛里嬉戏得那么欢乐。那是它们的世界呀。”

“这一切你是怎么知道的呢？”科林说，他用胳膊肘支撑着转过身子来看着她。

“其实那儿我一次还没有去过。”玛丽说，她突然记了起来，“我仅仅是有一次晚上坐在马车里穿过那儿。我当时只觉得它阴森森的。最初是玛莎跟我谈起这地方的，接着迪康又谈起了它。迪康说起这地方的时候真让你觉得像是亲眼看到、亲耳听到似的，就好像你正站在荒原的阳光底下闻到了荆豆花散发出的蜂蜜香味——还有蜜蜂和蝴蝶在到处飞舞。”

“人一得了病就什么都看不到了。”科林很不自在地说道。他那模样就仿佛是一个人在倾听远处一种特别的声音，心里在嘀咕那到底是什么。

“你老待在房间里自然是什么都看不见了。”玛丽说。

“我没法子上荒原去呀。”他愤愤不平地说。

玛丽沉默了一分钟，接着她提出了一个大胆的设想。

“你可以去的——到一定的时候。”

他身子腾地蹦了一下，像是吓了一跳。

“去荒原？我怎么做得到呢？我是个快要死的人呀。”

“你又怎么知道呢？”玛丽毫不同情地说。她很不喜欢他谈到死的那种态度。她几乎一点儿都不同情他。她觉得他简直是在炫耀这件事情。

“哦，我从记事以来就一直听人家在这么说。”他气鼓鼓地说，“人们对这件事总是在窃窃私语，还以为我没注意听。他们也但愿我死掉。”

玛丽小姐又犯倔脾气了。她把双唇抿得紧紧的。

“要是他们以为我也会这么想的话，那我偏偏不会。”她说，“谁会希望你死呢？”

“用人们吧——自然，还有克雷文大夫，因为他会得到米塞尔维特，变得富有而不再穷困。他明里不敢说，但是每当我身体更坏时，他总显得很高兴。我得伤寒时他脸都胖了一圈。我想我父亲也是希望我死的。”

“我不相信他会这样。”玛丽很固执地说。

这句话使得科林转过头来看她。

“你不相信？”他说。

接下去他躺在垫子上一动不动，似乎是在思考。房间里沉默了好一阵。也许两个人都在思索孩子们一般不会去考虑的奇怪事情。

“我喜欢从伦敦来的高级大夫，因为他让他们把铁架子取下来。”

玛丽终于开口说，“他说过你会死这类的话吗？”

“没有。”

“他说了什么？”

“他从不窃窃私语。”科林答道，“也许他知道我不喜欢窃窃私语。反正我听到他大声地说了一件事情。他说：‘这孩子会活下去的，如果你们能让他相信这一点的话。让他心情舒畅起来嘛。’从他的声音听好像他都在发脾气了。”

“没准我可以告诉你谁能让你心情舒畅。”玛丽思索着说。她觉得自己还是希望能把这件事情这样或是那样地加以解决的。“我相信迪康能做到这一点。他总是谈充满生命力的东西。他从来也不提死去或是奄奄一息这类话题的。他老是仰头看天上飞的鸟儿——或是低头去看地上正往外生长的东西。他有一双那么圆的蓝眼睛，四下张望时睁得那么大。他笑的时候那张大嘴咧得那么开，笑得开心极了——他的脸颊红彤彤的——红得跟樱桃一般。”

她把凳子朝沙发跟前拉了拉，一想起那张弯弯的大嘴和大睁着的眼睛，她的表情自然而然便起了很大的变化。

“嗨，我说。”她说道，“咱们就别再谈什么快要死呀什么的了。我不喜欢。让咱们谈谈别的东西吧。咱们多谈谈迪康。然后再一起看看你的图画书。”

她也再想不出什么更好的话题了。谈迪康也就意味着谈荒原，谈茅屋和住在里面一星期靠十六先令维持生活的那十四口人——那些孩子简直跟小野马一样，是靠啃荒原上的草长肉的。还有迪康的母亲——那根跳绳——那片沐浴在阳光下的荒原——还有从黑土壤里硬钻出来的那些嫩绿叶尖。那一切都那么充溢着生命，玛丽谈得比平生任何时候都要起劲——而科林也是既插嘴又倾听，比平生任何时候都要兴奋。他们没什么来由也会开怀大笑，就像两个因为待在一起就很快活的小娃娃一样。他们笑得那么欢畅，到后来他们发出了巨大的吵闹声，就像他们是再普通不过的两个健康的十岁儿童似的——而并非一个是执拗、瘦弱、不喜欢别人的小姑娘，另一个也不是病恹恹相信自己活不多久的小男孩。

他们尽情地欢笑，忘掉了看图画也忘掉了时间。他们为本·韦瑟斯达夫和他的知更鸟大笑不止，科林突然想起一件事情，他甚至身子都坐得笔直，仿佛已经忘掉了自己那柔弱的背脊。

“你可知道，有件事儿咱俩一次都没有想到过？”他说，“咱们还是表亲呢。”

说来也怪，他们交谈了那么久，却一次也没有记起如此简单的一件事，为此，他们笑得更厉害了，因为他们已经进入了遇到任何事情都忍不住要哈哈大笑的那种心境。就在他们沉浸在兴高采烈的欢乐之中时，门打开了，克雷文大夫和梅德洛克太太走了进来。

克雷文大夫确实是吓了一跳，他猛然停住脚步，跟在后面的梅德洛克太太和他撞在一起，险些四仰八叉地摔下去。

“天呀！”可怜的梅德洛克太太喊道，眼珠子都快要从眼眶里蹦出来了，“天呀！”

“这是怎么回事？”克雷文大夫说，往前走了几步，“这是什么意思？”

此刻玛丽又联想起印度小王爷了。科林回答时似乎医生的惊讶与梅德洛克太太的惊吓都是无关紧要的小事，丝毫没让他受到干扰与影响，仿佛走进房间的不过是一只老狗或老猫。

“这位是玛丽·伦诺克斯，我的表亲。”他说，“我请她过来一起聊聊。我喜欢她。我派人去叫的时候她是一定得来跟我聊天的。”

克雷文大夫一脸的愠怒，转身朝向梅德洛克太太。

“哦，先生。”她喘息着说，“我真不知怎么会是这样的。宅子里没有一个用人敢说的——他们都被关照过不许说的。”

“没有人跟她说过一丁点儿什么。”科林说，“她听到我的哭声自己找来的。我很高兴她能来。别疑神疑鬼了，梅德洛克。”

玛丽看得出克雷文大夫显得很不高兴，可是很显然他不敢反对他的病人。他在科林身边坐下来，给科林把脉。

“我担心你太激动了。激动对你可不好呢，我的孩子。”他说。

“她不来我倒是真的会激动呢。”科林顶了一句，他的眼睛开始闪烁出危险的亮光，“我好多了。她使得我觉得好多了。护士得带她来跟我一起喝茶。以后我们就一起喝下午茶了。”

梅德洛克太太和克雷文大夫忧心忡忡地对看了一眼，不过他们显然无法采取什么行动。

“他倒好像是显得好了一些，先生。”梅德洛克太太壮着胆子说道，“不过，”她考虑了一下之后又说，“他今儿早上在小姑娘来这个房间之前就像是挺好的。”

“她是昨天晚上上我这儿来的。她在我这儿待了很久。她给我唱印度歌催我入睡。”科林说道，“等我醒来就觉得自己好多了，当时就想吃早饭。我现在想喝茶了。去告诉护士，梅德洛克。”

克雷文大夫没待多久。护士进来时他跟护士说了几分钟的话，又对科林作了些提醒，让他话绝对不能说得太多，绝对别忘了自己是个病人，千万不能忘记自己是非常容易累倒的。玛丽觉得需要提醒科林时刻牢记的不痛快事儿也未免多了一些。

科林看起来很烦心，他用那双有着奇特黑睫毛的眼睛盯住克雷文大夫的脸。

“那正是我想要忘掉的。”他终于说道，“她让我忘记这一切，所以我才要她来的。”

克雷文大夫离开房间时似乎不大开心。他向坐在大凳子上的小姑娘投去满怀狐疑的一瞥。从他一进房间起她又重新成为一个脾气别扭、一声不吭的孩子了。他看不出她有什么吸引人的地方。那男孩看起来确实要比她聪明一些，不过呢——他重重地叹了一口气，踏进了走廊。

“他们老是在我不想吃东西的时候硬要我吃。”科林说，这时，护士把茶和点心端进来放在了沙发旁的小桌上，“现在，如果你吃，那我也吃。那些松糕看起来还是热乎乎挺香的呢。再给我讲讲小王爷的事吧。”

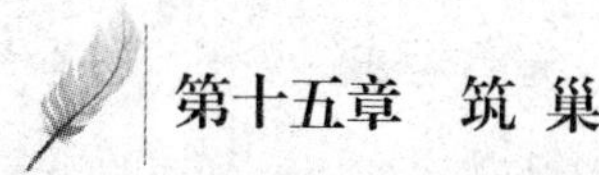

第十五章 筑巢

持续下了一周的雨之后，蓝色的苍穹重新出现，阳光洒下来还有点热辣辣呢。虽然没有机会见到秘密花园或是迪康，玛丽小姐还是很自得其乐。这个星期并不显得特别漫长。她每天都在科林的房间里和他一起度过几个小时，谈关于王爷、花园、迪康和荒原上的茅屋的事。

他们还看了漂亮的书和图画，有时玛丽给科林念上几段，有时他也给玛丽念上一些。在他兴致高、兴趣浓的时候，玛丽觉得他简直一点儿也不像病人，仅仅是脸色不好，而且老是赖在沙发上。

“你这小鬼头够精的呀，那天晚上听到些动静就下床去寻根究底了。”梅德洛克太太有一回说，“不过倒也不能说这对我们大家不是一件好事。自从你们认识以来，他还没有发过一次脾气和犯过一次病呢。那个护士对他腻味透了，早想辞职不干了，可是她现在说有你帮她一把，她再待下去倒也无所谓了。”说完还咯咯地笑了几声。

玛丽在和科林聊天时总对秘密花园的事特别谨慎。有几件事她想从他那里弄清楚，但是她觉得又不能直截了当地提问。首先，在开始喜欢跟他一起玩了之后，她必须拿得稳他是个能与你分享秘密的男孩。他与迪康不是同一类人，但是很明显，对于一个不为人知晓的花园的想法，他还是非常感兴趣的。但是她和他认识的时间还太短，对这一点仍然难以肯定。她想弄明白的第二件事情是：如果他可以信任——确确实实可以信任——那么把他带进花园又不让任何人发现.这一点是不是能做到呢？那位名医说过他必须呼吸新鲜空气，科林也说过如果是秘密花园里的新鲜空气，那他大概不会讨厌。如果科林吸到大量的新鲜空气，又认识了迪康、知更鸟，看到花木在蓬勃生长，他也许不会老是想到死这上头去了。玛丽最近有时候照照镜子，发现自己和刚从印度来的时候已经大不相同了。镜子里的这个孩子显得好看多了。甚至连玛莎也看出了她身上的变化。

“荒原上的空气已经给了你好处。”她说，“你脸再也不那么黄了，人也没有这么瘦了。连你的头发也不再是软疲疲地贴在脑袋上的了。它们有了些生气，都有点儿往外支棱了。”

“就跟我整个人一样。”玛丽说，“头发也变得结实一些粗一些了。我敢说比以前也多一些了。”

“肯定是这样的。”玛莎说，一边把她的头发往小脸蛋上轻轻揉搓几下，“这样，你就不显得那么丑，脸颊上也显得有点血色了。”

如果花园和新鲜空气对她有好处，那么没准也会对科林有好处的。不过，要是他讨厌人家看他，那么说不定他也不愿意见到迪康的。

“人家瞧瞧你，你干吗就发火呢？”有一天她问道。

“我一直讨厌别人看我。”他回答说，“即使很小的时候也是这样。后来他们带我上海边去，我老是躺在我的童车里，每一个人都会瞪大眼睛瞧我，女士们总是停下来和我的保姆聊天，说着说着她们就窃窃私语起来了，我便知道她们是在说我是长不大就会死去的。接下去有时候女士们会拍拍我的脸颊说一声‘可怜的孩子！’有一回一个女士这样做的时候，我大声尖叫起来，还咬了她的手。她大吃一惊跑开了。”

“她准以为你变成一条疯狗了呢。”玛丽很不以为然地说道。

“我才懒得管她怎么想呢。”科林说，皱起了眉头。

“我倒奇怪了，我走进你房间时你干吗不尖叫起来咬我呢？”玛丽说。接着开始慢慢地笑了起来。

“我还以为你是鬼魂或是梦里的什么人了呢。”他说。“鬼魂或是梦里的人是咬不了的，你大声尖叫他们连理都不理。”

“看你的若是一个男孩——你会不会生气呢？”玛丽试探性地问道。

他往靠垫上躺下去，深思地静默了片刻。

“一个男孩，”他慢慢地说道，仿佛是在斟酌每一个字，“有一个男孩我相信我应该不会在乎。那就是知道狐狸藏身在什么地方的那一个——迪康。”

“我敢肯定你不会在乎他的。”玛丽说。

“鸟雀不在乎，别的动物也不在乎。”他说，仍然在仔细考虑这件事，“也许这就是我不会在乎的原因。他是某一类耍弄动物的魔法师，而我呢，恰恰是一只男孩模样的小动物。”

于是他大笑起来，她也跟着大笑起来。事实上，最后两人都因为一个男孩模样的小动物躲在它的洞窟里这个想法确实有趣而笑了又笑，笑了又笑。

这以后，玛丽觉得她是无须再为迪康的事担心了。

雨过天晴的第一个清晨，玛丽早早儿就醒了。斜斜的阳光透过百叶窗照射进来，这景象令人如此高兴，玛丽禁不住从床上跳下来奔到窗前。她拉起窗帘，索性把窗子全推开，一大股新鲜清香的空气迎面扑来。荒原蓝幽幽的，整个世界都仿佛是让魔法点触过似的。这儿那儿的每一个方向，都传来柔和轻微的鸣叫声，仿佛鸟雀们正准备为开音乐会而调整音调似的。玛丽把手伸到窗外，让它沐浴在阳光中。

“天暖和呀——真的暖和呀！”她说，“会让绿芽尖一个劲儿地往上冒的，也会使球茎和根茎在土里拼命挣扎着往外拱的。”

她跪下来，身子尽量往窗外探出去，大口大口地吸气，尽情享受扑鼻而来的阵阵清香，一直到笑出声来，因为她想起迪康的母亲说的他的鼻子会像兔子那样翕动的话。

“时间必定还很早。”她说，“那些小云彩还全是粉红色的呢，我从未见到过天空是这样的。谁都还没有起床。我甚至都听不到马厩里小伙计的动静。”

突然一个想法使她从地上爬了起来。

“我等不及了！我要去看那个花园！”

此时她已经学会了穿衣服，五分钟不到她就把衣服穿好了。她知道有一扇她自己能拉开闩的旁门，她光是穿着袜子飞也似的下了楼，来到门厅才把皮鞋穿上。她把铁链解下，拉开门闩，把锁拧开，门开开了，她一跳就跃下好几级台阶，现在她站在草地上了，草似乎已经变绿，阳光洒在她身上，清香的风吹拂着她，从每丛灌木、每棵树上都传来了叽喳、啾鸣和歌唱的声音。她紧握双手，心中充满着纯粹的喜悦，仰望天空，天是那样的湛蓝与粉红，散发出珍珠般的亮白色，春日的亮光充斥着一切，使得她只想独自吹笛与放声歌唱，她知道画眉、知更和云雀也是会情不自禁这么做的。她绕过树丛，奔下小道，直扑秘密花园。

“它肯定已经大不一样了。”她说，“草更绿了，到处会有苗芽冒出来，枝叶会舒展开来，嫩绿的叶芽也会显露出来。我敢肯定今天下午迪康必定会来的。”

长时间温暖的雨水使矮墙边围着步行道的那些栽种多年生植物的花圃起了奇特的变化。从一丛丛植物的根部蹿出、冒出了某些东西，在番红花枝梗的四周，这里那里，还真的能瞥见一些紫色、明黄色炫彩呢。要是在六个月以前，玛丽小姐对世界如何苏醒过来只会视而不见，可是现在，她连一个细微之处都不会放过。

当她来到隐藏在常春藤底下的那扇门时，一个奇怪的响声把她吓了一跳。原来是一只乌鸦所发出的聒噪声，是从墙顶上传过来的。她抬头一看，只见有只羽毛光洁，闪出蓝黑色的大鸟栖在那里俯看着她，显出一副很聪明的样子。她以前从未这么近地看过一只乌鸦，所以不免有些紧张，但是片刻之后它一展翅，发出啪啪声往花园里飞去。她但愿它不是想落户在花园里，于是便推开门去看个究竟。等她完全进入花园后，她看出来这只大鸟大概无意久留，因为它落在了一棵矮苹果树上，苹果树底下还躺着只有毛茸茸尾巴的红色的小动物，它们二者都在注视着迪康那弯着的背和有锈红色头发的脑袋，迪康正跪在草地上努力干活呢。

玛丽飞也似的冲过草地来到他的身边。

“哦，迪康！迪康！”她喊道，“你怎么能这么早就来到呢！怎么可能呢！太阳才刚刚出来呀！”

他站起身来，满脸笑容发出光彩，头发乱蓬蓬的；他的眼睛像是两小片蓝色的天空。

“哦！我起得可比太阳早多了。我怎么能赖在床上呢！这个早上，整个世界都重新活过来了，真的。到处都在忙个不停，有哼小曲的，有挠搔地皮的，有又吹又唱的，有筑巢做窝的，到处都阵阵飘香，你说我在床上还能躺得住吗。到太阳真的从地面上蹦跳出来时，这荒原简直都乐疯了，我从石南丛里发疯似的跑了出来，喊着唱着，一下子就直接来到这里。我不能不来呀。嗨，这花园正躺在这儿等我呢！”

玛丽大口喘气，她把双手按在胸前，仿佛自己也刚狂奔过一气儿似的。

“哦，迪康！迪康！”她说，“我都快乐得快喘不出气儿来了！”

那只有毛茸茸尾巴的小动物看到迪康在和陌生人说话，便从树下蹲伏的地方爬起来，走到他的脚边，而那只乌鸦，呱地叫了一声，从它栖着的树枝上飞下来，静静地落在了迪康的肩膀上。

“这是只狐狸崽子，”迪康说，一边摸了摸这红兮兮的小动物的脑袋，“它名字叫‘船长’。这个呢，叫‘煤烟’。煤烟是和我一起飞过荒原的，而船长则跑得飞快，就跟有一群猎狗在后面追捕似的。它们的心情都跟我一样。”

两个小动物似乎都一点儿也不怕玛丽。迪康开始说话时，煤烟仍然是留在他的肩膀上，而船长则在他脚边安静地跑过来跑过去。

“瞧这儿！”迪康说，“瞧它们蹿得有多快，还有这些跟这些！还有，哎，瞧瞧这儿呀！”

他突然跪到地上，玛丽也在他身边蹲了下来。他们竟然发现有一整簇番红花冒了出来，紫色、橙色和金色的都有。玛丽弯下脸去，把它们吻了又吻。

“对人是不兴这样吻的。”她头抬起来的时候说道，“可是对花儿嘛就是另一回事了。”

他看来有些不解，不过还是微笑了。

“啊！”他说，“我在荒原上逛了一整天后回家，看到娘站在门口太阳底下显得那么快活舒畅，我总是那样一遍又一遍地吻她的。”

他们从花园的这头跑到那头，发现长出了那么多花儿，都得相互提醒必须低声说话，务必不要喧闹。他指给她看，曾像是死了的玫瑰枝子上出现了一个个胀鼓鼓的叶芽。他指给她看破土而出的万千处新绿。两个兴致勃勃的年轻人把鼻子凑近泥土，嗅闻上面那春天的温暖气息。他们挖着，拔着，着迷地低声笑着，直到玛丽小姐的头发也像迪康的一样乱了，脸颊也几乎跟他那样，变成罂粟花般红扑扑的了。

那天早晨，人世间的种种欢乐，秘密花园里可以说是应有尽有了，可是谁想到还会有一种欢乐来临，它超越了别的一切欢乐，因为它是那么的神奇。一样什么东西迅疾地越过围墙穿过树丛，停歇在一个林木荫翳的角落里。那是一只一团火似的红胸脯的小鸟，嘴里还叼着点什么。迪康静静地站着一动不动，还把手按在玛丽的肩膀上，就仿佛他们突然惊觉自己是在一座教堂里哄笑似的。

“咱可说啥也不能动，”他用很重的约克乡音低声地说，“连大气也不能出呀。我头一回见到它时就知道它是在求偶。那就是本·韦瑟斯达夫的知更鸟。它正在筑巢呢。只要我们不惊动它，它是会在这儿待下来的。”

他们轻轻地在草地上坐下来，一动不动。

“咱说啥也不能显得是在格外注意它。”迪康说，“要是它现在觉得咱是在管它，那它会永远躲开咱们的。等这一切结束之后它脾气就会大不一样了。它现在是在建立家庭呢。这时候它格外胆小，也容易把事情往坏里想。它没有时间交朋友和闲聊天。咱们必须能不动就不动，就仿佛是草木和树丛似的。等到它看惯我们一些之后，我会学几声鸟叫的，这样它就会明白咱们没想碍它的事了。”

玛丽小姐真是吃不准，到底该怎样做，才能使自己看上去如迪康所说的那样，像是草木和树丛呢。可是他讲起古怪的事情来就仿佛那是世界上最简单、再自然不过的事儿似的，她觉得对于他来说那必定是不费吹灰之力的小事一桩。她也的确细细观察了他好几分钟，心里琢磨他是不是会悄悄变绿和长出枝叶。但他仅仅是出奇安静地坐着，说话时声音压得极其低沉，真难以想象她还听得见，可是她居然能听见。

“筑巢，这可是鸟儿春天必须要做的功课。”他说，“我敢说自从开天辟地以来它们每一年都是这样做的。鸟儿有鸟儿的想法和做法，人还是别去干涉的好。你要是好奇心太重，在春天丢掉朋友的机会比任何季节都要多。”

“如果是在谈它的事，那我忍不住要去盯看它的。”玛丽尽可能压低嗓门说，“咱们还是谈旁的事吧。我正有些事儿要告诉你呢。”

“它也正巴不得咱们能谈点旁的事呢。”迪康说，“你有什么事急着要告诉我呀？”

“嗯——你可听说过科林的事？”她悄声地说。

他转过头去看着她。

“你知道他的什么事啦？”他问。

“我见到他了。这个星期我每天都跟他聊天。他要我去。他说我让他忘掉了生病和快要死的事。”玛丽回答道。

迪康那张圆脸上先是一脸的惊诧，但是紧接着这种表情又被松了口气的神情所取代。

“这样，我就太高兴了。”他都喊出声来了，“我简直是太高兴了。这样一来我就轻松得多了。我知道我必须不能透露有关他的一切，可是我这人是不喜欢藏着掖着、鬼鬼祟祟的。”

“那你也不喜欢为咱们的花园保密吧？”玛丽说。

“我是永远也不会跟别人说的。”他回答道，“不过我跟俺娘说，‘娘，’我说，‘我有一个秘密不能对人说。那不是什么坏事，你一定明白的。性质不会坏过不告诉别人一只鸟巢在什么地方。你不会在意的吧，是不是啊，娘？’”

玛丽总是很乐意听到有关这位母亲的事的。

“那她又怎么说呢？”她问，丝毫也不担心会听到什么样的回答。

迪康心情很好地咧开嘴笑了。

“她的回答跟她一贯的做派完全一样。”他回答说，“她揉了揉我的脑袋，笑着说：‘行啊，娃子，你想保多少秘密尽管去保就是了，我很了解你的为人，我琢磨你都琢磨了有十二年了。’”

“你是怎么知道科林的事的？”玛丽问道。

“知道克雷文老爷的人全都知道他有一个小男孩很可能成为残疾人，大家也知道克雷文老爷不喜欢别人谈论他。大伙儿都为克雷文老爷感到难过，因为克雷文太太是那么一位可爱的漂亮太太，他们俩又是那么的相亲相爱。克雷文太太每次去斯维特村总在我们的茅屋前停下，她跟俺娘说话时并不避开我们这些小孩，因为她知道她对我们管教很严，是可以信任的。你又是怎么知道科林的事的呢？玛莎上次回家时心里很烦。她说你听到了男孩的哭闹，提出了问题，而她又不知道该怎么回答才好。”

玛丽跟他说了那天深夜所发生的事，呼啸的风如何吵醒了她，她又如何让远处哭喊引导着走下黑黑的走廊，手里还捏着支蜡烛，最后又如何推开一扇门，走进角落里有张雕花四柱床的光线暗淡的房间。当她细说到那张象牙白的小脸和怪异的黑睫毛镶边的眼睛时，迪康摇了摇头。

“那双眼睛就跟他母亲的一模一样，只不过母亲的总是在笑，大伙儿都这么说。”他说道，“大伙儿还说克雷文先生看到他醒着就觉得受不了，因为他的眼睛跟他母亲的那么相像，但是长在他那张苦兮兮的小脸上又完全是另外的一副表情。”

“你觉得克雷文先生是希望他死吗？”玛丽耳语问道。

“那倒不是，不过他希望小孩压根儿就没生出来。俺娘，俺娘她说，对于一个小孩来说，这正是最最不幸的事。没有人要的孩子是很少能成活的。但凡钱能买来的东西克雷文老爷都愿意给这可怜的孩子买，但是他在世界上活一天，他就但愿自己能忘掉这个小人儿。

其中的一个原因是，他生怕有一天见到孩子会成为一个驼子。”

“科林自己也害怕这一点，所以都不愿意坐起来。”玛丽说，“他说他总是这么想，如果他哪天发现真的有一团东西在长出来，那他就会变疯，会不断地叫喊直到死去。”

“唉！他不应该老躺在那儿琢磨这种事情的。”迪康说，“老想这样的事儿，哪个孩子的身体也好不了呀。”

躺在他身边草地上的那只狐狸抬起头来看了看他，希望时不时能有人抚爱地拍拍自己，于是迪康便弯下身去轻轻地挠了挠它的颈项，他沉默了几分钟，好像是在想什么事情。很快，他抬起了头，朝园子四下里看了看。

“咱们第一次进来的时候，”他说，“好像到处都是灰蒙蒙的。你现在四面瞧瞧，是不是有些两样了。”

玛丽环顾周围时，气儿都有点儿透不过来了。

“啊呀！”她喊道，“灰墙正在变样儿，就跟有一团绿色的雾正在上面翻腾似的。这墙简直都成了一幅绿色的罗纱了。”

“是啊，”迪康说道，“还会越来越绿、越来越绿呢，直到灰颜色全都消失不见。你猜我方才在想什么？”

“我知道反正是好事。”玛丽急切地说，“我相信是跟科林有关的事。”

“我方才在想，要是他能出屋子上这儿来，那他就不会老为背上长不长疙瘩的事犯愁了，他会守候着看玫瑰枝上有没有花苞，身体大概也会好一些了。”迪康解释道，“我也在琢磨咱们能不能使他变得喜欢上这儿来，他可以躺在推车里待在树底下的嘛。”

“我自己也一直在琢磨这件事呢。我每回跟他聊天差不多都要想到这件事的。”玛丽说，“我生怕他不能保密，也想不出怎么能不让人见到却把他真的弄到这儿来的办法。我寻思没准你可以推他的车子。

大夫说了的，他必须得呼吸新鲜空气，而且如果他希望我们带他出来是没有人敢违拗他的话的。他不愿意的是人家让他出去就得出去。如果他肯跟我们出去没准那些人高兴还来不及呢。他可以命令园丁们统统走开，这样他们就不会发现我们了。”

迪康一边挠“船长”的脊背，一边苦苦思索。

“这对他会有好处，这我敢打包票。”他说，“咱们先别去考虑他是不是不生下来会更好一些。咱们不就是两个小孩在守望着一个园子，等待它欣欣向荣？而他则是再加上的又一个。仅仅是两个小男孩和一个小姑娘在看春天怎么来到。我敢说这服药肯定比大夫开的要强。”

“他在自己房间里躺了那么久，老担心自己的脊背，脾气已经变得很古怪了。”玛丽说，“他从书本里知道了许多事情，但是书本外的他就一窍不通了。他说他病太重无法去注意别的事情，他讨厌出门，不喜欢花园和园丁。可是他喜欢听人讲这个花园的事儿，因为这是一个秘密。我不敢跟他多说，可是他说他想见到花园。”

“咱们总有一天一定要把他带到这儿来。”迪康说，“我可以推他的车子，这是没有问题的。你有没有注意到，咱们在这儿坐着的这一小会儿，那只知更鸟和它的伴侣干了多少活儿吗？你瞧它蹲在那根树枝上，正在琢磨该把嘴里叼的小枝子搁在哪儿最合适呢。”

他吹了一声为自己所特有的低沉口哨，那只知更鸟便扭过头来询问似的看看他，枝子仍然叼在嘴里。迪康像本·韦瑟斯达夫那样地跟它说话，不过他用的语调是友好劝告的那一种。

“不论你把枝子搁在哪里，”他说道，“都是挺合适的。你还没出壳就已经学会筑巢了。接着干吧，小家伙。你没有时间可以浪费了。”

“哦，我真喜欢听你跟它说话！”玛丽开心地笑着说，“本·韦瑟斯达夫总是训斥它、挖苦它，它则在附近跳来跳去，像是能听懂每一个字似的，我看得出来它喜欢这样。本·韦瑟斯达夫说它虚荣心特强，宁愿被人扔小石子也不愿没人搭理。”

迪康也笑了，他接着跟鸟儿说话。

“你知道我们不会骚扰你的。”他对知更鸟说，“我们自个儿跟野生动物也没什么两样。我们也是在筑巢呀，祝你好运。你多留点儿神别把我们的机密泄露了呀。”

知更鸟虽然没有回答，因为它嘴里还衔着东西呢，但是它把建筑材料运到花园里它自己的角落去时，玛丽从它露珠般亮晶晶的黑眼睛里可以看出，不管在什么情况下它都是不会出卖朋友的。

第十六章 “我就不来！”玛丽说

那天早晨，他们发现自己要做的事着实不少，玛丽回到宅子去时已经晚了，她匆匆忙忙接着还要去干活，因此她简直都把科林忘了，直到最后一刻她才想起科林。

“跟科林说我还没有办法去看他。”她对玛莎说，“我做花园里的活儿还忙不过来呢。”

玛莎显得颇为畏惧。

“哎呀！玛丽小姐。”她说，“我这样对他说准会招来他大发脾气的。”

玛丽可不像其他人那样地怕他，而且她也不是个遇事便退让一步的人。

“我得走了。”她回答道，“迪康在等我呢。”说完就一溜烟地跑掉了。

下午甚至比上午还要有趣和忙碌。园中几乎所有的杂草都清除干净，大多数的玫瑰丛和树木都得到了修剪和松土。迪康带来了他自己的铁铲，他教会玛丽如何使用她所有的那些工具。因此此刻已可看出，显然，这个可爱的废园虽然不大会成为一个“花匠式的花园”，但是在春天结束之前，它必定会是一个生机盎然、充满野趣的地方的。

“必定会有苹果花、樱桃花在我们头顶开出一大片一大片的。”迪康一边儿在起劲地干活一边儿说，“桃花和李花呢，也会在墙根那边盛开，草地更会成为一片点缀有各种杂花的地毯的。”

小狐狸和乌鸦也和他们一样的快活和忙碌，那对知更鸟爱侣前前后后飞来飞去，像是一道道闪电。有时，那只乌鸦会拍拍它的黑翅膀，在公共林地的树梢上空盘旋。但每一次，它都会飞回来，停栖在迪康的身边，还呱呱地叫上几声，像是在向他诉说自己的历险记，而迪康也用跟知更鸟说话那样的口气和它说话。有一回迪康因为太忙没有搭理它，“煤烟”竟飞上他的肩头用大大的喙轻轻地拧他的耳朵。玛丽想休息一会儿的时候，迪康也和她一起坐下来，他刚从口袋里掏出他的笛子开始吹奏柔和、怪异的小曲子，就有两只松鼠出现在墙头上，朝这边窥看和聆听。

“你可比以前健壮些了。”迪康说，一边看着她在挖掘，“你开始显得不一样了，真的。”

玛丽因为出力气干活，加上心情很好，所以显得容光焕发。

“我身上每天都在长肉呢。”她兴致勃勃地说，“梅德洛克太太非得给我找大一些的衣服不可了。玛莎说我的头发也变得浓密些了，再不是那么软不叽叽干涩干涩的了。”

太阳开始下山了，把一道道金褐色的霞光放送出，斜斜地照到树底下。这时候，他们分手了。

“明天还会是好天气的。”迪康说，“太阳一出，我就来干活。”

“我也会来的。”玛丽说。

她尽可能快地跑回到宅子里去。她想告诉科林，迪康的小狐狸和乌鸦是怎么样的，春天又起了什么样的催促作用。她相信他一定喜欢听的。因此，当她推开房间门，见到玛莎一脸不高兴地在等候她时，未免觉得有点扫兴。

“怎么回事呀？”她问道，“你告诉科林我没法上他那儿去时，他说什么啦？”

“唉！”玛莎说，“我真希望你能去的。他都快要犯老毛病了。整个下午费了多少力气才使他安静下来呀。他一刻不停地看着钟。”

玛丽的双唇紧紧地抿在了一起。跟科林一样，她也是素来不会多为别人考虑的，她看不出有什么理由，一个坏脾气的男孩可以对她最为钟爱的事情横加干涉。她也丝毫不理解，那些有病和神经兮兮的人，那些不懂得应该控制自己的脾气和需要，别让其他人受苦与不安的人，其实也是蛮可怜的。在印度那阵儿，当她头痛病发作时，她还恨不得别的每一个人也都头痛或是有什么难以忍受的病呢。当时，她觉得自己这样想是很有道理的，但是自然，她此刻又觉得科林这样要求很没有道理了。

她走进他的房间时，他没有在沙发上。他是直挺挺地躺在床上，听见她进来也没有把头转过来。这个开场就很不妙，玛丽朝他大步走过去时态度也是够生硬的。

“你干吗不起床？”她说。

“早上我以为你会来，也起来过。”他回答说，眼睛没有朝她看，

“下午，我让她们重新把我放回到床上。我背疼，脑袋也疼。你为什么不来？”

“我在花园里跟迪康一起干活来着。”玛丽说。

科林眉头一皱，气势凌人地瞪看着她。

“如果你去跟那男孩厮混却不来跟我聊天，那我就不许他上这儿来。”

玛丽顿时火冒三丈，她这人是可以事先没一点动静说发火就会发火的。她想闹别扭就大闹一番，绝不会去考虑后果的。

“要是你轰走迪康，那我就再不踏进这个房间一步。”她顶了回去。

“我让你来你就得来。”科林说。

“我就不来！”玛丽说。

“我让你不能不来。”科林说，“她们会把你拖来的。”

“是吗，王爷大人！”玛丽恶狠狠地说，“她们可以把我拖来，可是却没法逼我说话。我会坐着咬紧牙关，什么事都不告诉你。我连看都不看你一眼。我光是直直地盯看地板。”

他们怒目对视，真可谓旗鼓相当的一对了。如果他们是街上的野蛮小鬼，早就会朝对方扑过去扭打成一团。他们既然不是，那就只好退而求其次。

“你是个自私透顶的东西！”科林喊道。

“你又算个什么呢？”玛丽说，“自私的人总是说别人自私。自己想得到又不肯出力，这才是自私的人。你比我自私多了。你是我见到过的最最自私的男孩。”

“我才不是呢！”科林怒喝道，“跟你那个好迪康相比，我还差得很远呢！他明知我孤单单一个人，却把你拉住一起玩泥巴。他才自私呢，爱不爱听随你！”

玛丽眼睛里都要冒出火花来了。

“他比世界上任何一个男孩都好！”她说，“他就像——他就像是一个天使！”这么说听起来挺傻，但她也管不得这么多了。

“多好的一个天使哪！”科林恶狠狠地反讽道，“荒原上最普通不过的一个乡巴佬罢了！”

“他比没什么了不起的王爷可强得多！”玛丽反唇相讥，“要强上一千倍。”

由于两个人里她身体要健壮一些，她逐渐占了上风。实际的情况是，他这一辈子还从未与身份相当的人吵过架，而总的来说，这对他来说倒还是件好事，虽然不论是他还是玛丽都对此全然未有任何察觉。他把躺在枕头上的脑袋别了过去，闭上眼睛，一颗大大的泪珠挤了出来，顺着他的脸颊滴落下来。他开始感觉到悲哀与难过，为自己——而不是为任何别的人。

“我可不像你那么自私，因为我总是在生病，而且背上肯定有一个大鼓包正在往外长。”他说，“反正我快要死了。”

“你才不会死呢！”玛丽毫不留情地顶了回去。

他怒目圆睁，气不打一处来。他从未听到有人这么说过。他一时之间既怒不可遏又有点暗喜，倘若一个人真能同时兼有这两种感情的话。

“谁说我不会？”他喊道，“我会的！你知道我会的！所有人都是这么说的。”

“我才不信呢！”玛丽刻毒地说。“你这么说仅仅是想博得别人的同情罢了。我相信你还挺扬扬自得的哪。我反正不信！如果你是个诚实的孩子，这也许是真的——可是你卑鄙龌龊得很！”

科林也不管他的脊背有病了，他从床上直坐起来，中气很足地怒喝道：

“给我从这个房间里滚出去！”他大声叫道，一把抓起自己的枕头朝她扔过去。他毕竟不够强壮，扔得不够远，仅仅是落在了她的脚下，可是玛丽那张脸已经像一把胡桃夹子那样难看了。

“我本来就在往外走呢。”她说，“走了就再也不会回来了！”

她朝门口走去，但是走到门边时她又转过身来补上一句。

“我本来想告诉你各种各样有趣事情的。”她说道，“迪康带来了他的狐狸和他的乌鸦，我原想把他们的事一件一件告诉你的。现在我连一件都不说了。”

她踏着大步子走出房门，把身后的门砰地拉上，使她大为惊讶的是，那位受过专门训练的护士就站在门外面，似乎是在偷听，而更让她吃惊的是——那女的竟笑得很开心。这是个高大、俊美的年轻女子，本不该上这儿来充当什么护士的，因为她根本就不喜欢病人，她老是找各种各样的借口从科林身边溜开，把他扔给玛莎或是随便哪个能顶替自己的人。玛丽从来也没有喜欢过她，因此光是站在那里瞪看她如何对着捂在嘴边的手帕哧哧窃笑。

“你笑什么呀？”她问那护士。

“笑你们两个小家伙呀。”护士回答道，“能有一个跟他同样被惯坏的小祖宗出来治治这个骄横、不可一世的病秧子，这可太解气了。”

说完又对着那块手帕笑个没完，“要是真的有个小夜叉婆似的妹妹来跟他斗上一斗，没准还能救他一命呢。”

“他真的会死吗？”

“我不知道，我也管不了那么多。”那护士说，“他的毛病一半是惯出来的，因为他爱歇斯底里爱发脾气。”

“啥叫歇斯底里？”玛丽问道。

“以后你只要惹得他大发雷霆，就自然明白了——不过，至少，你已经给了点儿发歇斯底里的由头，这我还是很高兴的。”

玛丽回到自己的房间，不过感觉跟从花园回来时完全不一样。

她心里觉得很别扭，也很失望，却一点儿也没有可怜科林的想法。她本来是打算告诉他好多事情的，而且还试着下决心倘若安全的话，也把那个高级秘密和盘托出。她已经开始认为可以这样做了，可是现在她完全改变了主意。她永远也不会告诉他的，他尽管待在自己的房间里，永远呼吸不到新鲜空气，想死就只管去死好了！他这是活该！她气成这样，对他已经恩断义绝，片刻之间几乎都忘掉了迪康，忘掉了披在大地上的那重绿纱，也忘掉了吹拂着荒原的和畅惠风。玛莎在等候着她呢，玛丽脸上的不快神情顿时就为兴趣与好奇取代了。桌子上放着一只大木盒，盖子已经取下，露出了放得满满的包扎齐整的一个个小包。

“克雷文先生让人送来给你的。”玛莎说，“好像里面有图画书呢。”

玛丽记得她上克雷文先生房间去的那天，他曾经问过她：“你需要什么东西吗——洋娃娃——玩具——还是图书？”她打开包包时心里在思量他有没有送自己一只洋娃娃，如果他真的送了自己又该怎么办。可是他没有送。里面有几本精美的书，就跟科林的那些差不多，其中有两本是关于园艺的，里面满是插图。还有两三种游戏器具，另外还有一只漂亮的小文具盒，上面印有金色的姓名起首花体字，里面是一支金笔和一个墨水台。

一切都是那么的精致漂亮，在她心中，喜悦开始把愤怒挤了出去。她从未指望克雷文先生会有一点点记得她的，她那颗冰冷的心变得温暖了。

“我连笔字写得要比印刷体好一些。”她说，“我用那支笔写的第一件东西就是给他的一封信，在里面我要告诉他我真是不胜感激。”

倘若她没有和科林吵翻，那她会立即跑去给他看自己得到的礼物的，他们会一起看图画，读几篇园艺方面的文章，没准还会试着玩游戏，他会玩得很开心，一次也不会想到自己快要死了，也不会用手去摸脊背，看是不是有个鼓包正在往外长。他做这件事的时候总有一种特殊的姿势，这使她看着心中很不自在。她看着总觉得难受与恐惧，因为他自己就总显得那么畏惧。他说要是哪一天他摸到了哪怕是非常之小的一个肿块，他就清楚自己当驼子是在劫难逃了。他耳边偶然听到的梅德洛克太太和护士的窃窃私语使他产生了这样的想法，他私下里一遍又一遍地思量这事，这又使他坚信事情是毋庸置疑的了。梅德洛克太太说过，他父亲小时候脊背便开始显露出有点弯曲。

除了玛丽以外他从来没有告诉过别人，他的“歇斯底里大发作”——这是下人们给起的说法，完全是内心深处隐藏的自设的恐惧所造成的。他告诉玛丽时玛丽很为他感到难受。

“他一不高兴或是烦累了便会往这上头想。”玛丽自言自语地说，“今天他心里很烦。没准——没准他整个下午都会死心眼儿地往这上头钻牛角尖呢。”

她停下脚步，盯看着地毯，心里在琢磨。

“我说了我再也不会去的——”她紧锁双眉，有点拿不定主意了——“不过也许，仅仅是也许，我还得过去看看——如果他要我去的话——或许在明天早上。很可能他还会朝我扔枕头，不过——我寻思——我还是去的好。”

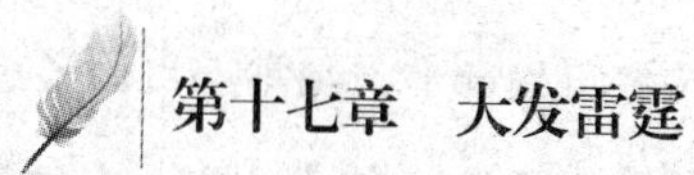

第十七章　大发雷霆

她是天蒙蒙亮就起床的，在花园里干了一天的活儿，真是又累又困，因此玛莎端来晚餐她吃完后，巴不得能快点上床。她把头靠到枕上时，自言自语喃喃说道：

“明天早饭前我就下去跟迪康一块儿干活，然后呢——我相信——我会去看他的。”

不知什么时候，她想必定已是半夜了，她被如此可怕的声音吵醒，以致一下子就从床上跳了下来。那是什么声音——是什么声音呢？紧接着她就能肯定那是什么声音了。一扇扇门开了又关，走廊里传来匆匆奔走的声音，有一个人同时既在哭又在尖叫，那撕心裂肺的哭喊声简直可怕极了。

“是科林。”她说，“他又在犯护士称作歇斯底里的那种毛病了。这声音多吓人呀。”

听着这连哭带喊的声音，她便毫不怀疑，谁都害怕这样的吵声。

为了自己的耳朵不受罪，宁愿一切都由着他，让他爱怎么干就怎么干。她将双手捂住耳朵，只觉得又难受又恶心。

“我真不知道怎么才好了。我真不知道怎么才好了。”她一遍遍地说，“我受不了啦。”

她也想过，如果她壮起胆子上他那里去，他是不是会停下来不叫呢？但接着她记起来，是他把自己赶出房间的，如果见到自己，没准情况会更糟。此刻，即使是她把手捂得再紧却也没能挡住那可怕的声音。她太讨厌、太憎恨这声音了。突然之间，她的怒气给勾起来了，她觉得自己还想大发一通脾气呢，这样也可以把他吓住，正如他吓住了自己一样。从来都是她向别人撒泼的，她还没领教过别人冲她撒泼呢。她把手从耳边放下，跳了起来，把脚重重地朝地板上一顿。“不许他叫！得让他停下！他这是找打欠揍！”她大声地喊道。

紧接着，她听到走廊里响起了一溜小跑的脚步声，接着她的门给推开了，那个护士走了进来。此刻她的脸上可是一丝笑容都没有了。

她甚至都显得面色苍白了。

“他把自己折腾得犯起歇斯底里来了。”她气急败坏地说道，“他这样会伤了自己的。谁都拿他没有办法。你来试试看，做个好孩子吧。他是喜欢你的。”

“今儿早上是他把我赶出他房间的。”玛丽顿着脚异常激动地说。

她这一顿脚反倒使护士显得很高兴。事实上，她还生怕见到玛丽会把头缩在被窝里哭泣呢。

“这就对了。”她说，“你这样表现最最合适了。你就去训他一顿，让他有点新鲜事情可以琢磨。求求你快点儿去吧，越快越好。”

一直要到事情过去之后，玛丽才领悟到这件事情既很有趣也很可怕——有趣的是，那么些大人全都惊恐万状却得求助于一个小姑娘，因为她们认为她跟科林几乎一样恶劣。

她沿着走廊飞跑，越接近尖喊声她的怒气越是炽旺。到达门口时她已经是忍无可忍、怒不可遏了。她砰地将门一把推开，一直冲到房间尽头的四柱床前。

“你给我闭嘴！”她几乎是在大声喊叫了，“你给我闭嘴！我恨你！所有的人全都恨你！我但愿每一个人都从这座楼撤走好让你独自一个人叫，一直叫到你把小命送掉！你再叫上一分钟就会送命的，能这样我真是再高兴不过！”

若是一个有教养和同情心的孩子，这样的话是想不出来也说不出口的，但是对于一个从来没人敢约束、顶撞的歇斯底里的小男孩来说，这却不啻是一服最对症不过的良药。

他一直头朝下趴在床上，用双手捶击枕头，他一听到那愤怒的尖厉声音时，简直是蹦起一跳把身子翻转过来的。他的脸显得很吓人，一处白一处红，而且肿胀着，他大口喘气，而气儿又出不来。可是对于他这样的惨状，狂怒的小玛丽丝毫也不加理会。

“要是你再叫一声，”她说，“那我也叫了——叫得比你还要刺耳。我要让你吓死，我要让你吓死！”

其实他已经停止尖叫了，因为玛丽让他吃了一惊。他快到嘴边的那声尖叫几乎噎住了他。眼泪在他脸上直往下流，他浑身都在打战。

“我停不下来嘛！”他抽抽噎噎地说，气儿都透不出来了，“我做不到嘛——做不到嘛！”

“你做得到的！”玛丽喝道，“你的毛病一半都出在歇斯底里和乱发脾气上——完全是歇斯底里——歇斯底里——歇斯底里！”每说一遍，她就把脚往地上一顿。

“我摸到有鼓包——我摸到了。”科林哽哽噎噎地说，“我早知道我必定会有的。我的背会长成个大罗锅，到那时我就死定了。”说完他又开始扭动身子，转过脸去哭哭啼啼了，不过他却没有尖叫。

“你压根儿就没有摸到鼓包！”玛丽毫不留情地顶了回去，“如果你有，那也只是发歇斯底里闹的。发歇斯底里也会催生鼓包的。那跟你该死的背没一点关系——纯粹是发歇斯底里闹的！你翻过身来让我瞧瞧！”

她很喜欢“歇斯底里”这个词儿，觉得不知怎的它对科林有一种威慑作用。他也许跟自己一样，从来就未曾听说过这个词儿呢。

“护士，”她发号施令了，“你现在就过来把他的背露出来，让我来检查一下！”

护士、梅德洛克太太和玛莎都挤缩着站在门口瞪眼看她，嘴巴半张着。三个人都不止一次骇得倒抽冷气。护士紧张地往前挪了挪，好像她也很害怕。科林还在一个劲儿地抽泣，连气儿都出不顺当。

“说不定他——不愿让我动他呢。”她犹豫地说道，声音非常之低。

可是科林还是听到了，他在抽泣之间憋出来几个字：

“就让——让她看！她——她一看就明白了！”

把衣服撩起来之后，大家看到的是一副瘦弱、可怜的脊背。每一根肋骨和每一颗脊骨关节都历历可数，虽然玛丽小姐弯下她那严肃得可怕的小脸去审视时并没有去计算它们有多少。她显得那么挑剔，那么一本正经，使得护士赶紧把头转了开去，免得别人看出她忍不住要笑出声来。足足有一分钟什么声音都听不到，因为连科林都是在屏住呼吸，此时，玛丽顺着他的脊骨由上往下看，又由下往上看，那专注的神情简直赛过伦敦来的名医。

“这上面连一个鼓包都没有嘛！”她终于发话了，“即使是针头那么大的也没有——光有脊柱上的那些小疙瘩，只有人非常瘦的时候才能让人摸出来。这些后脊背疙瘩我也有，原先跟你一样，是杵出来的，后来我一点点长胖了，但还没有胖到能完全包住它们。你背上连个大头针大小的鼓包都没有嘛。你再说那儿有，会把我的大牙都笑掉的！”

除了科林自己，没有人知道这些说得气鼓鼓、稚气十足的话对他会产生什么影响。假如有过哪怕是一个人他可以向之倾诉自己的秘密恐惧——假如他曾经敢于启口向别人提出问题——假如他拥有一些共同嬉戏的小朋友，而不是整天平躺在这座封闭的大房子里，生活在充满恐惧的空气中——而周围的那些人大多是愚昧无知和厌烦他的，那么他就会发现，他那些恐惧与病痛大半都是自己造成的。可是他却是缠绵病榻，脑子里想的仅仅是自己与自己的病痛不适，一连好几个小时，好几天，好几个月，好几年。而现在，一个火气很大、绝不同情他的小姑娘却顽固地坚持说，他并不像他自己想的那样有病，他倒确实感觉到没准她说的话真的很有道理呢。

“我一直不知道，”那护士壮起了胆子说道，“他认为自己脊背上有一个鼓包。他的脊背是不大强壮，因为他老是不肯试着坐起来。我原本是可以告诉他那儿并没有鼓包的。”

科林大大地松了一口气，稍稍转过脸来看她。

“这——这是真的吗？”他可怜兮兮地说道。

“是的，少爷。”

“你瞧！”玛莎说道，她也大大地松了一口气。

科林又把他的脸转过去了，不过那是为了可以呼吸得顺畅一些，他的抽泣风暴总算是逐渐平息下来了，他静静地躺了一会儿，虽然大颗大颗的眼泪还在顺着脸颊往下流，打湿了枕头。实际上，这表示他得到了奇特的巨大宽慰。很快他又把脸转过来看着护士，奇怪的是，他和她说话时根本不像是位王爷了。

“你认为——我能够——活到长大成人吗？”他说。

护士不算聪明也并没有慈悲心肠，不过复述几句伦敦大夫说过的话她还是会的。

“你只要听话，不发脾气，多到外面去呼吸新鲜空气，便很可能会的。”

科林脾气发过了，哭喊使得他很虚弱，浑身没一点劲儿，也许正是这个原因，他觉得气儿顺多了。他把一只小手朝玛丽伸过去，而我也必须愉快地告诉看官，她那一头呢，火气已发泄殆尽，脾气软了下来，所以她也把手伸出去在半空中和他的握在了一起，因此这也算是和好如初了。

“我要——我要跟你一起出去，玛丽。”他说，“我不会讨厌新鲜空气的，如果我们能找到——”他突然记起了什么便赶紧打住话头，没有说完下半句关于秘密花园的话，却改口说：“我很愿意和你一起出去，如果迪康能来推我的轮椅的话。我真的很想见见迪康，见见那只狐狸和那只乌鸦呢。”

那位护士把乱作一团的床重新铺好，又把几只枕头拍拍松。接着她给科林煮了一杯牛肉茶，替玛丽也倒了一杯，玛丽在激动过后，也的确觉得需要补充点营养了。梅德洛克太太和玛莎高高兴兴地悄悄溜走了。在一切都整理妥当之后，那护士也显出一副巴不得快点走开的样子。她是个健壮的年轻女子，很不愿意睡眠受到剥夺，她朝玛丽看时连自己打呵欠都不加掩饰了。玛丽此时把她那只大脚凳朝四柱木床拉过去，一边还捏着科林的手。

“你该回去接着再睡了。”护士说道，“他再过上一会儿自会入睡的——只要他不是心里太烦的话。完了呢，我就要回隔壁房间去躺下了。”

“你想不想听我给你唱印度阿妈教我的那支歌？”玛丽在科林耳边轻声问道。

他伸出双手去轻轻拉住玛丽的手，困倦的眼睛哀求地望着她。

“嗯，好的呀！”他回答说，“那是支很温柔的歌，我一分钟就会睡着的。”

“我来哄他入睡吧。”玛丽对那位哈欠连连的护士说，“你想走尽管走好了。”

“那好吧。”护士说，还装出一副不大想走的姿势，“要是过半小时他还没睡着，你可要来叫我啊。”

“好的好的。”玛丽答道。

护士忙不迭地退了出去，她一走开，科林马上又拉住玛丽的手。

“我差点儿说漏了嘴。”他说，“不过、总算及时止住了。我不再说话了，我要睡了，不过你说过有许多好事要告诉我的。你有没有——你认为你找到进入秘密花园的任何线索了吗？”

玛丽看着他那张疲惫不堪的小脸和肿胀的眼睛，她也心疼起来了。

“是——是的啊。”她回答道，“我想我找到了。如果你好好睡我明天就告诉你。”

他的手剧烈地颤抖起来。

“哦，玛丽！”他说，“哦，玛丽！如果我能进入花园我想我会活到长大成人的！你认为你能不能调换一下，先不唱那首阿妈教的歌，而是像第一天轻轻地讲你所想象的那里面的情景那样，给我说一说呢？我肯定这能让我睡着的。”

“行啊。”玛丽回答道，“你把眼睛闭上。”

他闭上眼睛，一动不动地躺着，她捏住他的手，开始非常缓慢、声调很低地说了起来。

“我想它已经荒芜了很久很久——都已经变成一座可爱的废园了。我想玫瑰枝都爬呀爬呀爬呀，以至于都从树上、墙上挂了下来，甚至还蔓延得满地都是了——简直都像是一重奇异的灰蒙蒙的雾了。它们有的已经枯死，不过好多好多呢——倒仍然活着。夏天来到时，就会有那么多的玫瑰，都可以编成帐幔和组成喷泉了。我想满地都会有从黑土地里钻出来的水仙花、雪绒花、百合花和鸢尾花。现在春天开始来到——也许——也许——”

她连绵不断的低语声使得他越来越安静，越来越安静，她看出来了便继续小声地说下去。

“很可能花儿是从草丛中钻出来的——很可能那儿还有一簇簇紫色的番红花，还有金黄色的——没准现在就已经有了。也许叶子在开始发芽和舒展开来，它们组成的绿色纱罩爬呀——爬呀——一点点地盖住了所有的一切。而鸟儿也进来东张张西望望了——因为——这儿是那么的安全与宁静。还有，说不定——也许——也许——”她的声音真的是变得非常之轻柔与缓慢了，“那只知更鸟找到了爱侣——正在筑巢呢。”

此时，科林已经安然入睡了。

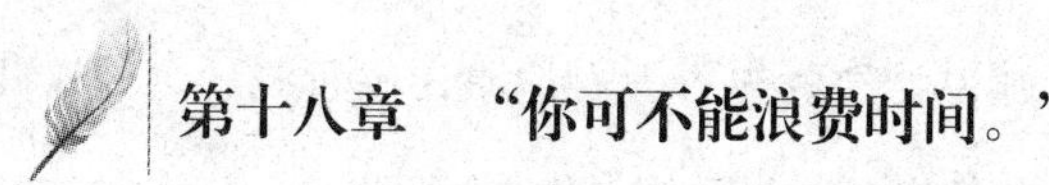

第十八章　“你可不能浪费时间。”

自然，第二天早上玛丽没有能早早儿醒来。她睡过头了，因为她很疲倦。玛莎端着她的早餐进来时，告诉她科林倒是很安静，可是病了，发起烧来了，平日间他哭闹过后总是会这样的。玛丽一边听着，一边慢慢地吃她的早餐。

“他说他希望请你尽可能快地去看看他。”玛莎说道，“多奇怪啊，他居然很喜欢你呢。你昨儿晚上狠狠剋了他一顿——是不是？再没有别人敢这样做的。唉！这孩子也够可怜的！他给纵惯得都没的治了。俺娘说对于一个孩子来说有两种情况最最要不得了，一种是对他什么都要管——另一种就是什么都不管。她也不知道哪种管法更加糟糕。

你自个儿的脾气也是够大的哟。可是方才我走进他房间时他竟对我说：‘请你去问问玛丽小姐，能不能请她上这儿来跟我谈谈？’你想想看，他居然说了‘请’字哪！你会去吗，小姐？”

“我还得先紧着去见迪康呢。”玛丽说，“不，我还是先去看科林吧，告诉他——我知道我要告诉他什么了。”她突然产生了一个灵感。

她出现在科林的房间时是戴好帽子的，因此一瞬间他显得很失望。他躺在床上，脸色苍白得可怜，眼睛周围都有了一重重的黑圈。

“我很高兴你能来。”他说，“我头疼，全身哪儿哪儿都疼，因为我太疲倦了。你是要上哪儿去吗？”

玛丽走上前去，身子斜倚在他的床上。

“我不会去很久的。”她说，“我先去看看迪康，不过我还会回这儿的。科林，那是——那是跟秘密花园有关系的一件事情。”

他整个脸都变亮了，而且还泛起了一点血色。

“哦！是这件事呀！”他喊了起来，“我一晚上都梦见它呢。我听你说什么灰色的变成了绿色的，便梦见我站在一处地方，四周围全是颤颤巍巍的小绿叶——到处都有鸟儿和鸟巢，都显得那么温柔和安静。我会躺着想梦里的事，直到你回来的。”

不到五分钟，玛丽便和迪康一起进入他们的花园了。那只狐狸和那只乌鸦又跟着他来了，这回他还带来了两只驯顺的松鼠。

“今儿早上我是骑着小马驹来的。”他说，“嗨！它真是个好小伙儿呢——这个‘阿跳’！这两只小淘气我是揣在兜里带来的。这只名叫‘坚果’，那一只呢，叫‘贝壳’。”

他一说到“坚果”，便有只松鼠蹿上他的右肩，他说到“贝壳”时，另外那只也登上了他的左肩。

当他们在草地上坐下来时，“船长”在他们脚下蜷成一团，“煤烟”

则栖在了一棵树上，很严肃地静静谛听，“坚果”和“贝壳”则在他们附近嗅嗅闻闻。玛丽感到快乐极了，简直都不想再离开这个地方了。可是当她开始叙述她昨晚的经历时，迪康那张有趣的脸不知怎的起了变化，使得她兴致也不那么高了。她看得出他比自己更替科林感到难过。他仰望天空，又看了看四周围所有的一切。

“你就听听那些鸟儿的声音吧——世界上哪儿没有鸟儿啊——全都在叽叽喳喳、咕呱咕呱地鸣唱。”他说，“再看看它们朝四下里飞逐，相互叫唤招呼。春天一到，整个世界好像都醒过来又是叫又是唱了。叶子也张开来让你看得见了——还有，说实在的，周围的香味多浓啊！”他用他那好玩的翘鼻子使劲儿吸了吸，“可是那可怜的男孩却关在屋子里躺在床上，看不到多少东西，只好胡思乱想，又哭又闹了。唉，我的天！咱们必须把他弄到这儿来——咱们必须让他看，让他听，让他多吸吸空气，让他浸泡在太阳光里。咱们可不能再浪费时间了。”

他劲头一来，说话时侉声侉气的约克郡土腔就变得很重了，虽然他平时还是挺注意口音，免得让玛丽听着费劲的。不过她倒还挺喜欢他的乡音，事实上，她还在尽量学着说呢。可不，她现在也说起带点土腔的话来了。

“哎，俺们是得紧着点儿哟。”（这话的意思是：“对的，不错，我们是必须加紧呢。”）她说，“我来告诉你俺们先得干什么。”她继续说道。迪康禁不住微笑起来了，因为这小丫头卷起舌头拿腔拿调地说起方言时，在他看来，那真是再有趣不过了。“他特喜欢你呢。他想见你，也想见见‘船长’和‘煤烟’。我一会儿回宅子去跟他说话时，我想问他，明天早上你去见他成不成——还会带上你的小动物——再以后呢——再隔上几天，等叶子出得更多一些，也有了几个花苞之后，咱们就把他抬出来，到时候你推他的车，咱们让他上这儿来，让他看所有的一切。”

说完之后，她感到挺骄傲，因为此前自己还未曾用约克方言说过这么长的一番话，这一点她记得很清楚。

“你跟科林少爷也得这样多讲讲约克话呀。”迪康咯咯笑着说，“你会逗得他哈哈大笑的，对病人来说，再没比大笑更好的药了。俺娘说她相信每天早上开怀笑上半个钟点，连原先准会得斑疹伤寒的人都能没事儿呢。”

“俺今儿个就跟这小子唠唠约克郡土腔去。”玛丽说，自己也忍不住咯咯笑了。

花园现在已经进入这一时刻，每一天每一夜，仿佛都有一些魔术师光顾，用他们的魔杖点触园子，使泥土、树枝一下子变得可爱起来。玛丽现在想要走开去舍弃这一切都是件很难的事了，特别是“坚果”竟然爬到了她的裙子上，“贝壳”也从他们倚坐的那棵苹果树上溜下来，一动不动，用询问的眼光盯视着她。不过她还是回到了宅子，当她在科林床边很近处坐下来时，他开始像迪康那样吸鼻子，当然不像迪康那样显得老练。

“你身上有花儿跟——跟什么新鲜东西的香气。”他快乐地叫喊道，“那是什么气味呀？一下子同时让人觉得既清凉，又温暖、甜美。”

“那是打荒原上扫过来的风的气味。”玛丽说，“坐在树底下，草地上，和迪康、‘船长’‘煤烟’‘坚果’‘贝壳’在一块儿，那风会往你身上一阵阵扑来。这会儿是春天了，又是在外边阳光底下，味儿自然就更冲了。”

她说这些话时尽可能让口音更土一些，听到有人这么说话，你才明白原来约克话还能是这样说。科林开怀大笑了。

“你这是干吗呀？”他说，“我以前从没听到你这么说过话。口音真是逗死人了。”

“我这是在跟你用约克土话唠嗑呢。”玛丽得意扬扬地回答道，“我说得没有迪康和玛莎地道，不过你可以看出来我也不算太差吧。这土腔你多少能懂一点吧？对了，你不折不扣，还是个土生土长的约克郡小子呢！哈！你不见得会因为这一点而感到低人一等吧。”

紧接着，她也哈哈大笑起来了，两个人你笑我也笑，笑得都停不下来了，高高的房间里回荡着两个孩子开怀大笑的声音，梅德洛克太太推开门来看了看，又退回到走廊里去，站在那里继续听，一脸大惑不解的模样。

“嗨，奇了怪了！”她说，也操起侉声侉气的约克土腔了，反正身边没有旁人在听她说话，而且她也确实是吃了一惊，“有谁听到过这样的声音呢！世界上有谁想到还会有这样的怪事儿呢！”

要说的事情有多少呀！科林像是永远也听不够，迪康怎么样了，“船长”“煤烟”“坚果”“贝壳”还有名叫“阿跳”的小马驹又怎么样了。玛丽曾和迪康一起跑到树林里去看“阿跳”。那是匹瘦小的毛茸茸的荒原马驹，连眼睛前都耷拉着厚厚的鬃毛，那张小脸挺俊俏，丝绒般的鼻子老是拱来拱去。它光靠荒原野草为生，精瘦精瘦，但是小小的四条腿却结实得很，仿佛是钢筋做的弹簧。它远远见到迪康便昂首轻声嘶鸣起来，还小跑几步来到他的跟前，把脑袋往迪康肩膀上一搁。于是迪康就对着它的耳朵说起悄悄话来，“阿跳”则用怪有趣的哼哼、喷鼻子和哈气来回应。迪康让马儿举起小小的前蹄来跟玛丽握手，还用它那潮滋滋的鼻子来亲玛丽的脸。

“它真能听懂迪康所说的一切吗？”科林问道。

“看起来确实是这样。”玛丽回答说，“迪康说，任何活物都能听懂你的话，只要你真心愿意跟它交朋友，不过必须得是完全诚心诚意的才行。”

科林静静地躺了一小会儿，他那双古怪的灰眼睛似乎是在盯看墙壁，可是玛丽看得出他是在思索。

“我希望我能跟它们交上朋友。”他终于说话了，“可是却没能这样。我从来没有跟什么动物交上朋友，而且我也受不了人。”

“你也受不了我，对吧？”玛丽问道。

“不，我能的。”他回答道，“这非常奇怪，我甚至还挺喜欢你的呢。”

“本·韦瑟斯达夫说我跟他挺像的。”玛丽说，“他说他敢肯定我跟他脾气都一样难缠。我觉得你也像他。我们三个都是一个脾气——你、我，还有本·韦瑟斯达夫。他说我们模样都不算好看，我们也都脾气乖戾，跟我们的长相般配。不过我觉得在认识了知更鸟和迪康之后，自己的脾气已经不像以往那么尖刻了。”

“你以前是不是觉得别人挺讨厌的？”

“是啊。”玛丽毫不掩饰地回答说，“要是我在看到知更鸟和迪康之前遇到你，那我一定会很讨厌你的。”

科林伸出他细瘦的手去摸了摸她。

“玛丽，”他说，“我真希望我没说过轰走迪康那样的话。你说他像天使，于是我便恨你，也嘲笑了你——不过也许他的确是像天使的。”

“嗨，其实那么说也挺可笑的。”她坦率地承认道，“因为他是翘鼻子、大嘴巴，衣服打满补丁，一开口便是侉声侉气的约克土腔——不过——不过要是真的有位天使下凡到约克郡，在荒原上住下来——要是约克郡真有一位天使——我相信他一定是懂得绿色作物的事儿的，知道怎样让它们长大长好，他也一定知道怎样跟野生动物说话，就跟迪康那样，动物们也全都明白他是真正的好朋友。”

“我是不会在意让迪康见到我的。”科林说，“我想见见他。”

“你这么说我很高兴。”玛丽回答说，“因为——因为——”

突然之间她意识到，是跟他透露真情的合适时间了。科林意识到某件新鲜事情快要出现了。

“因为什么呀？”他急切地喊道。

玛丽也是着急得不行，她干脆不坐了，她腾地站起来走到他的身边，握住他的双手。

“我能相信你吗？我相信迪康因为鸟雀们也都相信他。我能相信你——放放心心——完完全全地相信你吗？”她恳求地问道。

她脸上的表情是那么的严肃，使得他的回答几乎是用耳语说出来的。

“能的——你能够的呀！”

“那好，明天早上迪康会来看你，还会带来他的各种小动物。”

“哦！哦！”科林快乐地叫了起来。

“不过这还不是一切。”玛丽接着往下说，因为事情那么重大脸色都变苍白了，“还有更好的消息呢。花园是由一扇门通进去的。我找到那扇门了。它让墙头的常春藤遮盖住了。”

科林如果是个健壮的男孩，他大概会高声地喊起来：“好哇！太棒啦！太棒太棒啦！”不过他很虚弱，而且还很神经质，因此只见他眼睛越来越大，越来越大，连气儿都喘不出来。

“哦！玛丽！”他终于抽泣外加哽咽地喊了出来，“我能去看看吗？我能进到里面去吗？我真能活到那一天吗？”他捏紧她的手，将她拉到自己的身边。

“你自然能够看到啦！”玛丽气愤地厉声说道，“你自然能活到那一天啦！别犯傻了！”

由于她一点也不歇斯底里，那么坦然，又是那么天真，使得他精神也松弛下来了，他开始笑自己太紧张了。几分钟后，玛丽又坐回到她的脚凳上跟他说，说的不是她想象中秘密花园的情景，而是它真实的情况，而科林也把自己的病痛与疲倦抛在脑后，如痴如醉地听着。

“它跟你想象的一模一样嘛。”他最后开口说了，“听起来就像你亲眼见到似的。你知道的，你最初告诉我的时候我就是这样说的。”

玛丽犹豫了大约两分钟，接着还是大胆说出了真实情况。

“我是见到了——因为我到里面去过了。”她说，“我几星期前就找到了钥匙。不过我不敢告诉你——我不敢是因为我担心你不可靠——不是完完全全的可靠！”

第十九章　“春天来到了！”

自然，科林一发病，第二天早晨克雷文大夫就被请来了。每回有这样的事总要请他来的，而他每一次到来，都会见到有个苍白、打着抖的男孩躺在床上，脾气乖戾，但神经仍然极其脆弱，一句稍微重一些的话随时会使他再次哭闹起来。事实上，克雷文大夫对于这样的出诊会遇到的困难也真是又怕又烦。这一回，他一直拖到下午才来米塞斯维特庄园。

“他又怎么的啦？”他一到之后，便很不耐烦地问梅德洛克太太，“他这么闹，总有一天会让自己的哪根血管爆裂的。这孩子犯歇斯底里，还一点儿不约束自己，简直是半个疯子嘛。”

“噢，大夫。”梅德洛克太太回答说，“待会儿你见到他都会不敢相信自己的眼睛的。那个不起眼、哭丧着脸，脾气比他好不了多少的小姑娘，倒是把他给蛊惑住了。她怎么办到的没人说得清。老天爷知道，她一点儿不好看，也简直听不到她开口说话，可是却干出了我们谁也不敢干的事儿。昨天晚上，她像只小野猫似的扑到他跟前，一边跺脚一边喝令他停止尖叫。倒也怪了，她真的镇住了他，他真的不叫了。今儿下午呢——哎，还是你自个儿去瞧吧，大夫。真叫人难以置信哩。”

克雷文大夫走进病人房间时所见到的情景确实是让他吃了一惊。梅德洛克太太推开房门时他听到了一片笑语声。科林在他的沙发上，穿着睡袍，坐得笔直，在看一本园艺书里的插图，一边跟那不起眼的女孩说话。不过此刻说她不起眼倒有点不合适了，因为她正因为快乐而变得容光焕发呢。

“这些又长又尖的蓝花——咱们会种上多多的。”科林在发布新闻呢，“它们的名字是飞燕草。”

“迪康认为，这无非就是经过精心培育的雀距草罢了。”玛丽小姐喊道，“野坡上已经是一丛一丛的了。”

这时候他们见到了克雷文大夫，便停住不说了。玛丽变得一声不吭，科林则显得很烦躁。

“听说你昨天晚上身体不好，我很难过，我的孩子。”克雷文大夫说，有点儿紧张。他是个有点神经质的人。

“我现在好一些了——好得多了。”科林回答道，很有点印度王爷的派头，“一两天之内，倘若天气好，我想坐着轮椅上外面去。我想多吸点新鲜空气。”

克雷文大夫在他的身边坐下，按着他的脉，好奇地看着他。

“那得天气非常之好才行。”他说，“你还得非常小心，千万别累着自己。”

“新鲜空气是不会让我累着的。”年轻的王爷开言道。

由于有好几次，就是这同一位少爷，曾经怒不可遏地高声尖叫，坚持说新鲜空气会让他受凉，会杀了他的，因此他的医生此时听他这么说，多少感到有点吃惊也就不足为奇了。

“我还以为你不喜欢新鲜空气呢。”他说。

“让我单独出去我自然是不喜欢的。”小王爷答道，“可是我的表妹会陪着我的。”

“护士自然也陪着，对吧？”克雷文大夫建议地说道。

“不，我不要护士去。”口气是如此专断，使得玛丽不由得想起了那些土邦小王爷，身上缀满珠宝钻石的他们是何等颐指气使，他们戴着红宝石大戒指的小黑手一挥，仆佣们又是如何行着额手礼匍匐趋前，领受命令。

“我的表妹很清楚该怎样照顾我。有她陪在身边我总觉得身体舒服些。昨天晚上她使我好过多了。还有个我认识的小伙子，身体很棒，会帮着推我的轮椅的。”

克雷文大夫心里有些惊慌。万一这个讨人嫌、神经兮兮的男孩身体真的好起来，那他自己继承米塞斯维特仅有的一丝希望也得付诸东流了。不过他还不是一个狡猾邪恶的人，只是性格软弱，而且也无意做什么出格的危险举动。

“他必须很强壮很牢靠才行呢。”他说，“我必须知道一些他的情况。他是谁？叫什么名字？”

“他叫迪康。”玛丽突然开口说道。她总觉得对荒原有点了解的人都一定会知道迪康的。不过，她的想法还是对的。她看到克雷文大夫板着的脸一下子松弛了下来，而且还泛出了一丝笑容。

“噢，是迪康呀。”他说，“如果是迪康那你是会很安全的。他壮实得像匹荒原野马驹，这迪康。”

“再说他也很可靠呀。”玛丽说，“全约克郡小伙子里再没比他更可靠的了。”她方才正在跟科林用约克腔说话，都忘了改回来了。

“这种土腔也是迪康教你的吗？”克雷文大夫问道，他忍不住笑了出来。

“我正把它当作法语来学呢。”玛丽一本正经地说，“它就跟印度的某种方言似的。非常聪明的人都试着要学的。我喜欢约克腔，科林也是的。”

“也好，也好。”大夫说，“你如果喜欢学那也不会有什么坏处。科林，昨天晚上你服了镇静剂了吗？”

“没有。”科林回答说，“我先是不想服，后来玛丽让我安静下来了，她讲故事催我入睡——用低低的声音——说春天怎样悄悄地进入一座花园。”

“那倒像是挺起作用的。”克雷文大夫说，心里比原先更加不安了。他朝坐在脚凳上默默盯视着地毯的玛丽小姐偷偷斜瞥了一眼。

“你显然好一些了，不过你必须记住——”

“我不想记住。”科林打断了他的话，那股王爷脾气又来了，“如果独自躺着老得记住什么，我身上便会开始到处都疼，脑子里也会想到各种不愉快的事，于是我就会开始尖叫，因为我恨这一切。要是世界上什么地方有个医生，能让我忘记身体有病而不是老得记住，那我倒想把这样的医生叫来呢。”说到这里他把那只细瘦的手挥了一下，那上面本来是应该戴着有王室徽章的红宝石戒指的。“正因为我表妹让我忘记，所以她才让我觉得身体好一些的。”

科林每回“犯病”之后，克雷文大夫总得在这里待上很久，忙这忙那，可这回，他待不多久就离开了。这个下午，他既没有留下什么药或是什么新的医嘱，也不需要面对任何不愉快的场面。他下楼时显得心事重重，当他在书房里与梅德洛克太太谈话时，他都成了一个疑团重重的人了。

“哎，大夫。”她主动问道，“你能相信这一切吗？”

“这肯定是一种新的动向。”大夫说道，“情况比原先是要好一些，这倒是无可否认的。”

“我相信苏珊·索尔比说的话是有道理的——我真的相信。”梅德洛克太太说，“昨天我去斯维特村路过她的茅屋，停下来跟她聊了一会儿。她对我说：‘我说，萨拉·安啊，她也许算不得是个乖孩子，也说不上漂亮，可是她是个孩子呀，小孩子就是需要小孩子做伴嘛。’我们以前是一块儿上学的，苏珊·索尔比跟我。”

“她是我所知道的最好的一个护士。”克雷文大夫说，“我要是在哪个病人的农舍里见到是她在护理，我就知道这个病人有救了。”

梅德洛克太太微笑了。她一直是很喜欢苏珊·索尔比的。

“她是很有一套的，这个苏珊。”她滔滔不绝地往下说道，“我一个早上都在思索她昨天跟我讲的一件事。她说：‘有一回，孩子们为了抢什么东西打了起来，我教训他们，我对大家说：我上学时，地理老师告诉大家，这个世界形状就像一只橙子，因此我十岁不到就知道这一整个橙子并不属于任何人。谁都只拥有他自己的那一点点地块，有时候好像连想有一小块地还做不到呢。因此你们——你们当中的任何一个人——都别指望能得到整个橙子，若是这样想那就是大错特错了，可是不碰碰钉子你们是不会懂得这一点的。小孩子能从别的小孩子那里学到的就是，她说，想把整个橙子连皮带肉全夺到手是做不到的。你想那样，反而会连橙核儿都捞不到，而核儿呢又太苦，根本没法吃。”

“这女人还真的挺聪明。”克雷文大夫说，一边穿上外套。

“是啊，她表达意思很有自己的一套。”梅德洛克太太总结地说，她兴致也高起来了，“有时候我对她说：‘嗨！苏珊，如果你不是现在的你，说的不是侉里侉气的约克郡土腔，那么我没准真得称你为女中豪杰了。’”

那天晚上科林一觉睡到大天亮，早晨他睁开眼睛，继续躺着一动不动，不知不觉泛出了笑容——他微笑，是因为他觉得出奇地舒服。睡够了醒来真是太美了，他翻了个身，尽情地伸了个懒腰。他觉得就像是把他捆得紧紧的绳子终于松开了。他不知道让克雷文大夫来说，那就是因为他的神经得到了松弛，他现在状态很放松。他并没有躺着瞪看墙壁，希望自己没有醒，而是浮想联翩，盘算着他和玛丽昨天制订的各种计划，想象着关于花园、迪康和他那些野生小动物的一幅又一幅的图景。有事情可以惦念，这真好呀。而且醒了还没超过十分钟他就听到走廊里传来脚步奔跑的声音，玛丽都来到门口了。下一分钟，她就冲了进来，跑到他的床前，带来一股充满清晨芬芳的新鲜空气。

“你出去过了！你出去过了！你身上有新鲜树叶的香味！”他喊道。

她是一路跑来的，她的头发被风吹得散了开来，新鲜空气使得她容光焕发，面颊红扑扑的，不过科林根本没注意到这些。

“真是太美了！”她说，跑得这么快使她气有点喘不过来，“你从来也没见过这么美的！它来了呢。我本来以为那天早晨就已经来了，不过那只是刚刚开始来。现在才真的是来到了！它来到了，春天来到了！迪康这么说的。”

“是来了吗？”科林喊道，虽然他还不清楚是怎么一回事，但是他觉出自己的心跳得很快。他竟然猛地在床上坐了起来。

“打开窗户！”他接着说，他大笑起来，一半是因为高兴与激动，一半是他幻想发生了什么。“也许我们还能听到金色喇叭在吹奏呢！”

他还在笑，刹那间玛丽已经来到窗前，刹那间窗子已经大大敞开，清新、温暖的空气挟带着鸟语花香，一拥而入。

“这就是新鲜空气。”她说，“你躺平身子，深深地往里吸气。迪康躺在荒原草地上就是这样做的。他说他感到新鲜空气都进入了他的血脉，使他觉得身体健壮，可以一直活下去。你吸呀，吸呀。”

其实她只是在重复迪康告诉过她的话，但是这正好是科林非常想听的。

“可以一直活下去！’迪康吸下新鲜空气真会有那样的感觉吗？”他说，于是便照她吩咐的去做，一次又一次地深呼吸，到后来果真体会到身上有了一种全新的愉快感觉。

玛丽又回到了他的身边。

“花花草草都从土里推挤着直往外钻呢。”她忙不迭地说，“已经有些花瓣在舒展开来了，到处都能找到花苞，以前灰秃秃的地方如今都蒙上了一层绿纱，鸟儿都在匆匆筑巢，生怕错过时机，有几只还为了争夺秘密花园的地盘斗打起来了呢。玫瑰丛更是显得要多活就有多活，小路和树丛的旁边都长出了樱草花，我们埋下的花籽也都冒出叶芽儿了，迪康还带来了狐狸、乌鸦、松鼠以及一只刚生出不久的小羊羔呢。”

说到这里她不得不停下来喘一口气。这小羊羔是三天前迪康找到的，当时它躺在荒原荆豆花丛中一只已经死去的母羊的身边。迪康并非第一次捡到死了母亲的小羊羔，他明白该怎么办。他用自己的夹克包起小羊，带回茅屋，把它放在炉火旁，喂它喝温乎的牛奶。这小羊软绵绵的，一张可爱的娃娃脸傻傻的，腿脚跟它自个儿的身子一比，显得太长了一些。迪康是抱着它穿过荒原一路走来的，奶瓶跟一只松鼠一起揣在他兜里。当玛丽在一棵树下坐下来，将那只蜷缩着的温暖的小身体拥入怀中时，她真有一种说不出来的幸福感呢。一只小羊——一只小羊！哦，一只活生生的小羊，像个婴儿似的躺在你的怀里！

就在她兴高采烈地讲述，科林起劲地听，大口大口地吸气的时候，那个护士走进了房间。她见到窗户洞开不免有些吃惊。曾经有那么多回，她在暖和的日子里也不得不待在很闷的房间里，因为她的病人坚信，开窗会让人着凉的。

“你真的不觉得冷吗，科林少爷？”她问道。

“不觉得。”这就是他的回答，“我是在对着新鲜空气做深呼吸呢。这会让人身体强壮起来的。我想起床坐在沙发上吃早餐，我表妹也和我一起吃。”

护士走出去关照要准备两份早餐，她差点儿没笑出声来。她发现用人聚集的大厅比病人的卧室气氛要活跃得多，她一下来，谁都跟她打听楼上有什么新的情况。大家都戏弄那个万人嫌的年轻隐士，厨子说：“这一回这位爷可找到专门治他的克星了，那对他再合适不过了。”下人们早就对他动不动就“搭错神经”腻烦透了，那位自己也有家室小孩的管家不止一次地表示过，在他看来，对这种病人最好的治疗方法就是照准小屁股“狠狠抽上一顿”。

在两份早餐端上来在桌上摆好后，科林做出一副比王爷还要有王爷气派的架势，对护士下指示说：

“今天上午，会有一个男孩、一只狐狸、一只乌鸦、两只松鼠和一只刚生下不久的小羊，前来拜访我。他们一到，得立刻把他们请上来。”他说，“你不能先把他们扣在用人房里逗弄他们。我要他们上这儿来。”

护士险些儿出岔了气，她赶紧佯装咳嗽来加以掩饰。

“好的，少爷。”她回复道。

“我来告诉你该怎样做。”科林又补充道，一边挥了挥手，“你可以让玛莎带他们上来。那男孩是玛莎的弟弟。他名叫迪康，他是一位驯养动物的专家。”

“我希望那些动物不至于咬人吧，科林少爷。”护士说。

“我跟你说了他是个驯兽师。”科林声色俱厉地说，“驯兽师调教出来的野物是从来不咬人的。”

“印度还有专业的耍蛇人呢。”玛丽说，“他们敢把蛇头放进自己嘴巴里。”

“我的天！”护士打了个激灵。

两人吃起早餐来，早晨的空气拂面而来。科林的早餐非常丰盛，玛丽兴致勃勃地看着他吃。

“你会跟我一样胖起来的。”她说，“在印度的时候我从来都不想吃早饭，可现在我总是想吃的。”

“我今天早上也是想吃的。”科林说，“可能是因为空气新鲜的关系。你认为迪康什么时候会到呢？”

过不多久，他真的来了。差不多十分钟后，玛丽举起了她的手。

“听呀！”她说，“你听到乌鸦叫了吗？”

科林侧耳用心听，他果真听到了。在一座房屋的内部听到嘶哑的“呱呱”声，那真可以算是旷古未闻了。

“我听到了。”他回答道。

“那就是‘煤烟’。”玛丽说，“再听！你可听到咩咩的叫声——声音很嫩的？”

“哦，有的呀！”科林喊道，他都激动得满脸通红了。

“那就是新出生的小羊羔。”玛丽说，“他来了。”

迪康的适合野外穿的靴子又笨又重，虽然他想尽量让步子轻些，但是穿过长长的走廊时仍然发出了砰砰的声音。玛丽和科林听到他在一点点走近——走近，一直到过了那道有挂毯的门走在科林房前的厚地毯上时，声音才弱了下来。

“请这边走，先生。”玛丽一边开门一边宣告贵客的光临，“请这边走，先生，迪康和他的小友们到。”迪康进来了，脸上带着他最最美好开朗的笑容。那只小羊羔躺在他的怀里，小火狐走在他的身边。“坚果”和“煤烟”一左一右，分别蹲在他的肩膀上，而“贝壳”的小脑袋和前爪则露出在他外衣口袋的边沿。

科林慢慢地坐了起来，睁大眼睛瞪看着这一切——就像他初次见到玛丽时那样。不过这一回怀着的是惊讶与喜悦的心情。原因是，尽管关于迪康他听说了很多，但他却一点儿也想象不出这孩子究竟会是什么模样，那些狐狸、乌鸦、松鼠、羊羔又会与他这么亲近，这么友好，就跟与他是一家人似的。科林生下来到现在还未曾和一个男孩说过话，此刻，他完全沉浸在自己的喜悦与好奇之中，都没有想到应该开口说话了。

可是迪康倒丝毫也不觉得害羞与尴尬。他不觉得有什么别扭，因为当初他和乌鸦见到时，那鸟听不懂他的话也是光瞪看着他不吭一声的。动物全都这样，等跟你处熟了才会理你的。他走到科林的沙发跟前，将新出生的羊羔轻轻地放在他的膝上，立刻，那只小动物就朝温暖的丝绒睡袍扭过去，开始直往衣褶里面拱，它那满头鬈毛的小脑袋也焦急地在科林的肋胁间蠕动。自然，在这种情况下，再不想说话的男孩也不得不开口了。

“它在干吗？”科林喊道，“它想要什么？”

“它想找它的妈妈呢。”迪康说，笑得更加开心了，“我故意让它饿着点儿，因为我知道你会喜欢看它吃奶的。”

他在沙发旁蹲下来，从自己兜里掏出一只奶瓶。

“来呀，小家伙。”他说，用自己棕色的手把毛茸茸的小脑袋拨转过来，“你想要的东西在这儿哪。丝绒袍子里哪会有奶呀。快点吃吧。”

说着便把瓶子上的橡皮奶头塞进那只迫不及待的小嘴，小羊便高高兴兴地吮吸起来。

这以后，便自然而然有话可说了。小羊一吃饱便睡着了，问题一个接一个地提了出来，迪康也全都作了答复。他告诉他们，他是怎么在三天前太阳初升的时候发现小羊的。他那时正站在荒原上听云雀歌唱，目送它在晴空中越飞越高，直到最后，它成了蔚蓝苍穹中一个小小的白点。

“要不是还听得见声音，我简直都没法相信它还在那儿了，我正在纳闷，这鸟一分钟之内就能飞得无影无踪，人怎么倒还能听见它的声音呢。就在这时，我听到了另外一种声音，那是从远处荆豆花丛里传出来的。那是很微弱的咩咩声，我断定准是一只刚出生的羊羔因为饥饿在哀叫，我知道如果不是出于什么原因没有了妈妈，它是不会挨饿的，于是我便循着声音去寻找。啊！还让我好一番找呢。我在荆豆丛里到处翻寻，转到这儿又转到那儿，好像老是没找对方向。不过我终于在荒原最高处一块岩石的边上见到有一团白色，我爬上去，找到了这小家伙，它连冻带饿，就只剩一口气了。”

他说的时候，“煤烟”煞有介事地从打开的窗户飞出飞进，一边呱呱地叫着，报告它所见到的景物，而“坚果”和“贝壳”则到外面的大树上去小作遨游，跑遍了所有的粗树干与叉开的枝丫。“船长”蜷缩在迪康的跟前，而迪康则说他坐地上最无拘束，干脆在壁炉前的地毯上坐了下来。

他们一起看有关园艺的图画书，迪康知道所有花卉的俗称，也完全清楚哪一些在秘密花园里都已经长出叶子了。

“我说不上来那种花正式的名字是个啥。”他说，一边指着下面写着“毛茛科耧斗菜属”的那种植物，“不过咱乡里人是管它叫斗儿菜的。那边的就是一棵金鱼草了，这两种草都长在树篱旁，但是这图里的是专门栽在花圃里的，自然就长得格外壮实了。它们开花时就跟花圃里飞来了蓝色、白色正扑扇着翅膀的蝴蝶一样。”

“我要去看呀。”科林喊道，“我一定要去看呀！”

“对喽，你是必须去看的。”玛丽非常严肃地说，“你可不能错过机会了。”

第二十章　“我会一直——一直活下去的！”

不过他们还不得不再等上一个多星期，因为首先，一连刮了好几天的风，接着，科林又有迹象要得感冒，接二连三发生的这些糟心事原本肯定会让他大发脾气的，可是由于每天都有大量工作要做，得对这次出游作出谨慎与保密的安排，而且迪康几乎每天都会来，哪怕只是停上几分钟，跟他们谈荒原、巷子、树篱、溪边都有什么新情况，所以科林那头总算是风平浪静，没出什么事儿。这位动物专家讲水獭、獾和水耗子怎么筑窝，鸟儿怎么建巢，田鼠怎么掏洞，说得津津有味，这一切已经足够让科林激动得全身发抖了，更别说增长了好多知识，知道地下的世界是如何为生计而忙个不停的了。

“它们跟我们完全一样，”迪康说，“只不过它们每年都筑一次巢。

这事让它们忙个不休，所以只好草草了事了。”

不过，最让他们费心的事还是如何在充分保密的条件下，把科林稳妥地送进秘密花园。在迪康推着轮椅里的科林，和玛丽绕过灌木丛一角，走上常春藤掩映的围墙边的那条步行道后，必须没有一个人看到他们才行。随着日子一天天过去，科林越来越坚信，笼罩着这个园子的神秘气氛正是它最大的魅力之一。这样的魅力是绝对不能遭到破坏的。必须不让任何人猜到他们掌握着一个秘密。必须让大家以为，他之所以愿和玛丽、迪康一起出去，完全是因为喜欢他们，他不在乎让他们看到自己。三个人一起久久地、起劲地商议该走哪条路线。

他们可以先走这条小路，再走那条，并穿过第三条，然后在有喷泉的花坛周围兜圈子，似乎是在观赏那个“移栽花畦”，那可是园丁总管洛奇先生的得意杰作。这样做很合情合理，谁也不会去想这里头有什么花样的。接下去他们会拐上有灌木丛遮挡的小道，在那里谁也不会看到他们，最后来到长墙跟前。这计划做得既认真又细致，与伟大的将军打仗时制订的行军计划相比丝毫不见得逊色。

有关病人房间里奇闻逸事的消息不胫而走，从用人休息室传到马厩又一直渗透到园丁那里，不过尽管如此，有一天，洛奇先生还是觉得很意外，因为从科林少爷那里传来命令，让他亲自上外人从未到过的病人房间去一趟，因为病人有话要跟他说。

“哟，哟，”他对自己说，一边匆匆换上外套，“这是怎么的啦？一向不让人瞧一眼的王子殿下今儿个怎么想起要召见一个从来未见过的普通人啦？”

洛奇先生自然会感到惊讶。他连一眼都未曾见到过这个男孩，却听说了一大堆言过其实的传言，说这孩子形象多么古怪，行事方式和脾气更是疯疯癫癫。他听说得最多的是这孩子不定什么时候就会死掉，那些从未见到过孩子的人更是添油加醋说他背驼了，胳膊腿也全都没有一点力气了。

“宅子里的情况正起着变化呢，洛奇先生。”梅德洛克太太说，她正从后面的下人楼梯把他带到楼上走廊里去，再往里去就是那个直到目前为止仍然是充满神秘色彩的房间了。

“就希望能往好里变吧，梅德洛克太太。”他回答道。

“变得更糟倒也是不可能的了。”她接着说，“奇怪的是，还真有人觉得挑起这副重担是件再轻松不过的事呢。洛奇先生，你若是发现自己走进了一座动物园，发现玛莎·索尔比的弟弟迪康在这里比你跟我都更觉得自由自在，你可别大吃一惊呀。”

正如玛丽私底下经常觉得的那样，迪康身上真的好像是有一种什么魔力似的。当洛奇先生听到这个名字被提起时，他也宽心地微笑起来了。

“他即使是在白金汉宫[①]，也会跟在煤矿深井下一样觉得很自在的。”他说，“不过那倒不是傲慢无礼。这孩子天生就是落落大方的。”

幸亏洛奇先生早有思想准备，否则他真会大吃一惊的。卧室房门打开时，一只看来已经很习惯于在雕花椅子高背上蹲着的大乌鸦竟用很响亮的“呱——呱”叫声，来宣布有客光临。尽管早有梅德洛克太太的警告，洛奇先生也是好不容易才抑制住自己，没有太失礼地往后跳去。

小王爷既不在床上也没见他在沙发上。他坐在一把安乐椅里，一只小羊羔站在他的身边摇着尾巴，一副等着吃奶的模样，而迪康正跪着把奶瓶塞进它的嘴里。一只松鼠蹲在迪康背上，很专心地在啃一枚坚果。从印度来的小姑娘正坐在一只大脚凳上看着这一切。

---

① 英国君主的伦敦宫邸。

“洛奇先生来了，科林少爷。”梅德洛克太太宣告道。

年轻的王爷转过身来把他的男侍上上下下打量了一番——至少那位园丁总管是这样感觉的。

“哦，你就是洛奇了，是吧？”他说，“我让人把你叫来，因为有几件非常重要的事情要关照你。”

“好的，少爷。”洛奇回答，心里在嘀咕是不是会下令让他砍倒树林里的每一棵橡树，或者是把果园统统改成水上花园。

“今天下午我要到室外去。”科林说，“如果新鲜空气让我觉得舒服，我以后每天都可能要去。我出去的时候，所有的园丁都不许靠近花园墙下的那条长步行道。谁也不许在那里。我大约两点钟出去，每一个人都得躲开，直到我发话了他们才能回来继续干活。”

“非常好，少爷。”洛奇先生说，他大大地松了一口气，因为橡树可以保全了，果树也平安无事了。

“玛丽，”科林说，把身子转向她，“你在印度那会儿，吩咐完了打发用人走时，你是怎么说的？”

“你可以说，‘下去吧，你得到允许可以退下了。’”玛丽回答道。

小王爷把手挥了挥。

“下去吧，你得到允许可以退下了，洛奇。”他说，“可是你得记住哦，方才说的事是非常重要的。”

“呱——呱！”那只乌鸦嘶哑地却并非无礼地聒噪了一声。

“我明白了，少爷。谢谢你了，少爷。”洛奇先生说。然后梅德洛克太太把他带出了房间。

来到走廊之后，这位好脾气的先生实在忍不住了，他几乎要大笑出来。

"我的天！"他说，"他贵族架子还真够大的呀，是不是啊？他还以为他就是王室的全权代表呢——就像是配王[1]。"

"可不！"梅德洛克也发泄起不满来了，"自打他有了脚，我们就不得不让他踩在脚底下，他满以为别人生出来就是供他踩的呢。"

"也许他长大后会好一些的吧，如果他能活下去的话。"洛奇先生试探地说道。

"嗯，有一点倒是可以肯定的。"梅德洛克太太说，"如果他能活下去而那个印度小丫头也一直待在这儿的话，我敢说她能教他认识到，整个橙子并不归他一个人所有，用苏珊·索尔比的比方来说。他很可能会一点点懂得归他个人所有的那片究竟有多么大。"

在房间里，科林正倚靠在他的靠垫上。

"现在一切都妥了。"他说，"这么说今天下午我就能看到它了——今天下午我就能进到里面去了！"

迪康带了他那些动物回到花园里去，玛丽则留下来陪科林。她不觉得他像是很累的样子，不过在他们的午餐端上来之前以及他们吃饭的时候，他都很安静。她不明白为什么这样，于是便问了他。

"你的眼睛怎么睁得这么大呀，科林。"她说，"你想心事的时候眼睛就会像茶碟一样大。你现在又在想什么呢？"

"我忍不住在想它到底会是什么模样的。"他回答说。

"你是说花园？"玛丽问道。

"是春天。"他说，"我方才在想，我以前还没有真正见到过春天是什么模样的。我很少出门，就算出门我也没好好看过。我以前从来没往这

① 指女王的丈夫。小说中所写的时代由维多利亚女王执政，她的丈夫是艾伯特亲王。

上头想过。”

“我在印度就从来没有见到过春天，因为那儿根本就没有春天。”玛丽说。

由于过的是幽闭病态的生活，科林的想象力可要比她丰富得多，至少他在看漂亮的书籍图画上花过不少时间。

“那天早上，你跑进房间对我说：‘它来到了！它来到了！’你让我有一种很奇怪的感觉。听起来就像是有支大队伍要来了，还吹吹打打的，好不热闹——一大帮快快乐乐的大人小孩，戴着花环，举着花枝，笑啊跳啊，推推搡搡，还吹着笛子。所以我才对你说，‘也许我们会听到金色的喇叭’，并且让你把窗子开得大大的。”

“真有意思！”玛丽说，“倒还真的让人有这样的感觉呢。若是所有的花花草草、绿枝绿叶和禽鸟动物，都一起载歌载舞地走过去，那该是多么壮观的一支队伍呀！我敢肯定它们一准会这样做的，一定会有飘飘仙乐让你听个够的。”

两人笑作一团，并非因为这么想荒唐可笑，而是因为他们都觉得这个想法真是太有意思了。

过了一会儿，护士来给科林做外出的准备了。她注意到，他不像平时那样，一根木头似的挺着让她给穿衣服，而是坐起来做了一定的配合，一边还不停地跟玛丽又说又笑。

“这真能算是他情况最好的日子之一了，大夫。”她对克雷文大夫说。大夫正好路过，顺便来看看科林。“他精神状态不错，所以身体也好得多了。”

“我下午稍晚等他回来之后再过来看看。”克雷文大夫说，“我必须知道外出对他合适不合适。我真希望，”说到这里他压低了嗓子，“他愿意让你陪着一起去的。”

“大夫，那我倒宁愿此刻主动辞职，免得留下来让别人叫你卷铺盖。”护士回答说，态度突然变得很坚决。

“其实我也没有真的决心让你这样做嘛。”大夫说，又稍稍有点紧张了，“我们试验一下也好。迪康这孩子，即使把一个刚出生的婴儿托付给他，我也是放心的。”

府里最壮的一个男仆把科林抱下楼，将他放进一辆推车，迪康在门外车子边上等候着。在男仆把毛毯、垫子都塞好之后，小王爷向他和护士挥了挥手。

“现在你们得到允许，可以离开了。”他说。于是这两人便迅速地退了下去，应该承认，在他们太太平平回进宅子的那一刻都绷不住要笑出声来了。

迪康开始缓慢、稳当地推起车子来。玛丽小姐走在车旁，科林靠在椅背上仰望天空。苍穹看上去高极了，雪白的一小朵一小朵的云彩就像是一只只白鸟展开翅膀在蓝色的水晶罩底下飞翔。风儿把大股大股的柔和气息从荒原上送来，那里面明显有一种奇特的野香。科林不断挺起他瘦弱的胸腔往里吸气，他那双大眼睛似乎是在倾听——

他不是用耳朵而是用眼睛在倾听。

“里面有那么多的歌唱声、哼鸣声和叫喊声呢。”他说，“风儿送来的是什么香味呀？”

“是荒原上正开放的荆豆花的香味。”迪康回答说，“啊！蜜蜂今儿个算是碰上好日子了。”

他们走在步行道上，这儿连一个人的影儿都看不到。事实上，每一个园丁和学徒都早就给魔法摄走了。但他们仍然按照原来精心设计的路线图，在灌木丛里绕进绕出，在喷泉花坛边上兜来兜去，因为这样做自有一种充满神秘感的乐趣。可是，当他们终于拐到常春藤覆盖的墙边上那条长步行道上时，他们自己也说不清是怎么回事，一种终于快要达到目标的紧张感使得他们开始压低声音，用耳语说起话来。

“就是这儿了。”玛丽轻声说道，“这就是我经常走来走去、苦苦思索的地方。”

“是吗？”科林不禁喊出声来，并开始用眼睛急切好奇地搜索那些常春藤。“可是我什么也没有看到嘛。”他又用耳语了，“没见到有门嘛。”

“我当初也是这么想的。”玛丽说。

接下去是一阵无言的愉悦，轮椅继续往前行进。

“这儿就是本·韦瑟斯达夫干活的园子了。”玛丽说。

“是吗？”科林应答地说道。

往前走了十来步路，玛丽又用耳语说话了。

“这儿就是那只知更鸟飞过围墙的地方了。”她说。

“是吗？”科林又一次喊出声来，“哦！我真希望它能再来！”

“而那边呢，”玛丽指着一丛粗壮的丁香花的根部，很严肃但也很高兴地说道，“知更鸟就是停歇在一小堆土上，暗示我钥匙是在什么地方的。”

这时候，科林身子坐得笔直。

“哪儿？哪儿？是那儿吗？”他又喊出声来了，他的眼睛大得像《小红帽》故事里那只大灰狼的眼睛，“小红帽”后来在讲述历险经过时仍然忘不了那双眼睛。迪康站住不动了，轮椅也停了下来。

“而这儿呢，”玛丽说，把脚踩在离常春藤很近的花坛上，“就是我走过去跟鸟儿说话的地方了，当时它待在墙头上叽叽喳喳地跟我说话。而这就是让风儿吹开的那一绺常春藤了。”她用手撩起了一片悬垂下来的绿帘。

“哦！就是它呀——就是它呀！”科林连气儿都快透不出来了。

“门把手在这儿哪，这就是门了。迪康，把他推进去——快点把他推进去！”

迪康一使劲儿，车子便平平稳稳、顺顺当当地进了园子。

不过这时候科林又靠回到椅背上去了，虽然他快活得喊了起来，但是他却用双手遮挡住自己的眼睛，一直都不松开，他什么都不看，直到他们全都进了园子，轮椅似乎在魔法指挥下停了下来，门也在背后关上了，直到此时，科林才把手放下，睁开眼睛。他环顾四方，一遍一遍又一遍，就像迪康和玛丽初次入园时那样。墙上，地上，树上，还有摇曳的细枝和卷须上，都蒙上了一重嫩绿色的纱幔，那是由攀爬的细嫩小叶子组成的。在树底下的草丛里，在凉亭的灰色石瓮里，这儿、那儿、所有所有的地方，都泼洒着金色、紫色与白色的阳光。在他头顶高处，树枝上闪烁着粉红和与雪一般白的光辉。这里有羽翼的扑棱声，有轻柔、甜美的啼啭声和嗡嗡声，还有各种各样的香气。阳光温暖地沐浴着他的脸，宛如一只小手在轻轻地抚摩他。这时候，玛丽和迪康站着看他，都惊异地看得出了神。他显得如此陌生，如此特别，因为真的有一道粉红色的亮光爬满他的全身——打在他原本白里透黄的脸、颈、双手和所有的部位上。

“我身体会好起来的！我会好起来的！”他大声喊道，“玛丽！迪康！我会好起来的！我会活下去的，会一直一直活下去的！”

第二十一章　本·韦瑟斯达夫

人生在世，最最不可思议的事情之一就是，仅仅在偶然之间，一个人才会确信，你是会永远永远活下去的。你领悟到这一点，有时是在柔和、庄严的拂晓时分，你起床，走到外面，独自兀立，把头尽量往后弯去，向高处、更高处仰望，目击灰蒙蒙的天空如何一点点变得微红，神奇莫测的事情发生着，直到东方的天空几乎要使你大声呼喊起来，面对着日出时那奇妙、永恒而庄严的美，你的心真的会暂时停止跳动呢——尽管千百万年来，日出每个早晨都会发生。在这样的短暂时刻，你明白你会永生。在别的时分你也会领悟到这一点，那是夕阳西下你独自屹立在一片树林里的时候，一束束神秘、暗色调的金光不出一声斜斜地穿透树枝，仿佛在一遍又一遍地向你喃喃诉说着什么，但不管你怎么用心倾听，你仍然是听不清楚。再就是在幽蓝色的夜晚，天地间一片阒寂，无数繁星在伫候与期待，使你觉得你的想法的确是真实的；有时候远处飘来的一段音乐使你确信，有时则是一个人眸子里的某种情愫。

科林初次看到、听到与感觉到隐秘花园那四堵高墙之内的春天讯息时，所怀着的正是这样的心情。那天下午，整个世界仿佛在做出巨大努力，使自己在一个男孩面前表现得更加完美、更加光辉和更加友好。也许，真是老天发善心了，所以才遣派春天下凡，让一个园子里充满尽可能多的好东西。不止一次，迪康停下手中的活儿，滞立不动，眼睛里流露出越来越不可思议的神情，还轻轻地摇了摇头。

“嗨！真是了不起呀，”他说，“我都十二眼看要十三岁了，十三年来我见到过多少个下午呀，可是我觉得没有一个是跟今天这儿的这个同样漂亮的。”

“就是嘛，这个下午真是棒极了。”玛丽说，她叹息地说，不过那完全是因为心里高兴，“我敢担保，世界上最了不起的下午就是今天的这个了。”

“你们觉着，”科林做梦似的不太敢确定地说，“会不会是特地因为我才出现的哪？”

“我的天！”玛丽赞叹地说道，“你的约克口音还挺纯正的呢。这门——这门——艺术，你都已经达到第一流水平了。”

欢乐的气氛笼罩在三个人的周边。

他们把轮椅拖到李子树下，那里花儿已开成白灿灿的一片，小蜜蜂也嗡嗡地奏起了乐音。这儿简直是一顶仙帐呢，童话王国里的仙帐。附近还有也在开花的樱桃树，苹果树也已含苞欲放，露出了粉色与白色，这儿那儿，有几朵性子急的都大大地绽开了花瓣。帐顶空隙处，一小块一小块蓝天在朝下窥望，活像一只只曼妙的美目。

玛丽和迪康在这里和那里随便干点儿活儿，科林看着他们。他们拿些东西过来给他看——这几个花苞马上要绽开了，这几个还闭合得严严实实的呢，这根枝子上面的叶子刚有点要返青的意思，这是落在草地上的一根啄木鸟的羽毛，这是个空壳，小雏鸟刚孵化出来就不见了。迪康推着轮椅在园子里慢慢地走，兜了一圈又一圈，时不时停下来，让科林看从土里钻出来、从树上挂下来的好东西。那状态就有如是带着他去周游一个有魔法的王国，让他瞻仰国中一切神秘的财宝！

“我不知道能不能见到那只知更鸟。”科林说。

“再过上一阵，短不了，你会时不时见到它的。”迪康回答道，“等那些蛋孵成，小雏鸟出壳，就有它忙的时候了，它会忙得晕头转向的。你会见到它飞前飞后，嘴里叼着条几乎跟它一般大的肉虫，它飞到窝边时那里已经闹作一团让它都慌了神，因为它几乎不知道该先喂哪个大张着的嘴才好。前后左右都是吱吱叫着在提抗议的嘴呀。俺娘说她看到这知更鸟为了喂饱小鸟忙成这样，都觉得自己是个无所事事的贵妇人了。她说看着这些小鸟，必定是有汗水滴在它们身上再滑下去的呢，当然，人是看不到这么细微的地方的。”

这几句话使得他们都开心地笑了起来，但他们赶紧用手捂住嘴，因为又记起是不能让旁人听到声音的。科林几天前就被告知得遵守低声说话这条规矩。他喜欢其中的神秘色彩，也尽可能努力去做，可是一高兴激动起来也就很难做到不笑出声音来了。

这个下午的每时每刻都有新鲜事儿涌现出来，随着一个小时一个小时地过去，阳光越来越变得金灿灿了。轮椅又给推回到仙帐底下，迪康在草地上坐下，刚刚摸出他的笛子，这时，科林忽然见到了他先前没有注意到的东西。

“那边的那棵树非常古老了吧，对不对？”他说。

迪康的眼光向草地那一头的地方看过去，玛丽也跟着看去，片刻之间，没有人发出一点声音。

“对啊。”迪康过了半晌才回答说。他那低低的声音语调非常柔和。

玛丽盯看着那棵树，若有所思。

“枝干都灰秃秃的，连一片叶子都没长出来。”科林继续往下说。

“它已经完全死了吧？”

“不错。”迪康承认道，“不过上面爬满了玫瑰枝，它们叶子长齐、花儿盛开的时候会把枯死的枝干遮盖得严严实实的。到那时就不像是棵死树了。它会成为这里最最漂亮的一棵树的。”

玛丽仍然凝视着那棵树，陷入了沉思。

“看来有一根大枝子折断了。”科林说，“我不明白怎么会弄断的。”

“那是多年以前造成的。”迪康回答说。“哎！”他突然一惊，但这却使他变得轻松了一些。他把手按在科林身上。“快瞧知更鸟呀！在那儿哪！它在给它的媳妇觅食呢。”

科林差点儿错过了，但他还是刚赶上瞥见了一丝影子，见到一只嘴里叼着什么的红胸脯鸟儿一闪而过。它穿过绿叶，钻进一个绿荫很浓的角落，随即就消失了。科林又靠回到椅背上，脸上露出了笑容。

“它给媳妇儿送下午茶去了。现在大概有五点钟了吧。我想咱们也该喝口茶了。”

他们总算是平安无事了。

“准是魔法把知更鸟送来的。”事后，玛丽悄悄地对迪康说，“我知道一准是魔法。”因为不论是她还是迪康，都生怕科林会追问那棵十年前断了枝子的老树的事。他们以前一起谈论过这棵树的事儿，当时迪康站着直搓自己的手，一副十分为难的样子。

“咱们必须装出认为它跟旁的树没有什么不同的样子。”他说，“咱们绝对不能告诉这可怜的孩子枝子是怎么断的。要是他对这树说了什么，咱们必须得——必须得尽量装出高高兴兴的样子。”

“对，咱们就得那样。”玛丽当时是这样回答的。可是她凝视着那棵树的时候却觉得没法装出高兴的样子来。在那些时刻，她也曾反复琢磨迪康所说的别的事情里是否真有几分是事实。迪康不断地挠自己的红头发，像是不知怎么说才好似的，但是渐渐的，他那双蓝眼睛里开始闪现出宽慰的光辉了。

“克雷文太太是位非常可爱的年轻太太。”他不无犹豫地往下说道，“俺娘认为她没准就在离米塞斯维特不远的地方，她来看过科林少爷多次，就跟被从人世带走的别的母亲一样。她们是非得回来不可的。你懂吧。没准正好她就在这个花园里，没准是她在催促我们干活，并且告诉我们应该把他带到这儿来。”

玛丽当时以为他说的是魔法这样的事。她自己可是非常相信魔法的。她暗中认为，必定是迪康对他身边的一切施了魔法。自然，那是好的魔法，所以大家才这么喜欢他，动物们也都明白他是自己的朋友。她揣测，会不会他真的有本领让那只知更鸟就在科林提出危险问题的那一刻出现。她觉得整个下午他的魔法都在起作用，使得科林似乎完全变成另一个人，完全不像平时那样，活脱脱是个又叫又闹、对着枕头又打又叫的小疯子。连他那白里透黄的象牙脸色好像也变了。

他刚进花园时脸上、脖颈上、手上显现出的那股粉红颜色，似乎一直都没有消退下去。他真的是血肉之躯而不是由象牙或蜡雕塑而成的了。

他们眼看知更鸟叼了两三回吃的给它的媳妇，自然会联想到科林那么坚决要享受的下午茶了。

“叫个男用人用篮子装上茶点送到有杜鹃花的小路上去。”他说。

“然后你和迪康去把它提进来。”

这主意确实不错，而且执行起来也并不困难。白布终于铺在了草地上，上面摆放着热气腾腾的茶、抹了黄油的烤面包片和小干点心，这些东西在快乐的气氛中被风卷残云般一扫而光，一些鸟儿在料理家务的半路上停了下来，探究这儿究竟出了什么事，并且不由自主地投入了寻访面包屑的工作。“坚果”和“贝壳”抢到块小饼干赶紧蹿上了树，“煤烟”得到的是整整半片抹有黄油的烤饼，它躲到个角落里，将它啄了啄，翻过来细加审察，嗄叫几声宣告了检验的结果，然后才下定决心大快朵颐，一口将它吞了下去。

下午逐渐过去，最最醇美的时刻终于来临。一束束阳光的金色变得更加浓厚了，蜜蜂逐渐都回了家，鸟儿们穿梭的次数也变得稀少了。迪康和玛丽坐在草地上，杯子、盘、碟都放进藤筐准备提回宅子去，科林则斜倚在他的靠垫上，将浓密的鬈发从前额往后捋了捋，他的脸色看上去挺正常自然的。

“我不愿这个下午这么快就结束。”他说，“我明天还要来，后天、大后天、大大后天我都要来。”

“你会吸到足够多新鲜空气的，对不对？”玛丽说。

“我有了这个旁的什么都不想要了。”他回答说，“我现在见到春天了，我还要看到夏天。我要看这儿长出来的一切。我自己也要在这里生长。”

“你一定会的。”迪康说，“过不多久，我们便会让你在园子里走来走去，像别人一样挖泥松土的。”

科林的脸瞬间涨得通红。

“走来走去，”他说，“挖泥松土！我能行吗？”

迪康用谨慎小心的眼光打量着他。不论是他还是玛丽都未曾问过有关他腿脚的任何事情。

“你绝对能做到。”他坚定地说，“你——你有你自己的腿脚，跟旁人没什么不一样嘛！”

玛丽本来有点担心，不过在听了科林的回答后她倒放下心来了。

“其实我的腿脚倒也没有什么大病。”他说，“就是这么细这么瘦，还颤颤悠悠的，所以我都不敢靠自己的脚站起来了。”

玛丽还有迪康都大大地松了一口气。

“什么时候你不害怕了，你就自然能用自己的脚站起来了。”迪康的语气又变得很快活了，“这样呢，你就会更有信心，什么都不怕了。”

“我真能这样吗？”科林说，他躺着一动不动，像是在想什么心事。

三个人非常安静地相对了片刻。太阳更往西沉了。这正是万物都自觉应当安静下来的时刻，他们三人也确实是度过了一个忙碌与激动人心的下午。科林看来正极惬意地在放松休息。连那几个小动物也都停止了活动，紧紧挤在一起，聚拢在他们的身边休息。“煤烟”栖在一根低矮的横枝上，蜷缩起一只脚，灰色的眼皮懒洋洋地耷拉着。玛丽暗自思量保不齐下一分钟它真的会睡着呢。

在这万籁俱寂的时分，让人大吃一惊的是，科林竟然抬起头来，用几乎要发出声来的耳语突然惊问道：

“那人是谁？”

迪康和玛丽赶紧站起身来。

“有人？”他们都用急促的声音低声喊道。

科林把手指向高高的围墙。

“瞧见了吗？”他小声激动地说，“你们看哪！”

玛丽和迪康转身朝那边看去，只见看着他们的是本·韦瑟斯达夫的那张怒气冲冲的脸！他站在高墙外一把梯子上。他竟然还朝玛丽挥了挥拳头呢。

“要是我娶过老婆，生下你这么一个小丫头，”他喊道，“我非用皮鞭抽你一顿不可！”

他又往上登了一级，像是真要跳下来教训教训她似的。可是等她朝他那边走去时，他显然又改变了主意，仅仅是站在梯子上端朝她挥动拳头。

“我本来就不怎么待见你！”他高声斥责道，“我头回见到你就觉得受不了。小鬼头一个，皮包骨头，脸上没一点血色，什么不相干的事你全都要问，全都要管。真不知道你是怎么黏上我的。要不是有那只知更鸟——这讨厌的小东西——”

“本·韦瑟斯达夫！”玛丽边喘气边喊道。她站在他的底下气急败坏地嚷道，“本·韦瑟斯达夫，就是那只知更鸟给我带路的嘛！”

这时候，本怒不可遏，像是真的要翻过墙头跳到她身边来似的。

“你这小坏蛋！”他居高临下地对她喝道，“把过错全都推到一只知更鸟的头上去——它只是对什么事儿都不上心罢了。它会给你带路！它！哼！你这乱编胡话的小——”她很清楚紧接下来他要说的会是什么，因为他心中充满了疑团。“你到底是怎么进来的？”

"就是知更鸟给我带的路嘛。"她固执地顶了回去，"它不清楚自己在这样做，不过它就是做了嘛。你这么对着我挥拳头，我没法跟你好好说。"

就在这一刻，他极其突然地停止了挥拳，事实上他的下巴也耷拉了下来，因为此时他的眼光越过她看到有个什么在越过草地朝他靠近。

一开始，本的一顿臭骂让科林吃了一惊，使得他仅仅是坐直了身子傻傻地听着，好像是变呆了似的。可是听到一半的时候他清醒过来了，他急匆匆地关照迪康："快推我过去！"他命令道，"推得离他尽可能近些，就停在他的面前！"

抱歉得很，让韦瑟斯达夫看到并且使他下巴松垂下来的，正是这一幅图景：一辆轮椅，里面塞着华丽的坐垫和睡袍，在朝他靠近，有如一辆四匹高头大马拉的国宾专用车，因为里面倚坐着的是一位小王爷，那张有着黑眼圈的脸在显示着王室的旨意，一只细瘦白皙的手在傲慢地指向他。车子就在本·韦瑟斯达夫的鼻子底下停了下来。这就自然要使他的下巴松垂下来了。

"你可知道我是谁吗？"那位王爷问道。

本·韦瑟斯达夫的眼睛瞪得有多大呀！他那双发红的老眼紧盯着他前面的物体，仿佛是见到鬼似的。他看了又看，一大团东西在嗓子里强咽下去，却连一个字也说不出来。

"你知道我是谁吗？"科林更加咄咄逼人地追问道。

本·韦瑟斯达夫把他那只扭曲走形的手举到眼前又放在了额头上，这以后他才用一种古怪的颤抖的声音回答道：

"你是谁？"他说，"是啊，我怎能不知道呢——你母亲的那双眼睛不正从你的脸上对着我瞧吗。老天才知道你是怎么会来到这儿的。你不是个可怜的小瘸子吗？”

科林都忘掉他的脊背有毛病了。他脸涨得通红，背挺得笔直。

“我可不是什么瘸子！”他狂怒地大声喊道，“我不是的！”

“他才不是呢！”玛丽也喊道，她义愤填膺，几乎是声嘶力竭地对着那堵墙喊道，“他背上连个针头大的鼓包都没有！我检查过的，那儿根本没有——连一个都没有！”

本·韦瑟斯达夫再一次用手去抚摸自己的脑门，使劲盯着，好像怎么看也看不够似的。他的手颤抖起来，他的嘴巴和声音也发抖了。

他是个没什么文化的老人，是个直性子的老人，别人怎么传言，他都一一信以为真。

“你——你的背没有驼？”他嗄声问道。

“没有！”科林吼道。

“你——你也不是罗圈腿？”本颤抖的声音沙哑得更厉害了。

这也太过分了。科林以往歇斯底里大发作时的那股劲儿此刻使他全身热血沸腾。以前还没有人敢指控他是罗圈腿——哪怕是窃窃私语——从本·韦瑟斯达夫的口气中可以猜到大家全都是这么认为的，这哪里是小王爷的血肉之躯所能忍受的呢。他的愤怒与自尊心受到的伤害使得他忘掉了一切，只知道此时此刻，并且使他身上充满了一种前所未有的力量，一种几乎是超自然的力量。

“过来！”他对着迪康喊道，他事实上已经开始在把铺盖在他腿脚上的东西掀开，好把自己解脱开来了，“过来！过来！快点儿过来呀！”

迪康转眼间已经来到了他的身边。玛丽倒抽了一口冷气，她觉得自己那张脸都要变成煞白煞白的了。

“他能站起来了！他能站起来了！他能站起来了呀！他行了！”她以

从未有过的快速度低声咕噜道。

出现了一小阵的忙乱，毯子被扔到地上，迪康去扶住科林的胳膊，细细的腿伸出来了，小小的脚踩到草地上去了。科林站得笔直——笔笔直——直得像一杆箭，人看上去高得有点儿出奇——他的头往后仰，他那双怪异的眼睛里闪出了火花。

“看着我！”他朝本·韦瑟斯达夫挥动胳膊，“好好地看着我——说你呢！你好好地看我！”

“他站得跟我一般直！”迪康喊道，“他站得直着呢，跟约克郡任何一个孩子没有一点两样！”

本·韦瑟斯达夫接下来的举止倒使玛丽觉得未免太古怪了。他哽咽得喘不出气来，泪水突然从他饱经风霜的脸上直往下流，他把双手合握在了一起。

“唉！”他终于发得出声音了，“他们全都是在胡说八道！你瘦弱得像个小姑娘，脸上没有血色像个鬼魂，可是你背上完全没有鼓包。你会长成个大男人的。愿上帝多多保佑你！”

迪康使劲地扶住科林的胳膊，不过这孩子并未开始摇摇晃晃。他倒是站得越来越直了，他眼睛直直地盯着本·韦瑟斯达夫的脸。

“父亲不在的时候，”他说，“我就是一家之主。所以你必须听我的吩咐。这是我的花园。绝对不许你向别人透露一个字！你爬下梯子，走到长步行道上去，玛丽小姐会在那里找到你，把你带进来的。我们原来没想让你参加进来，可是现在你已经知道秘密了。动作麻利点儿！”

本·韦瑟斯达夫那张刻薄相的老脸上仍然留着那阵怪异冲动的泪痕。他像是很难把自己的目光从站得笔直、头朝后仰的瘦弱男孩的身上移开去。

“唉！孩子啊。”他几乎是在耳语了，“唉！我的孩子呵！”此时他记起了自己的身份，便突然以园丁的方式触碰了一下自己的帽子，说道：“好嘞，少爷！好嘞，少爷！”他恭恭敬敬地爬下梯子，消失不见了。

第二十二章　太阳西下时分

本的脑袋刚从墙头上消失，科林就转过脸去对玛丽说。

“你去接接他。”他说。于是玛丽就飞也似的穿过草地，朝常春藤下的那扇门跑去。

迪康定睛细看科林。科林脸颊还是红扑扑的，精神显得很好，一点也没显出摇摇晃晃会摔倒的样子。

“我能站住的。”他自豪地说，头仍然挺得高高的。

“我跟你说了，一旦不再害怕，你就能做到的。”迪康回答道，“你现在已经不害怕了。”

“是的，我再也不害怕了。”科林说。

这时他突然记起了玛丽说过的话。

“你是不是在施展魔法呀？”他警觉地问道。

迪康笑了，那张弯弯的嘴巴咧得更大了。

“在施展魔法的是你自己哟。”他说，“也就是这同一种魔法，让这些东西从泥土里蹿出来的。”说着，便用自己厚重的靴子去碰了碰草地上的一丛番红花。

科林低下头看了看那丛花。

“是啊，”他慢条斯理地说，“比这更大的魔法也是不会再有的了——再也不可能会有的了。”

他将身子挺得比任何时候都要直。

“我要走到那棵树跟前去。”他说，指了指几英尺之外的一棵树，“韦瑟斯达夫进来的时候我得站着。如果想歇口气我可以靠在那棵树上。我想坐当然可以坐下来，不过不是在他来之前。给我从轮椅上拿条毯子过来。”

他向那棵树走去，虽然有迪康扶住他的胳膊，但是他脚步走得非常稳健。他挨近那棵树站着，看不大出他稍稍有点靠着树，他仍然站得很直，所以人显得很高。

当本·韦瑟斯达夫穿过墙上的门走进花园时，他看到科林站在那里，又听到玛丽低声在嘟哝什么。

“你说啥来着？”他很不耐烦地问道，因为他不愿意自己的注意力从男孩细瘦挺直的身体与傲慢的表情上被吸引开去。

可是玛丽没有告诉他。其实她在说的是这样的话：

“你行的！你行的！我跟你说过你做得到的！你能行的！你没有问题的！你真的行的！”

她的话是向着科林说的，因为她想施展魔法，好让他像这样一直站着。她不能容忍见到他在本·韦瑟斯达夫的面前认输。他的确没有认输。她突然高兴地感到，科林尽管很瘦弱，但是自有一种特殊的美。

他以一种有点滑稽的傲慢态度盯视着本·韦瑟斯达夫。

“你好好看着我！”他命令道，“对着我全身上下好好看看！我是驼子吗？我的腿罗圈吗？”

本·韦瑟斯达夫还没有从他的激动中完全平静下来，不过他已经好一些了，答话时所用的几乎又是平时的那股腔调了。

“你不是的。”他说，“压根儿没那回事。那你干吗那样做呢——干吗躲起来不见人，让大伙儿都揣测你腿瘸和有点弱智呢？”

“弱智？”科林气愤地喊道。“谁这么以为的？”

“傻瓜多了去了。”本说，“世界上爱瞎嚷嚷的蠢驴有的是，全都是在胡说八道。不过你干吗老把自己关在屋里呢？”

“每一个人都以为我活不长，”科林很不高兴地说，“可是我偏偏不死！”

他说得如此毅然决然，使得本·韦瑟斯达夫倒不由得把他上上下下，左面右面，全都细细打量了一番。

“你活不久？”他以冷冷的幽默口吻说道，“没有的事。你气性儿大着哪。我见到你急着把腿脚放到地上去，就知道你没事儿的。你就像少东家那样坐到毯子上去给我下命令吧。”

他的态度里混杂着粗犷的体贴和精明的狡狯。玛丽在从长步行道上带着他往花园走时，便匆匆忙忙地向他作了尽可能详细的关照。

她告诉他，他得记住的第一件事便是，科林的身体正在好起来——正在康复，花园在这里面起着很大的作用。绝对不能提到一句能让他想起罗锅和活不长的话来。

小王爷俯允了，在树荫里的毯子上坐了下来。

“你在园子里都干些什么活儿，韦瑟斯达夫？”他问道。

“差我干什么就干什么呗。”老本回答道，“我能留下来是主子的恩典——因为她喜欢我。”

“她？”科林问道。

“你的母亲。”本·韦瑟斯达夫回答道。

“我的母亲？”科林说，他静静地看着老本，“过去这是她的花园，对不对？”

“对的，正是这样的！”本·韦瑟斯达夫也正眼看着科林，“她最喜欢这个园子了。”

“现在这是我的花园了。我喜欢它。我每天都要来的。”科林宣布说，“不过这必须得保密。我的命令是不许任何人知道我们进来过。经过迪康和我表妹的辛苦工作，它总算是起死回生了。每过上一阵，我就会要你来帮忙的——不过你来的时候一定不能让别人看到。”

本·韦瑟斯达夫的那张老脸扭了一下，现出一个干巴巴的笑容。

“我在别人没见到的情况下也曾进来过。”

“什么！”科林喊道，“什么时候？”

“我上一回进来，大约是在两年以前了。”他边说边摸了摸下巴，朝四下里看了看。

“可是都有十年没进来过一个人了呀！”科林喊道，“连门都没有嘛！”

“我可不是什么别的人。”老本不动声色地说，“而且我也不是从门里进来的。我是翻墙进来的。这两年我风湿病犯了所以没法子爬了。”

“你进来，还修剪过枝子！”迪康喊道，“我原来还弄不懂是怎么回事呢。”

“她当初那么喜欢这园子——她真是喜欢呢！”本·韦瑟斯达夫慢腾腾地说，“她又是那么漂亮的一位年轻太太。有一回她对我说，‘本，’她笑眯眯地说，‘如果有一天我病倒了或是不在了，你必须照顾好我的玫瑰呀。’但是她真的走了之后，上头的命令却是谁也不许靠近这园子。可我还是来了。”他倔强地抱怨道：“我是翻墙进来的——直到风湿病阻止了我——我最初是一年来一次，把该干的活儿干了。是她有命令在先的嘛。”

“要不是你来收拾过，这儿的情况还会更加糟糕的。”迪康说，“我心里还直嘀咕这是怎么回事。”

“我很高兴你来收拾过，韦瑟斯达夫。”科林说，“你懂得怎么保密的吧。”

“当然，这点事我当然会，少爷。”本回答道，“再说，对于一个有风湿病的人，从门口进来岂不更加轻省。”

玛丽方才把她的小铲子掉在树旁的草地上，科林伸出手去把它捡了起来。他脸上现出一种奇特的表情，他竟开始去锄土了。他那只瘦弱的手自然没什么力气，但不多久后，在他们看着他干活的时候——玛丽兴趣更大，几乎都屏住了呼吸——他居然能把整只铲子都插进土里，还翻起了一些泥土。

“你能行的！你能行的！”玛丽悄声地说，“我说过的，你能做得到的！”

迪康的圆眼睛里充满了急切的好奇心，但他什么都没有说。本·韦瑟斯达夫脸上则显出很感兴趣的样子，在一旁观看着。

科林锲而不舍地干着。在翻了几铲土之后，他兴致勃勃地用他自认为是最纯正的约克土腔对迪康说：

“你说过你能让我在花园里走动，跟旁人一样——你也说过能让我挖得动土的。我原以为你这么说是想讨我喜欢罢了。可是今儿才是头一天，我就已经能走了——而且还能挖土了呢。”

本·韦瑟斯达夫听到他这么讲，惊异得连下巴都又一次松垂了，但他终于又咯咯地笑了起来。

“啊！”他说，“听起来你还够机灵的。你还真的是个约克郡小男孩呢。你挖松了土，是不是想栽种点儿什么？要不我去抱盆玫瑰花来。”

“快点去取来！”科林说，继续起劲地挖着，“快点！快点！”

动作真是够快的。本·韦瑟斯达夫匆忙赶去，把风湿病全抛在了脑后。迪康拿起他的大铲子，把洞挖得更深更大，远不是一个新手用他那白白嫩嫩的手所能做到的。玛丽溜出去带回来一把水壶。迪康继续往深里挖，科林则负责把土捣得更松更碎。他抬起头来仰望天空，显得容光焕发，因为他参加了新奇的体育锻炼，尽管活动的强度远远算不上高。

“我要在太阳真的——真的落下去之前把活儿干完。”他说。

玛丽觉得，也许太阳是有意拖延了好几分钟迟迟不落下去的。

本·韦瑟斯达夫从暖房里把种在花盆里的玫瑰抱来了。他一瘸一瘸尽可能快地穿过草地。他也开始激动起来了。他在坑边跪下，把营养土外面的瓦盆砸碎。

“给你，孩子。”他说，把那棵花递给科林，“你亲自把它栽到土里去，就跟一位国王征服了新的国土时会做的那样。”

科林那双白嫩瘦弱的手有点颤抖，脸也益发红了，他把玫瑰放进松土里，扶住它，让老本把周围的土压结实。土坑填平压实了。玛丽跪着，双手撑在地上，探出身子看着这一切。“煤烟”飞下来，在地面上一蹦一跳，看看这里究竟发生了什么事。“坚果”和“贝壳”蹲在一棵樱桃树上，叽叽喳喳在聊着这件事。

“种好了！”科林终于说道，“太阳才刚刚往天边下沉呢。扶我起来，迪康。我要站着看太阳落下去。那也是魔法的一个内容。”

于是迪康便把他扶起来，而魔法——或者是诸如此类的某种法术——赋予了他力量，使得科林的确是双脚站立在地上，发出哈哈大笑，而此时此刻，太阳真的也已沉入了地平线，从而结束了这个奇异、可爱的下午。

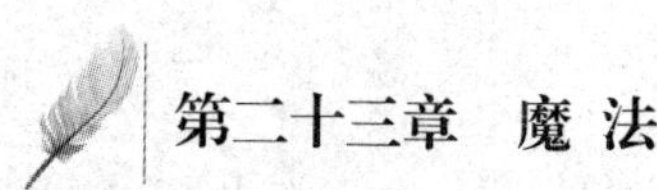

第二十三章　魔 法

他们回到家时，克雷文大夫已在这里等候多时了。事实上，他已经开始考虑，是不是应该派人上花园小道上去找找看了。科林被送回房间时，这个可怜的大夫对着他上上下下看了又看。

“你不应该在外面待这么久的。”他说，“你可不能过于劳累呀。”

“我一点儿都不累。”科林说，“到户外去让我觉得很舒服。明天上午我还要去，下午也去。”

“我可拿不准该不该允许你去。”克雷文大夫回答道，“我担心那样做只怕是不大明智呢。”

“阻拦我去才是不明智呢。”科林很严肃地说道，“反正我是要去的。”

连玛丽都发现，科林的一个主要毛病就是，全然不知在命令别人做这做那时，自己在态度上是何等的粗暴无礼。他出生以来就等于是生活在一个荒岛上，由于这地方一切都对他唯命是从，他习以为常就养成了这种脾气，再说他也没有旁人可以做比较与参照。玛丽以前实际上也跟他不相上下，但是自从来到米塞斯维特后，她逐渐发现自己在风度礼仪上跟旁人不一样，并且也不被看好。在发现了这一点之后，她自然觉得跟科林交流交流应该是很有意思的。因此在克雷文大夫走了之后，她坐下来，好奇地对着科林看了好几分钟。她想惹他问她干吗要这样，果不其然，科林问了。

“你看着我干吗？”他说。

“我在想，我觉得克雷文大夫挺可怜的。”

“我也这么觉得。”科林平静地说，不过还多少带点儿扬扬得意的感觉，“现在我不会死了，他想得到米塞斯维特怕是一点儿希望都没有了。”

“当然，我也为这一点替他感到难过。”玛丽说，“不过方才我想到的是，要十年如一日地对一个永远是蛮不讲理的男孩做出彬彬有礼的样子，这倒不是一件容易做到的事哩。换了我，那是绝对做不到的。”

“我蛮不讲理吗？”科林无动于衷地问道。

“如果你是他的孩子，而他又动不动就爱给人一记耳光，那你早就要挨上耳光了。”玛丽说。

“他敢！”科林说。

“是啊，他是不敢呀。”玛丽完全不带偏见地思考着这个问题。“没人敢做任何一件你不喜欢的事情——因为你活不长了呀，还有等等等等的原因。你多可怜哪。”

“不过，”科林坚定地宣告道，“我再也不当什么可怜虫了。我绝不想让别人以为我是可怜虫。今天下午我用自己的腿站起来了。”

“长期以来你想怎么的就怎么的，所以才变得那么古怪。”玛丽干脆把脑子里的想法统统都讲出来。

科林转过身来，眉头紧皱。

“我古怪吗？”他问道。

“是的。”玛丽回答道。“非常古怪。不过你用不着生气。”她非常客观地说。“因为我也很古怪——古怪的还有本·韦瑟斯达夫。但是即使在我开始喜欢别人之前，在我发现花园之前，我就已经不像以前那么古怪了。”

“我也不愿意古怪呀。”科林说，“我以后也不想古怪了。”他又紧锁眉头，表示他是有决心的。

他是个傲气十足的孩子。他躺着思考了一会儿，接下去玛丽又能见到他那美丽的笑容了，逐渐逐渐地，他整个儿的表情全都改变了。

“我不会再古怪了，”他说，“如果我每天都上花园去的话。那里有魔法——是正道的魔法，你知道的，玛丽。我敢肯定那里是有的。”

“我也敢肯定。”玛丽说道。

“就算那不是真正的魔法。”科林说，“我们也可以假装它是的。反正那里有某种东西——某种不可思议的东西！”

“那就是魔法。”玛丽说，“不过不是邪恶的黑色魔法。它跟雪一般洁白。”

这以后，他们一直就叫它“魔法”。的确，在接下去的那几个月里，那是神奇的几个月——光辉灿烂的几个月——了不起的几个月，他们真像是在魔法里度过一样。噢！在花园里出现的那些事情！倘若你未曾有过花园，那你是不可能体会到的，倘若你是有自己的花园的，那你必定会知道，那真是要用一整本书才能写清楚那里所发生的一切呢。最初，绿色的枝叶仿佛无止无休地冒出来，从土里，从草地里，从花圃里，甚至从墙的裂缝里。接着，从绿叶中开始长出了蓓蕾，蓓蕾开始含苞待放直至绽开、显露出了颜色，各种层次的蓝色，各种层次的紫色，以及浓浅不一的绛红色。在当初欢乐的日子里，各种花儿曾被栽在每一寸的缝隙、空处与角落里。本·韦瑟斯达夫见到过那盛景，他自己就曾从墙的砖缝里抠去灰浆，往里填上一小把泥土好让可爱的攀缘植物有空间生长。鸢尾花和白色的百合花成束成束地从草丛里冒出，绿茵茵的凉亭里无须人打理便自行密密麻麻地长满了矛枪般又高又直、开着蓝花白花的飞燕草、耧斗草与风铃草。

“她最爱不过这些花了——最爱不过了。”本·韦瑟斯达夫说，“她喜欢那些永远直指蓝天的东西，她就是这么说的。倒不是说她高高在上瞧不起人——她可不是那样的人。她就是爱这种花，不过她也说蓝天让人瞅着就心里痛快。”

迪康和玛丽撒下的花籽长得好极了，仿佛有花仙子在庇护似的。一朵朵颜色各异，闪着缎子般亮光的罂粟花在微风中翩翩起舞，快乐地跟在园中活了多年的别的花儿争妍斗胜，那些老住户似乎真有点惊讶，不知道这些新面孔是打哪儿钻出来的。还有玫瑰——哦，那些玫瑰！从草丛里钻出来，缠绕在石制日晷上，攀缘在树干上，从横枝上挂下来，更有些登上了墙，延伸开来，盘成花环，像瀑布般地悬垂下来——它们一天一天，一小时一小时，分分秒秒都更富生机。漂亮的新鲜叶子，还有花苞——还有花苞呢——最初只有一点点小，但是逐渐鼓胀起来，像是中了什么魔法似的，到后来便绽开了，舒展开来，成了一个个盛满香气的杯子，香味儿漫过花瓣飘了出来，充溢在花园的空气中。

科林看到了这一切，观察着那里所发生的一切变化。每天早晨他都被带到户外，只要不下雨，他便在花园中度过每一个小时。就算天气有些阴沉他也很高兴。他愿意躺在草地上“看东西怎样一点点长出来”，他说。他还很肯定地说，要是你盯看得够久的话，你完全可以看到花苞是怎样自己一点点张开来的。而且你还可以结识那些忙忙碌碌的小昆虫呢，可以看它们怎样为了各种各样你不了解不过反正是很重要的目的，奔过来跑过去，有时候还叼着件小东西，干草啦、羽毛啦、食物啦，它们也会爬上一片草叶，就仿佛那是棵大树似的，站在它的顶上你就能眺望与考察整片原野了。一只鼹鼠把土从自己地洞的一端往外刨，终于挖出了一条通道，它用的是小精灵的手似的爪子，那上面的指甲可长了。整整一个上午，科林聚精会神地观察着它的活动：蚂蚁是怎么活动的，甲虫是怎么活动的，还有蜜蜂、青蛙、鸟雀、草木，它们都有自己的活动方式。这些，在他的面前打开了一个可以观察的新世界。迪康把这一切向他展示，并且还引导他探究狐狸、水獭、雪貂、松鼠、鲑鱼和獾的行事方式，于是，科林和小朋友之间简直就有说不完的话与研究不完的问题了。

不过这一切连魔法的一半都还算不上呢。他真的靠自己的力量站起来过，这件事就够他好好思量的。当玛丽告诉他当时她是怎样念了咒语的时候，他激动极了，而且对她的做法非常肯定。他一遍遍想到这件事情。

“当然啦，魔法这事儿，世界上确实是不少见的，”有一天他很有哲理地说道，“只不过大家不明白它是怎么一回事和怎样才能召唤它出现罢了。很可能最初不外是有人说了些吉利的话，说什么好事要来了，等等等等，说呀说呀，好事果真出现了。我也准备这么试着做做看。”

第二天早晨，他们一进秘密花园，他立刻让人去把本·韦瑟斯达夫叫来。本尽量快地赶来了，他发现小王爷站在一棵树的下面，显得很威武的样子，而且笑容也格外灿烂。

“早上好，本·韦瑟斯达夫。”他说，“我要你和迪康还有玛丽小姐都站成一排，好好地听我说，因为我有非常重要的事情要宣布。”

“是的，是的，少爷！”本·韦瑟斯达夫答道，还举起手来触了触额角。（本·韦瑟斯达夫身上有种长期让人琢磨不透的吸引人之处，那就是他少年时代曾偷偷上船，出海去做过多次航行。因此他应答时总有几分水手的气派。）

“我准备进行一次科学试验。”小王爷解释道，“等我长大了，我会做出一系列伟大的科学发明的，我想不如现在就开始做一个实验。”

“是的，是的，少爷！”本·韦瑟斯达夫立即应答道，虽然“科学发明”这类的话他平生还是第一次听到。

玛丽也是第一次听到这样的说法，但是即使在这个阶段她已经开始意识到，科林人虽然有点古怪，却念过不少特别的书，因此还是能归在非常有魅力的男孩这个类别里的。在他抬起头来用那双怪怪的眼睛盯看你时，你便好像不由自主地会相信他，尽管他才十岁——还要过几天才进到十一岁呢。此时此刻，他特别让人信服，因为忽然之间他来了兴致，真的要像大人那样发表一篇演说。

“我准备从事的伟大的科学试验，”他接着往下说，“将是关于魔法问题的。魔法是一种巨大的力量，除了古书里写到的少数人之外，几乎不为人所知晓——玛丽略有所知，因为她出生在印度，那里是有苦行僧的。我相信迪康懂得点魔法，虽然对这一点连他自己也许都不太清楚。他会驯服动物和人嘛。我是不会让他来见我的，倘若他不是位动物驯养师的话——同时还是一位小孩的驯养师，因为小孩也是动物。我能肯定，世上万物之中都存在着魔法，只不过我们对它缺乏应有的认识，不能像我们利用电力、马匹和蒸汽那样，掌握它并且加以利用罢了。”

这番话太有煽动性了，所以本·韦瑟斯达夫变得异常激动，再也按捺不住了。

“对啊，对啊，少爷。”他说，开始把身子挺得更直了。

“玛丽最初发现这个花园的时候，这儿看上去死气沉沉的。”演说家滔滔不绝地往下说道，“接下去有东西从泥土里长出来了，这就是从无到有。头天还什么都没有，第二天却有了。我以前从来没有这样观察过，这使我感到非常好奇。科学家总是好奇的，我将来要当一名科学家。我不断地对自己说：‘那是怎么回事？到底是怎么回事？’反正存在着某种力量。不可能什么都没有吧！我不知道应该怎么称呼，因此我管它叫魔法。我从未见过日出，不过玛丽和迪康见过，从他们告诉我的来判断，那也必定是魔法。有某种力量在把它往上顶，让它前进。自从我进入这花园之后，我有时候透过树枝的缝隙仰望天空，我会产生出一种奇怪的快感，好像我胸膛里有什么在鼓动，使得我呼吸变得急促。魔法就是在不断地推动、鼓动，使事物从无到有。每一样东西都是魔法造成的，叶子和树木，花儿和鸟雀，还有獾、狐狸、松鼠和人。

“因此它必定是遍布在我们身边的。遍布在这个花园里——在所有的地方。花园里的魔力使得我站了起来，让我知道我会健康地长大成人。我想做一个科学实验，好找到一些魔力，让它进入我的身体，让它推动我、鼓动我，使我变得健壮。我不知道怎么能做到，不过我想如果不断地想到它、呼唤它，或许它会出现的。或许这就是获得魔法的最基本的第一步。我第一次试着要站起来的时候，玛丽一遍又一遍尽可能快地自言自语：‘你能行的！你能行的！’而我果真做到了。当然啦，与此同时，我自己也是必须要出力的，不过她的魔法还是给了我帮助——迪康的魔法也是起了作用的。每天早晨，每个晚上，还有白天，只要我能记起来，我都要一遍遍地对自己说：‘魔法就在我的心中！魔法在使我一点点好起来！我要变得像迪康一样健壮，一样健壮！’你们也都得这样做。这就是我的科学实验。你愿意帮忙吗，本·韦瑟斯达夫？”

“我愿意，我愿意，少爷！”本·韦瑟斯达夫回答道，“我非常愿意！”

“如果一个人每天不间断地这样做，像士兵坚持进行操练那样，我们将看到会有什么效验，我们的科学实验会不会成功。我们学习，不就是依靠反复阅读与反复背诵，直到牢记在心吗？我想要掌握魔法，道理也是一样的。如果你不断地呼唤它前来帮助你，它就会成为你的一部分，会一直留下来完成任务。”

“我曾听到印度的一个军官告诉我妈妈，有些苦行僧念偈语要念上几千遍呢。”玛丽说道。

“我也听到过杰姆·费德尔沃思家的对同一件事情能唠叨上千遍——她骂杰姆是酒鬼，除了打老婆再没有别的本事。”本·韦瑟斯达夫一本正经地说道，“那结果也是不消说的。他把那婆娘狠狠抽了一顿，接着便上‘蓝狮’酒店去像个老爷似的喝得烂醉如泥了。”

科林眉头紧锁，不知怎么才好。但接着他脸色变得开朗起来了。

“可不，”他说，“你看，反正结果还是有的吧。她召唤的是邪恶的魔法，自己反而挨了一顿打。倘若她使用的是善良的魔法，说的是中听些的话，没准她老公就不会像老爷似的醉成一摊泥，说不定——说不定还会给她买一顶新帽子呢。”

本·韦瑟斯达夫咯咯地干笑了几声，他那双狡黠、苍老的小眼睛里闪出了钦佩的光芒。

“你头脑跟腿脚健全的孩子相比真是一点儿也不退步呀，少爷。”他说，“下回我见到贝丝·费德尔沃思，一定会给她点暗示，让她明白什么样的魔法才会对她有用。如果那科学实验起作用，她准会现出难得一见的笑脸——那样的话杰姆也会乐得合不拢嘴的。”

迪康一直站在那儿倾听科林的演说，他的圆眼睛里闪烁着奇异、喜悦的光。“坚果”与“贝壳”都蹲在他的肩膀上，他怀里抱着一只长耳朵的小白兔，用手一遍又一遍地轻轻抚摸它，小白兔把长耳朵放了下来，尽情地享受这样的爱抚。

“你认为这样的实验会成功吗？”科林问他，很想知道他会有什么想法。科林见到他以开朗的笑容在面对自己，面对他的那些动物时，总是很想知道他有什么样的想法的。

迪康此刻笑了，他的笑容比平时还要开朗。

“没问题的。”他回答说，“我看能行。它会起作用的，就跟多晒太阳之后种子会起作用一样，肯定是没有问题的。咱们是不是现在就开始实验呢？”

科林听了这话觉得很高兴，玛丽也是。科林记得图画书里的苦行僧与信众是怎么做的，他来劲儿了，便建议大家盘腿在仙帐般的大树底下坐下来。

“这就跟在庙宇里打坐一样。”科林说，“我真有些累了，想坐下来了。”

“哎！”迪康说，“可不兴一开头便说累的。那会破了魔法的。”

科林转过脸来看着他——直勾勾地盯着他那双天真无邪的圆眼睛。

“有道理。”科林慢慢地说道，“我必须把思想集中到魔法这上面来。”

大家围成一圈坐下来时，一切都显得那么庄严与神秘。本·韦瑟斯达夫觉得自己不知怎的像是被人拖去参加祈祷会了。他通常都是坚决不参加他称之为“老天使”的祈祷会的，不过这一回是小王爷主持的事，他倒并不觉得反感，相反，对于有人来求他帮忙，他还是乐滋滋的呢。玛丽小姐则觉得既庄严又兴致勃勃。迪康仍然把他的那只兔子搂在怀里，没准他已经默念过几段驯兽师的咒语，因为他像旁人一样盘腿坐下时，狐狸、松鼠、小羊也都慢慢地凑上前来，填充了圆圈的缺口，蹲坐了下来，像是出于自己的意愿似的。

“小家伙们也都来了，”科林庄严地说道，“它们也想帮助我们呢。”

科林倒真的显得蛮精神的，玛丽自忖。他高高地昂起了头，仿佛他真的觉得自己是牧师似的，他那双古怪的眼睛里放出了奇异的光。

阳光透过树枝形成的仙帐照射下来。

“那么，就让我们开始吧。”他说，“玛丽，我们是不是应该前后摆动身子，就像托钵僧那样？”

“要前后摆动我可办不到。”本·韦瑟斯达夫说，“我有风湿病呢。”

“魔法能根治百病的。”科林拿出大教长的腔调对他说，“不过在你的病好之前我们不摆动身子也行。我们光唱赞美诗吧。”

“唱诗我也做不到。”本·韦瑟斯达夫说，他有点不耐烦了，“我就试着唱过一回，没唱几句他们就把我从唱诗班轰出来了。”

谁也没有笑。大家全都非常认真。科林的脸上甚至都没有掠过一丝阴影。他一门心思在想他的魔法。

“那就由我来唱好了。”他说。接着他开始唱了，那样子活像一个奇异的小男精灵。“太阳光辉照耀——太阳光辉照耀。全靠魔法保佑。

花儿明媚开放——根儿茁壮生长。全仗魔法保佑。魔法给人生命——魔法使人健康。魔法在我身上——魔法进我心中。在我心中——在我心中。在每个人的心中，也在本·韦瑟斯达夫的脊背上。魔法！魔法！快来保佑我们吧！”

他吟唱了好多遍——虽说不到一千遍，但也着实不少。玛丽听得入了神。她觉得这赞美诗既有点怪异但是也很美，她希望科林能够永远永远地唱下去。本·韦瑟斯达夫开始感到舒服多了，仿佛是进入了一个迷人的梦境。花丛里蜜蜂发出的嗡嗡声与赞美诗歌声交织在一起，催人欲眠。迪康怀里的那只小白兔还真的睡着了，迪康伸出一只手去抚摸小羊羔的背。“煤烟”挤开一只松鼠，蜷成一团，栖在迪康的肩膀上，它的灰眼皮已经耷拉了下来。终于，科林停止了吟唱。

“此刻，我打算在园子里绕着圈子走。”他宣布道。

本·韦瑟斯达夫的头刚刚朝前面沉了下去，此时猛地往上一抬。

“你睡着了。”科林说。

“没有的事。”本嘟哝地说道，“布道词说得太棒了——我刚想溜号，免得赶上要募捐了。”

他还没有太清醒呢。

“你可不是在教堂里。”科林说。

“当然不是。”本说，“谁说我在那儿啦？你说的每一个字我都听得真真儿的。你还说魔法在我的脊背上。按医生的说法在那儿的可是风湿病。”

小王爷挥了挥他的手。

“医生用的是旁门左道的魔法。”他说，“你会好起来的。我现在允许你去做自己的工作了。不过明天还得来。”

“我还想瞅瞅你是怎样在园子里兜圈子的呢。”本嘟哝地说。

这嘟哝并非不友好的抱怨，但还是一种抱怨。事实上，作为小团体中最执拗、最年长的一员，对魔法的信仰也不是那么死心塌地，他早已暗下决心，即使被遣走，他也要爬上梯子，从墙头上窥看，以便小主人摔倒时自己也可以一瘸一瘸地赶回来帮忙。

小王爷倒并不反对他留下来，于是队列就形成了。科林领先，迪康在他的一边，玛丽在他的另一边，本·韦瑟斯达夫殿后，“小家伙们”则拖拖拉拉地追随在他们的后面。小羊羔和小狐狸紧挨着迪康的脚跟，小白兔一蹦一跳地前行，时不时还要停下来偷吃几口野食，走在最后面的是“煤烟”，它端足了架子，好像这整件事是由它在负责似的。

队伍行进得很缓慢，但是十分庄严，每走十来步就得停下来歇歇。科林靠在迪康的手臂上，本·韦瑟斯达夫暗地里用眼睛紧盯着，但是科林时不时也的确会把手松开，独自走上几步。他的头一直挺得高高的，显得十分神气。

“魔法就在我的身上！”他不断地说道，“魔法使我变得健壮！我能感觉出来！我能感觉出来！”

很显然，是有某种力量在支撑着他，扶持着他。走到凉亭那儿，他在石凳上坐了一会儿，有一两回他在草地上坐了下来，有几次他在小路上停下来靠着迪康的身子歇一口气，但是他没有半途而废，而真正是绕着花园内走满了整整的一圈。当他回到树下仙帐般的那块地方时，他脸颊红扑扑的就像凯旋似的。

“我完成了！魔法起作用了！”他大声喊道，“这是我的第一项科学发明。”

“克雷文大夫该怎么说呢？”玛丽脱口而出。

“他是连一个字都说不出来的。”科林回答道，“因为他什么情况都不知道。这将是我们全体最最大的秘密。别的人什么都不会知道，一直到我变得那么健壮，能像任何一个男孩那样行走和奔跑。以后每一天，我还是坐着轮椅来，坐着轮椅回去。我不想让别人背后议论和问这问那，在这整个实验大功告成之前，我也不愿让我的父亲听说这事。这以后，等他回到米塞斯维特，有一天，我会若无其事地走进他的书房，对他说：‘我来了，我跟所有别的男孩没有什么不同。我身体很好，长大成人是不成问题的。那都是靠一项科学实验才得以完成的。’”

“他准以为自己是在做梦。”玛丽喊道，“他简直不敢相信自己的眼睛。”

科林得意扬扬，容光焕发。他已经使自己相信他的身体会好起来的，这便使战斗赢得了一半的胜利，如果他意识到其中的道理的话。

对他来说，最能激励他的莫过于想象中的这样的一个场面了：当父亲见到自己的儿子跟别人的儿子同样挺拔、同样健壮时，父亲的脸上会显露出什么样的表情。过去他缠绵于病榻时使他最最感到痛苦的一件事就是，他恨自己怎么如此病弱、如此伛偻，连自己的父亲都不愿正眼看他。

“父亲想不相信也都不可能了。”他说，“在魔法起作用、我开始进行别的科学实验之前，我先要做一件事情，就是使自己成为一名运动员。”

“咱们一个星期左右就送你去参加拳击比赛。”本·韦瑟斯达夫说，“你最终会赢得金腰带，当上全英拳击冠军的。”

科林用严厉的目光盯着他。

“韦瑟斯达夫，”他说，“你可有点太过分了。你绝对不能自作主张，因为你是我们的秘密小团体的一名成员。不管魔法会起多大的作用，我都不会去当什么拳击手的。我要做一名科学发明家。”

“多有得罪——多有得罪，少爷。”老本回答道，一边用手碰了碰额头做出敬礼的模样，“我应该看出这不是什么可以开玩笑的事儿。”

不过，他说的时候眼睛里闪烁出狡狯的光芒，其实他心里还是非常高兴的。他真的一点儿也不在乎挨剋，因为能够剋别人正说明这孩子的力量和精神正在增长。

第二十四章　“让他们笑吧！”

秘密花园并不是迪康唯一要出力干活的地方。荒原上他家茅屋附近，有一片用粗石块矮墙围起的土地。每天黎明和暮色苍茫时，还有科林和玛丽见不到他来的那些日子里，他都会在那里为娘亲栽种和侍弄土豆、卷心菜、芜菁、胡萝卜和药草。在他那些“小家伙们”的陪伴下，他在那里创造了奇迹而且看来似乎永远也不会感到疲倦。他一边松土或是除草，一边吹着口哨或是哼唱着，那都是些约克郡的荒原小调的片段，要不就说说话，跟“煤烟”或是“船长”，或是他的弟弟、妹妹，他正在教他们帮自己干活呢。

“要不是有迪康的菜园子，”索尔比太太总这么说，“咱们家日子过得还不会像现在这么顺心呢。什么东西都跟他有缘分呀。他种出来的土豆和卷心菜就是比别人家菜园里的大上一倍，而且吃到嘴里总有一股特殊的味道。”

她一得空闲就爱到屋子外面去跟迪康聊天。晚饭吃过后，天还能蒙蒙亮上好一阵子，满可以抢时间干上一会儿活儿，这便是她一天中能享受到的闲适时光了。她会坐在粗石头或矮墙上朝四下眺望，听儿子讲这一天发生了什么有趣的事儿。她喜欢这段时光。园子里种的不光是蔬菜。迪康时不时会买来些一便士一包的花籽，在醋栗丛中甚至在卷心菜之间栽种一些鲜艳芬芳的花，还用木樨草、石竹和三色堇给这片地镶上边儿。每一年他都把花籽采集回来，有的花根每到春天自己会开出花儿来的，时间一久便形成一个个蛮像样的花簇了。那堵矮墙也可以算是约克郡最漂亮的一个景点，因为迪康在墙的每一道缝隙里都移植了从荒原上挖来的毛地黄、蕨草乃至野菜、野花，使得墙上只有不多的几处，才能瞥见原来的那些石块了。

“娘啊，其实要想作物长得兴旺也没啥难的，你只消实心实意跟它们交朋友就可以了。它们跟小动物没啥两样。它们渴了就喂它们点儿水，饿了呢就喂它们点儿肥料。它们想活下去，就跟我们一样。要是它们死了，我就会觉得自己是个坏孩子，没能尽心照顾好它们。”

正是在这样的薄暮时分，索尔比太太听说了发生在米塞斯维特庄园的全部故事。最初只让她知道，“科林少爷”现在很愿意和玛丽小姐一起上户外走走了，这样做对他的身体很有好处。没过多久，那两个孩子便同意让迪康的母亲“也参加到秘密里来”。不知怎的，他们全都觉得大妈的“可靠程度是没的说的”。

于是，在一个美好宁静的黄昏，迪康干脆把整个事情全都对她披露了，包括所有惊心动魄的细节：埋在土里的钥匙啦、知更鸟啦、像死亡一样笼罩着花园的灰色雾霭啦，还有玛丽小姐曾打算永远也不泄露的那个秘密。还有，迪康是怎么来到的，又是怎么让他知道的，科林少爷怎么起了疑心，以及最后的那一幕戏：科林终于被引进了这一神秘地域。另外，还有那几场好戏呢：本·韦瑟斯达夫那张怒不可遏的脸如何从墙头上窥探，科林少爷的力量又如何突然在愤怒之中迸发。这一桩桩一件件，真的使索尔比太太那张清秀的脸一次又一次地为之动容呢。

“我的好老天！”她说，“小姑娘来到庄园倒还真是一件好事呢。既是改造了自己也是拯救了那男孩。自己站起来了！我们还都以为他不但有点弱智而且身上没有一根硬而直的骨头哩。”

她向儿子问了许多的问题，那双蓝眼睛里充满了沉思的神情。

“庄园里的人对这样的现象又有什么看法呢——他身体这么好，心情这么愉快，而且再也不怨天怨地了？”她问道。

“他们弄不懂这是怎么一回事。”迪康答道，“随着每一天的到来他的脸都会有新的变化。肉多一些了，轮廓不那么生硬了，连脸色都不那么蜡黄了。不过他还必须时不时发点小脾气。”说着，他还很开心地笑了笑。

“那又是为什么呢？我倒弄不懂了。”

迪康咯咯地笑出声来。

“他这样做就是为了不想让人猜测出了什么事。要是大夫知道他发现自己能站起来，就很可能要写信给克雷文先生。科林少爷想先保守住这秘密留待以后自己来说。他想每天都练腿上的法力，一直等到他爸爸回来，到那时他就可以迈开大步走进父亲的书房，让父亲看看他的身子是跟别的男孩一样直的。所以他和玛丽小姐都认为最好还是先装得时不时哭哭闹闹，发点脾气，免得别人发现有什么变化。”

还没等迪康说完最后的那句话，索尔比太太早已开心地低声笑起来了。

“嗨！”她说，“我说，这两个小鬼倒挺会自个儿偷着乐的呢。他们有的好装假的了，小孩子最爱玩的就莫过于装神弄鬼。再说给我听听他们都干了点儿什么鬼把戏，好孩子迪康。”

迪康干脆停下了锄草的活儿，蹲坐在自己的脚跟上，准备好好跟她说说。他眼睛里闪烁出调皮的光芒。

“科林少爷每回外出都是由人抱下楼放进轮椅的。”他解释道，“他总是对着男仆约翰发脾气，怪这人抱自己时没能轻着点儿。他总做出一副病弱无助的模样，仿佛连脑袋都支不起来了，一直要到我们去到屋子里的人都瞧不见我们的地方，他才会把头抬起来。在将他放进轮椅时他也抱怨个没完。他跟玛丽小姐都觉得这么做有趣得很，在他抱怨的时候她会说：‘可怜的科林！他们真的把你弄得这么疼吗？你怎么弱到了这个地步呢，可怜的科林！’——不过，麻烦的是，有时候他们简直忍不住要大笑出来。等我们安全抵达花园时，他们都要笑得连再笑下去的力气都没有了。他们只好把脸捂在科林少爷的垫子里，免得让园丁听到笑声，万一周围真有个园丁的话。”

“他们笑得越多，对身体也越有好处！”索尔比太太说，她自己也忍不住要笑个没完了，“健康孩子的笑声要胜过所有的良药仙丹哪。这两个孩子一定会双双胖起来的。”

“他们已经在开始发胖了。”迪康说，“他们老是觉得饿，不知道除了吩咐下人端上来以外还有什么办法可以弄到够他们吃的东西。科林少爷说，要是他老让送吃的来，别人就根本不会相信他是病人了。

玛丽小姐说她可以把自己的那份让给他吃，可是他说要是让她挨饿她会瘦下去的。他们想两个人都快些胖起来。”

索尔比太太听说两个孩子遇到了这样的困难，简直是乐不可支，她那穿着蓝罩衫的身子笑得前仰后合，迪康也陪着她一块儿笑。

“我来告诉你该怎么办吧，孩子。”索尔比太太终于顺过气来能说话了，“我想到了一个两全之策。你早上到他们那儿去时提上一桶上好的新鲜牛奶，我再给他们烤上一个脆皮乡村面包或是几只有葡萄干的小面包，就是你们几个小家伙最爱吃的那种。再没有比牛奶、面包更好的东西了。这样一来，他们在花园干活时可以先靠这些解解急，回到屋子里之后，再用那些细气的吃食填补胃里的空隙。”

“啊，娘啊！”迪康佩服得五体投地，“你真是了不起！你总能在没有办法的时候想出绝招来。昨儿个他们还愁得不行呢。他们除了叫用人多多上饭上菜之外就是想不出还有什么旁的办法——而他们肚子又总是在咕噜咕噜乱叫。”

“他们是两个正在迅速成长的年轻人嘛，这会儿又正值恢复健康，这样的孩子自然跟小饿狼没有什么不同，食物对于他们来说就跟血和肉一样。”索尔比太太说。这时，她笑了起来，那弯弯的嘴角跟迪康的简直一模一样。“噢！他们现在一定是活得很惬意吧。”她说。

她说得一点儿也不差，她真要算得上是一位贴心、聪慧的好妈妈了——至于她说那两个孩子在装神弄鬼取乐，那更是说到点子上了。

科林和玛丽发现这是最能给他们提供兴奋与刺激的一个源泉。至于要保护自己免得受到猜疑的念头，那还是得之于对此一无所知的两个人呢，一个是那个大惑不解的护士，另一个就是克雷文大夫本人。

“你的胃口大有改进呢，科林少爷。”有一天，那位护士说，“你过去什么都不吃，很多东西都不合你的口味。”

"现在呢，没有什么东西是我不能吃的。"科林回答道，这时他见到护士好奇地看着他，突然记起目前自己也许还不宜显得身体太好，于是赶紧补充了一句："至少是不那么经常倒胃口了。那都是因为呼吸了新鲜空气的关系。"

"也许是的吧。"护士说道，仍然是满腹狐疑地盯着他看，"不过我必须跟克雷文大夫谈谈这件事情。"

"瞧她瞪大眼睛盯着你的那副模样哟！"护士离开后玛丽说道，"就好像她觉得这里面有什么猫腻必须得查清楚似的。"

"我是不会让她来查的。"科林说，"现在还绝对不能让任何人着手查究。"

那天上午，克雷文大夫到来时也显得大惑不解。他一连问了好几个问题，把科林弄得心烦意乱。

"你在园子里待的时间不短呀。"他试探地问道，"你上什么地方去啦？"

科林摆出他平时最心爱的那种高高在上、旁若无人的派头。

"我可不喜欢阿猫阿狗都知道我上哪儿去了。"他回答说，"我去了我爱去的地方。我命令所有的人都回避开。我不喜欢让别人瞪大眼睛盯看。这你是知道的！"

"你好像一整天都待在外面嘛，不过我倒认为对你不至于有什么害处——我真的这么认为。护士说你胃口比以前好多了。"

"也许是吧。"科林说，他忽然灵机一动，"没准那是一种不太正常的食欲吧。"

"我倒不这么认为，因为那些食物好像很对你的胃口。"克雷文大夫说，"你在迅速增加体重，脸色也好一些了。"

“说不定——说不定是浮肿和发烧吧。”科林说，装出一副沮丧与抑郁的样子，“活不长久的人常常是——跟旁人不一样的。”

克雷文大夫摇了摇头。他捏住科林的手腕，把他的袖管往上捋，摸了摸他的手臂。

“你并没有发烧。”他若有所思地说道，“你的长胖也是一种健康的迹象。如果你能这样继续下去，我的孩子，咱们便无须谈论死不死的问题了。你父亲听说了这样显著的进步一定会非常高兴的。”

“我不许别人跟他这么说！”科林火气突然变得很大，“如果我身体再次变得不好那只会使他更加失望的——很可能今天晚上我就再度恶化呢。没准我会热度飙升呢。我感到热度此刻就已经在往上蹿了。我不允许你写信给我的父亲——我不允许——我不允许嘛！你是在有意让我生气，你明明知道这对我非常不好。我已经觉得热度在升上来了。我讨厌有人写信报告我的事、议论我的事，就跟我讨厌让人盯着看一样！”

“别说了，我的孩子。”克雷文大夫安慰他，“没有你的同意什么信也不会写的。你对一些事情未免过于敏感了。你刚有些好转，切切不可以再往后倒退呀。”

他再也不提写信给克雷文先生的事了，在见到护士时他悄悄地告诫她，连那样做的可能也一个字都不要提。

“那孩子状态好得出奇。”他说，“他的康复都显得有点不大正常。不过，当然啦，他现在这样做是出于他的自愿，过去我们想要他做还办不到呢。但他仍然非常容易激动，千万不要说些会刺激他的话。”

玛丽和科林非常紧张，焦急地研究对策。而这也就是他们开始有意“演戏”的那个时刻了。

“我没准还不得不来上一次歇斯底里大发作。”科林很懊恼地说，

“我并不想这样，我没有遇上过于烦心的事儿能让我发得出来。也许我根本遇不上什么烦心事儿了。再没什么东西堵在我的嗓子眼里了，我现在想得到的都是让我开心的事儿而不是堵心的事儿。不过要是他们提起要给我父亲写信，我是不能不有所反应的。”

他下定决心要减少饭量，可是很不幸，这一宏伟规划他根本贯彻不了。每天早晨他一睁开眼睛就已经感到饥肠辘辘，而他沙发近前的桌子上已经摆好了早餐：家制面包、新鲜黄油、雪白的鸡蛋、山莓酱和凝结奶油。玛丽经常和他一起用早餐，当他们发现自己坐到了餐桌跟前时——尤其是当一片片煎得发出嗞嗞声的熏火腿从热烘烘的银罩子底下发出诱人的香味时——两人只好大眼对小眼，一筹莫展了。

“我想咱们今天这么丁点儿早餐嘛还是应该全都吃掉的，玛丽。”科林到头来还是这样说道，“午餐咱们可以退回去一些。晚餐嘛可以绝大部分都退回去。”

但是他们最终还是一小口都没能退回去，连空盘子上的汁水都用面包擦得干干净净，这样的景象自然在备餐房那里引起了更多的议论。

“我真希望，”科林吃完了还没尽兴，“火腿片能够再厚一些，一人只配给一只松糕，胃口再小的人也会觉得不够的呀。”

“对于无意活下去的人来说那倒是绰绰有余了。”玛丽初次听科林感叹时这样说道，“但是对于不想死的人那还不够塞牙缝呢。我有时觉得，在闻着从开着的窗子里不断涌进来的荒原花草香味时，我一口气吃下去三只松糕都不成问题。”

那天上午，在他们在花园里干了两个小时，筋骨刚刚舒展开来时，迪康从一丛浓密的玫瑰花丛后面提来两只铁皮桶，并且显示给他们看，一只桶里是满满的新鲜纯牛奶，上面已结上了牛奶皮和奶油，另一只里是用洁净的蓝白花巾包着的好些家制乡村小面包。由于裹得严严实实，到这会儿还热乎乎的呢，这就引来了一阵大大的惊喜。索尔比太太想得多么周到呀！她必定是何等聪明善良的一位太太呀！小面包香极了！新鲜牛奶又是多么的可口呀！

“她就跟迪康一模一样，身上是有魔法的。”科林说，“这就使得她会想方设法做出一些事情来——那都是好事。她是个有魔法的人。请告诉她我们非常感激——真是感激不尽哪。”

他有时喜欢用一些大人的文绉绉的词儿。他觉得这样挺有趣。他如此喜欢，竟然用到了叠床架屋的地步。

“请告诉令堂，她绝对是个慷慨大度的人，而我们的感激也是无以复加的。”

可是接下来他又忘了摆谱的事了，只是一头扎进了面包和牛奶。

他端起铁皮桶就喝，吃相难看，跟任何一个干了重活、呼吸着荒原空气、两小时之前所吃的那点东西早就消化殆尽的男孩子没有一点两样。

这仅仅是许多件同类愉快事情的一个开端。他们逐渐觉察到，索尔比太太那里有十四张嘴要吃饭，要每天再额外管两份饭那是吃不消的。于是他们便请她接受一些他们手中的先令来帮他们买食物。迪康又有了一个令人振奋的发现，在花园外面的公共林地里，也就是当初玛丽发现他对着小动物们吹笛子的地方，有一片深陷的小洼地，在这儿只消把几块石头一垒就是一个挺不错的小行军灶，烤个土豆和鸡蛋什么的一点不成问题。烤鸡蛋可是孩子们以前连听都没听说过的珍馐呀，而滚烫的烤土豆再蘸上些盐和黄油，这道美食连摆在林中大王的御餐桌上都不会显得寒碜——至于解馋和能填饱肚子那就更加不在话下了。你可以买了土豆又买鸡蛋，想吃多少就吃多少，而不必感到愧疚，仿佛是从十四个人那里“虎口夺粮”

似的。

每一个美好的早晨，这个神秘的小集团都要在仙帐底下举行魔法接受仪式，在短暂的花季之后，构成仙帐的李树的那些枝叶变得越来越浓密了。仪式结束后，科林总是做他的步行练习，在整整一天中，他时不时还会抽空再练上几回，试验一下他新获得的力量。随着每一天的过去，他身体变得更强壮了，步子更稳了，能走的地方也更多了。每天每天，他对魔法的信仰变得更为坚定了——这也是很自然的一件事。在他觉得自己力气有所增长之后，他又开始试着做这样或是那样的动作，但是那最最正确的练法还是迪康传授给他的。

有一天迪康没有来。第二天他到来之后对大家说："昨天，我上斯缝特村帮俺娘办事去了。在蓝牛旅店附近我见到了鲍勃·霍沃思。他算得上是荒原地区身体最最棒的家伙了。他摔跤比赛是冠军，跳高比赛拿第一，掷链球也比谁都掷得远。一连好几年，他都远赴苏格兰去参加比赛。从小他就认得我，跟我挺要好的，所以我问了他一些问题。先生们都管他叫运动员呢。我想到了你，科林少爷，于是我问他了：'鲍勃，你这一身疙瘩肉是怎么练出来的呀？你这么结实，是不是用了什么特殊的办法呀？'他说了：'对了，孩子，我用的办法是有点儿特殊呢。咱们这地方来过一个健美表演的大力士，他教过我几招，让我知道怎样锻炼胳膊、大腿以及身上旁的地方的肌肉。'我又说了：'身子虚弱的人用这样的方法也管用吗，鲍勃？'这时候他笑了，对我说：'这个身子虚弱的人莫非是你不成？'我说：'倒不是我，不过我认识一位年轻的先生，他长年生病，眼下刚好起来，我希望能掌握一些诀窍，帮帮他，让他明白该怎么练。'我没有具体说出名字，他也一个字都没有问，仍然像我刚才说的那么友好，还站起来向我示范，我一一跟着他做，一直到把全部套路都牢记在心。"

科林一直非常兴奋地听着。

“你能做给我看看吗？”他喊道，“你愿意吗？”

“哎，当然行啦。”迪康回答道，一边站起身子，“不过他说你一开始做动作要轻一些，千万别累着自己。做一阵呢就歇上一会儿，要深呼吸，千万别练过了头。”

“我会当心的。”科林说，“做给我看呀！做给我看呀！迪康，你真是世界上最有魔力的男孩子！”

迪康站立在草地上，慢慢地做起一套精心设计却很简单实用的肌肉锻炼操来。科林睁大眼睛看着。他坐着也尽可能跟着做了几个动作。很快，他用已经可以站稳的双脚站立起来，轻手轻脚地做了几段。

玛丽也开始跟着做了。“煤烟”一直在一旁观看，因为无法跟着做而大为气恼，干脆飞离了树枝，在周围生气地一蹦一跳。

从此时起，做操就和练魔法一样，成为他们的日常功课了。每练一次，不管是科林还是玛丽都能掌握更多的动作，这样一来，他们的胃口也越来越大了，要不是迪康每天来到时便放在灌木丛后面的那篮食物，他们都不知道该怎么办才好了。不过洼地里的小行军灶和索尔比太太的充分供应确实是起了很大作用，因此梅德洛克太太、护士和克雷文大夫又开始摸不着头脑了。在肚子里塞满了烤鸡蛋、烤土豆、满是泡沫的新鲜牛奶、燕麦饼、小圆面包、石南花蜜和凝结奶油的情况下，你自然是可以装出早餐不想吃、午餐也没胃口的娇气模样的啦。

“他们简直是什么都没吃嘛。”那个护士说，“要是不听从劝告多少吃些有营养的东西，他们会活活饿死的。不过他们脸色怎么还这么好呢？”

“这么好？”梅德洛克太太气愤地喊道，“哼！我都快要让他们活活气死了。他们简直是一对小魔鬼。头天还吃得快撑破肚皮，第二天却对厨娘专门为他们做的美食佳肴扭开脸去。昨天，那么好吃的浇布丁汁童子鸡连一口都不吃——那个可怜的女人挖空心思单给他们烤了一个布丁——居然一叉子没动就退回来了。厨娘连眼泪都要掉下来了。她担心他们饿死进了坟墓自己也会落个埋怨呢。”

克雷文大夫来了，他把科林细细地打量了很长时间。护士向他汇报情况时，还把特意留着几乎没有动过的早餐拿给他看，他的表情非常严肃——等到他坐到科林的沙发边上细细审察科林的时候，他的表情变得更为凝重了。他有事被召去伦敦，几乎有两星期没见到孩子了。小孩子家健康开始恢复这个过程往往是很短的。科林皮肤上那蜡黄的颜色已经消失不见，代之而来的是从肉里透出来的一层温暖的玫瑰红，他那漂亮的蓝眼睛变得很清澈，眼底下以及面颊、颞颥那里的瘪凹处现在也都丰满起来了。他原来那头发暗、沉重的鬈发如今像是从脑门上健康地蓬勃冒出来的，显得生气勃勃和富于朝气。他双唇更加饱满了，颜色也更加正常了。老实说，以他的气色来假装一个无可救药的病儿，实在是有点不伦不类。克雷文大夫用手托着自己的下巴，反复思考着他的问题。

“听说你什么东西都不吃，我感到很难过。”他说，“那是不行的。你会前功尽弃的——你已经有了很大的进步。不久之前，你还是吃得挺香的呀。”

“我跟你说过，那样的胃口是不正常的呀。”科林回答道。

玛丽当时坐在近旁她的脚凳上，她突然发出了一种非常奇怪的声音，她竭尽全力要把它压制下去，结果是几乎把自己噎住了。

“这是怎么回事？”克雷文大夫说，一边扭过头来看她。

玛丽做出一副再正经不过的样子。

“我又想打喷嚏又要咳嗽，”她回答说，她既自责又很有自尊心地说，“结果一口气岔在嗓子眼里了。”

事后她对科林说：“我实在憋不住了。它自己噗地蹦出来了，因为我当时一下子就想起你把最后一个大土豆吃下去的那副馋相，还有你那大嘴巴朝抹了厚厚一层果酱和鲜奶油的面包狠狠咬下去的那副猴急模样。”

“那几个孩子会不会有什么秘密渠道得到食物呢？”克雷文大夫问梅德洛克太太。

“不可能，除非他们能从土里挖出来或是从树上采下来。”梅德洛克太太回答道，“他们一整天待在外面，除了自己几个人谁都见不到。而且如果他们不爱吃端上去的饭食，吩咐一声不就行了嘛。”

“好吧。”克雷文大夫说，“只要他们觉得不吃东西也能活，咱们又何必瞎操心呢。反正那男孩已经跟换了一个人似的了。”

“那丫头也一样。”梅德洛克太太说，“自打她开始长胖，也不哭丧着脸以后，她变得好看多了。她头发变得浓密发亮，脸上也有光彩了。她原来绷着一张讨债脸，谁都不待见，可现在，跟科林少爷一起打打闹闹，嘻嘻哈哈，简直像一对小疯子，没准他们就是靠了这个才长肉的。”

“也许是吧。”克雷文大夫说，“那就让他们笑吧。”

第二十五章　帘幕

秘密花园里鲜花开个不停，每天都有新的奇迹出现。知更鸟巢里有了鸟蛋，知更鸟的爱侣端坐在上面，用自己的毛茸茸的小胸脯和轻起轻落的羽翼捂暖它们。一开头它相当紧张，那只公知更鸟也如临大敌似的监视着。在那些日子里，连迪康也注意着不去靠近那个枝浓叶密的角落，而是耐心等待着，让他无声的神秘咒语潜移默化地起作用，让这对小爱侣在心灵中领会到，花园里并无外人——谁都懂得它们正在创造奇迹，关于鸟蛋的全部柔情万种又惊心动魄还让人心碎的美与严肃的奇迹。如果花园里即使只有一个男孩或女孩不是出自内心这么思想与这么行动，竟会去窃取或损害一枚鸟蛋，那么这整个世界就会在太空中飞旋与趋于毁灭——即使是单单有一个孩子不是按这样的思路去想去做，那么即使在如此金灿灿的春天的空气里，也是绝对不可能有幸福存在的。花园里的人全都是这么理解这么感觉的，那对知更鸟爱侣也明白这些人是明白这一点的。

起初那知更鸟警惕忧虑地注视着玛丽和科林，出于某种神秘的原因，它知道对迪康倒无须防范。在它那露珠般明亮的黑眼珠第一眼见到迪康时，它就明白这不是外人，而是一只没有鸟喙和羽毛的知更鸟。他会说知更鸟的语言（那可是单独的一种语言，跟别的鸟的截然不同）。跟知更说知更鸟语犹如跟法国人说法语一样。迪康自己对这只鸟总是说鸟语的，因此他跟人类说些古里古怪、叽里咕噜的话是无关紧要的。知更鸟认为他对他们说这种难听的话仅仅是因为这两人有点弱智，居然连毛羽族的语言都听不懂。迪康的动作也是知更鸟式的。这些永远也不会是让鸟类又惊又骇的大动作。迪康的话连再笨的知更鸟都能听懂，因此他的在场根本不足为虞。

不过一开头对另外那两人倒是不可不防。首先，那男孩不是用自己的腿脚进入园子的。他是坐在一个带圆圈的物件上由别人推进来的，而且他身上还盖着野兽的毛皮。这件事本身就很可疑。另外，当他开始站起来到处走动时，他的动作也是怪里怪气的，跟常人不一样，而且似乎还离不开别人的帮助。那只知更鸟总是一动不动地隐藏在浓密的树丛里紧张地窥看这幅图景，小脑袋一会儿侧向这一边，一会儿又侧向那一边。它寻思这样的慢动作可能意味着他准备要往前扑杀了，就像猫常常会做的那样。猫在准备出击时总是趴在地上非常缓慢地匍匐前行的。有几天那知更鸟一天里总要跟它的爱侣把这事唠叨上好几遍，可是后来它决定不再说了，生怕爱侣惊慌过度对孵蛋不利。

当那男孩开始自己行走甚至可以移动得稍快一些时，知更鸟总算是大大松了一口气。可是在一段长时间之内——或者说在知更鸟感觉中已经过了一段长时间——他仍然是鸟儿焦虑的源泉。他的行动规律跟常人的不一样。他好像非常喜欢走路，但是他会出鸟意料地坐下来或是躺下来，过上一会儿又让鸟狐疑不安地再次爬起来，迈开步子再走。

有一天，那知更鸟忽然想起，小时候父母教它学飞的时候自己也差不多这样干过。它曾飞上短短的一段距离就不得不停下休息。它忽然想明白了，原来这个男孩儿是在学飞呀——更准确地说，是在学走。

它把这一点告诉它的爱侣，它们蛋壳里的小宝宝羽毛长出来后说不定也会这样做的。爱侣听了心放宽多了，它甚至很感兴趣，还趴在窝边去窥看那男孩，并从中获得很大的快乐——虽然它心里总觉得自己的宝宝一定是更加聪明，一定学得更快。接下去它会很偏心眼地说，人跟鸟宝宝比起来总是更为笨拙，学什么都要慢上许多，而且飞这一招，那是绝大多数人都永远无法真正掌握的，你什么时候能在空中或是树梢上撞见人呀。

又过了一段时间，那个男孩开始能跟别人一样地行走了，可是三个孩子又做起别的出格的事情来了。他们会站在树底下，晃动他们的胳膊、腿脚和脑袋，那动作既非走路亦非奔跑与坐定。他们每天都抽一些时间出来做这些动作，知更鸟怎么也无法向它的爱侣解释清他们在干什么和想达到什么意思。它只能说，它敢肯定，蛋壳里的宝宝倘若也这么干，要想飞是绝对办不到的，不过既然那个鸟语说得这么流利的孩子也跟他们一块儿做，那么这绝对不会是什么危险动作，这一点当鸟爸鸟妈的大可不必担忧。自然，不管是公知更鸟还是母知更鸟，它们都从未听说过摔跤冠军鲍勃·霍沃思的大名，也不知道他还有一套体操法，可以让肌肉鼓得跟小山包似的。知更鸟跟人不一样，它们的肌肉从小就得到锻炼。如果你不得不为了每一顿的口粮到处飞寻的话，你的肌肉自然是不会萎缩的啦。（萎缩，懂不懂，那意思就是由于老是不用而导致功能丧失。）

当那男孩能像另外两人一样地行走、奔跑和除草时，园子角落的鸟巢便被一种巨大的安详满足感笼罩了。为蛋所引起的恐惧已经成为历史陈迹。知道你的那些蛋像存在银行保险库里一样安全，你时时刻刻还能看到那么些有趣的事情在不断发生，这就使孵蛋成为一种最佳享受。逢到阴雨天，孩子们不能进花园，快当母亲的那只鸟有时还会觉得怪憋闷的呢。

不过即使碰到阴雨天气，也不能说玛丽和科林日子就过得很憋闷。有天早晨，雨水无止无休地泼洒下来，科林开始有点坐不住了，因为他是必须得坐在他那张沙发上的，如果站起来走来走去，那就太危险了。此时，玛丽忽然生出一个主意。

“现在我是一个真正的男孩了。”科林这样说过，“我的腿脚、胳膊以及我整个身体都充满了法力，所以我静不下来。它们任何时候都想干点儿什么。玛丽，知道今天早上我醒过来的时候我想干什么吗，当时天色还早得很，鸟儿们刚开始在外面叽叽喳喳叫个不停，一切都似乎因为欢乐而禁不住要叫出声来——即使是我们不能真正听到它们声音的树木等等也是这样的——我直想跳下床来吼上几声。如果我真的这样做了，你想后果会怎样！”

玛丽异乎寻常地咯咯笑了起来。

“护士会一路小跑赶来，梅德洛克太太也会气急败坏地奔过来，她们会认定你准是疯了，她们会派人去把医生请来的。”她说。

科林自己也哧哧地笑了。他能想象她们各自都会显现出一副什么样的表情——既为他的狮子吼感到震惊，又为他能站得如此笔直而大为惊讶。

“我希望我的父亲能够回家。”他说，“我要自己来告诉他。我一直在想这件事——我们不能再长时间隐瞒下去了。老让我躺着装病，我真受不了，而且，我也太不像病人了。我真希望今天没有下雨。”

玛丽的奇思异想就是在这个时候产生出来的。

“科林。”她开始神秘兮兮地说，“你可知道这幢楼里有多少个房间吗？”

“总有上千个吧，我想。”他回答道。

“总有一百来个从来都没进去过人。”玛丽说，“有一天下雨，我走到那里看了好多间。根本没有人知道，虽然差一点让梅德洛克太太发现了。我回自己屋时迷路了。在你这边的走廊口停了下来。那是我第二次听到你哭。”

科林在他的沙发上吃惊地坐直身子。

“一百个房间从没有人进去过。”他说，“这听起来几乎像是又一个秘密花园了。咱们去看看怎么样。你可以推我的轮椅让我过去，没有人会知道咱们去哪儿的。”

“我正是这么考虑的。”玛丽说，“没有人敢跟踪我们。那儿还有画廊，你可以在那儿跑来跑去。咱们还可以做体操。那里面有一个专放印度东西的小房间，有个柜子，里面满是象牙雕成的象。还有各种派专门用途的房间呢。”

“按铃叫人吧。”科林说。

护士一来，他就发布命令了。

“我要我的轮椅。”他说，“玛丽小姐和我想去看看楼里空着不住人的那些地方。约翰可以把我一直推到画廊跟前，因为去那里有几级台阶要上。然后他可以退下让我们自己活动，需要的时候我会再叫他的。”

那天上午，连下雨也变得不那么可怕了。男仆把轮椅推到画廊后就按吩咐退下了，两个人留了下来。科林和玛丽快乐地相视而笑。等玛丽确定约翰的确是在往楼下用人房走时，她就让科林走下轮椅。

“我打算从画廊的这一头跑到那一头。”科林说，“接着我要蹦跳，最后再做鲍勃·霍沃思的体操。”

这些他们全都做了，而且还玩了许多别的游戏。他们看了墙上的一幅幅肖像画，也找到了那个穿绿缎子长裙、手指上架着一只鹦鹉的相貌平庸的小姑娘。

“所有这些人，肯定都是我的亲戚。”科林说，“他们生活在很久以前：那个鹦鹉姑娘，我相信，必定是我的一个曾曾曾姑奶奶。她跟你还挺像的呢，玛丽——不是像现在的你，而是刚来那阵的你。你现在胖多了，也好看多了。”

“你也一样呀。”玛丽说，两个人都大笑起来。

他们来到那个“印度房间”，玩起那些象牙大象来。他们找到了那个用玫瑰红锦缎装饰的闺房，也见到了老鼠咬出的坐垫上的窟窿，不过小耗子都长大跑掉了，窟窿里空空的。他们去看了更多的房间，有了更多的发现，这都是玛丽初次出巡时未能见到的。他们发现了新的走廊、拐角、台阶和楼梯，还发现了一些原先未曾见到的古老图画，那是他们所喜欢的，还见到一些古旧用具，那是他们连其用途是什么都弄不清楚的。这真是一个饶有奇趣、让人开心的上午呀，让人有一种在自己所住的宅子里和一些陌生人同游的感觉，同时你又感到自己与他们之间相距千里，对两个孩子来说这真是一种前所未有的神奇体验呢。

“我很高兴我们来了。”科林说，“我从来没想到自己住在这么一个深广、怪异的老宅门里。我喜欢这儿。以后每逢下雨天我们都要来这儿逛。我们总会找到新奇的角落和新奇的东西的。”

那天上午，除了得到那么些收获之外，他们还带回去一副再好不过的好胃口，等他们回到科林的房间准备吃饭时，他们再也做不到将午餐原封不动地退回去了。

护士把托盘端回楼下时，她重重地往餐柜上一搁，让厨娘卢米斯太太看看那些碟子、盘子都给吃得多么干净，简直是连洗都不用洗了。

“你瞧瞧！”她说，“这幢宅子整个儿就是一个谜，而那两个孩子更整个儿地是谜中之谜。”

“要是他们每天都是这么个吃法，”那个力气最大的年轻男佣约翰说道，“那么毫无问题，少爷现如今的体重肯定是一个月前的两倍。看来我也该在什么时候辞掉这份差使了，落下肌肉劳损的病根，那可是一辈子的事呀。”

那天下午，玛丽注意到科林的房间里有了一些新的变化。这件事头天她已经发现了，不过她什么都没说，因为她想这可能只是个偶然的事件。她今天仍然是没有吭声，不过她坐着直直地盯看着壁炉上方的那幅图画。她能看到它了，因为现在帘子已经拉到一边去了。这就是她注意到的那个变化。

“我知道你想让我告诉你的是什么。”科林说，此刻玛丽盯看了已经有好几分钟了，“你肚子里有什么话想让我说，我全猜得出来。你是在纳闷干吗把帘子拉到边上去了，对吧？我以后要一直让它那样。”

“为什么呢？”玛丽问道。

“因为现在看着她笑已经不再使我生气了。两天前的那个晚上我睡到半夜醒来，看到月光特别明亮。好像房间里充满了魔法似的，月光使一切都变得那么神奇。我觉得我不能再静静地睡着了。我爬下床来朝窗外看去。房间里很亮，有一片月光照在帘子上，我不知怎么的觉得应该过去拉那条绳索。画里的那个女的在看着下面的我，她好像是在笑，因为她很高兴我站在那儿。这就使得我喜欢对着她看。我要看到她什么时候都在那样地笑着。我想也许她以前就是个懂得魔法的人。”

“你现在真的非常像她。”玛丽说，“有时候我想，你也许就是由她的精灵变成的一个男孩。”

这个想法深深打动了科林。他想了又想，然后慢慢地回答玛丽。

“如果我真的是她的精灵——那我父亲就会喜欢我了。”他说道。

“你想让他喜欢你吗？”玛丽问道。

“我过去因为他不喜欢我而讨厌这个想法。如果他渐渐变得有点喜欢我了，我想我应该把魔法的事告诉他。那会使他高兴一些的。”

第二十六章　“那是妈妈！”

他们对魔法的信仰是一件持久的事。在早晨的念咒语仪式进行完毕之后，科林有时会向大家做一番关于魔法的布道演说。

“我喜欢这样做。”他解释道，“因为等我长大做出伟大的科学发明之后，我也将不得不应各界之邀发表演说的，现在这样做权当是演习吧。我目前还只能做短篇演说，因为我还过于幼小，而且，除此以外，本·韦瑟斯达夫也会感觉像是进了教堂，免不了会眼皮沉重，昏昏欲睡的。”

“演讲最大的好处，”本也忍不住要发表看法了，“就是一个人想说话只消站起来张口，爱怎么说就怎么说，谁都不能跟他顶嘴。老汉我哪天一高兴，没准也会自说自话来上一小段的。”

可是当科林站在他那棵树的底下，滔滔不绝地讲起来时，老本却目不转睛地盯着他。他怀着既挑剔又慈爱的眼光上上下下打量着孩子的全身。他更感兴趣的倒不是演讲，而是那双腿，它们显得一天比一天更直更壮了，那个男孩子气十足的脑袋，它挺得更高了，一度如此瘦削瘪陷的下巴与面颊变得丰满滋润了，那双眼睛也开始炯炯有神、发出他记忆中的另一双眼睛的光彩了。有时候，科林从本急切的眼神里觉察到，这老汉必定是被深深打动了，他很想知道老人是怎么想的。有一次，在老汉显出听得很入神时，他问老汉了。

“你在想什么呢，本·韦瑟斯达夫？”他问道。

“我在琢磨呢。”本回答道，“我不是担保过你这星期会多长出三四磅肉的吗？我方才仔细端详了你的小腿肚子和肩膀。我真想把你搁到秤上去称一称呢。”

“那全都依靠法力，还有——还有索尔比太太的小圆面包、牛奶以及种种别的东西。”科林说，“你瞧，科学试验成功了。”

那天上午，迪康来晚了没能赶上听演讲。他来到时，因为跑步脸红扑扑的，他那张滑稽的脸比平时更加光彩照人了。雨后有许多杂草得锄，他们开始紧张地工作了。下过一场温暖的透雨后总是有更多的活儿干的。潮湿对花儿有益，对杂草何尝不是如此，它们让小小的叶片和尖尖的芽儿到处萌发，得赶紧趁它们还未深深扎进泥土就连根拔掉。到此时，科林在锄草上已经不弱于任何人了，他还可以边干活边发表演说呢。

“在你干活的时候魔法最能起作用了。”这天上午他这么说，“你都可以从你的骨骼和肌肉中感觉出来。我准备读一些有关骨骼和肌肉的书，不过我自己要写的书还是关于魔法的。此刻我正在酝酿。我感到不断有新的发现。”

他说完这番话不久，便放下小铲子，站直身子。他沉默了好几分钟，大家看得出他是在思考演讲的内容，近来他常常这样做。在他扔下铲子站直身子时，玛丽和迪康就觉得他必定是头脑里忽然生出一个强烈的意念，所以才会这样的。他把身子尽量挺直，兴致盎然地张开双臂。血色涌上了他的脸，他那双奇特的眼睛因喜悦而大睁着。他突然之间有了一种大彻大悟的感觉。

“玛丽！迪康！”他喊道，“你们看着我呀！”

他们停下手里的活儿，对着他看。

“你们还记得你们带我来这儿的第一个早晨吗？”他问道。

迪康使劲地盯看着他。由于在驯养动物方面经验丰富，他能察觉许多常人无法看到的现象，其中的许多情况他从未向别人透露过。此刻，他在这个男孩儿的身上看到了一些迹象。

“对啊，我们记得呀。”他回答道。

玛丽也是紧盯着科林，但她什么都没有说。

“就在这一瞬间，”科林说，“我突然自己记起来了——在我看怎么用手将小铲子往下挖掘的时候——我不得不站直身子看看是不是真的。那是真的！我身体好了——我真的好了！”

“对啊，你身体真的好了！”迪康说。

“我身体好了！我身体好了！”科林一遍又一遍地说，他整张脸都变得红通通的。

在某种程度上，他以前就是知道的，他曾经希望如此，感觉出这种情况，也反复思考过这种情况，可是就在这一瞬间某种力量涌遍了他的全身——那是一种狂喜的信念和领会，它的力量是如此巨大使得他不能不大声地说出来。

“我会永远、永远、永远地活下去的！”他神采飞扬地喊道，“我会做出成百上千项新发明的。我会对人类、动物以及一切有生命的东西做出新发现的——像迪康那样——我会永远不休止地施展魔力的。我身体好了！我身体好了！——我感到自己真想高声喊叫——以表达出我的感恩、喜悦的心情！”

正在一个玫瑰丛旁干活的本·韦瑟斯达夫扭过头来看了看他。

“你可以唱那首什么《荣耀颂》的嘛。”他用他那再干巴巴不过的嗄声建议道。其实《荣耀颂》究竟是什么，他也不清楚，他提到这首赞美诗时也并未怀着什么特别的敬意。

不过科林是个爱刨根问底的人，他正好对《荣耀颂》也是一无所知。

“那是什么？”他问道。

“迪康可以唱给你听的，这我拿得稳。”本·韦瑟斯达夫回答道。

迪康回答时显露出他那凡事无所不知的驯兽师式的微笑。

“那是大家在教堂里唱的一首歌。”他说，“俺娘说她相信云雀清晨醒来时也一定要唱的。”

“既然她那样说，那么必定是一首好歌。”科林说，“我还从来没上过教堂呢。我原来病得太厉害了。你就唱一唱吧，迪康。我很想听呢。”

迪康是个很单纯的人，他对这首歌也并无太深的感受。他认为，科林对事物的感受能力比科林自己所明白的要强烈得多。科林是依靠一种本能来理解事物的，这种本能是如此自然，连科林自己都不明白那也能算是一种理解。迪康此时把帽子摘下，环顾四周，脸上仍然是笑眯眯的。

“你必须得脱掉帽子。”他对科林说，“你也得摘，本——还必须站起来，你是知道的嘛。”

科林脱下便帽，阳光洒下来，晒热了他浓密的头发，他专注地看着迪康。本·韦瑟斯达夫原来是跪着干活的，现在也爬起来把帽子摘下，他那张苍老的脸上显现出一种迷惑不解半带怨恨的表情，好像很不理解，自己凭什么要参加到这一不寻常的举动里来。

迪康从树木和玫瑰丛里往前站了站，开始唱了，他是以一个健康男孩的天然嗓音不加修饰地唱的：

“赞美上帝，万千种幸福源自他，
赞美他，我们下界的芸芸众生
都赞美我们在天上的万军之父，
衷心赞美啊，圣父、圣子还有圣灵。
阿门。”

他唱完时，本·韦瑟斯达夫静静地站着，他的双颌紧紧地并拢在一起，可是那双盯着科林的眼睛里却有一种困惑不解的神情。科林的脸上则显示出了若有所思与欣赏的表情。

“这首歌很不错嘛。”他说，“我挺喜欢的。也许它正好表达了我为了感谢魔法而想大声呼喊的那种感情。”他停住话头，有点迷惑不解地思索起来。“说不定这二者就是同一回事呢。我们又怎么弄得清一样东西的准确名称呢？再唱一遍，迪康。咱们也试着一起唱吧，玛丽。我也想唱呢。那就是我的歌了。一开头是怎么唱的？‘万千种幸福源自他’，对吧？”

于是他们便再一次唱起来，玛丽和科林提高了嗓门，使自己的声音尽可能优美一些，迪康的嗓音也更加洪亮，更加好听了——唱到第二句时，本·韦瑟斯达夫大声咳了几下，把嗓子清了清，在第三句上参加了进来，声音很响，几乎有些粗野了。在唱到“阿门”这两个字时，玛丽发现，上一次老本得知科林原来并非瘸子时的那个反应又重复出现了——他的下巴又抽搐起来，他的眼睛又死死盯看和猛眨个没完了，他那皮革般苍老的脸颊上又是湿漉漉的了。

“我原先从来没觉得这《荣耀颂》有啥了不起的。”他嗄声说道，“不过到一定时候我的想法也会改变的。我应该说你这个礼拜必定会多长五磅肉的，科林少爷——那是靠唱歌长出来的！”

此时，科林的眼睛在朝花园的另一头张望，那里有什么在吸引着他的注意力。他的神情顿时变得紧张起来。

“是谁进来啦？”他急急地说，“那是谁？”

长满常春藤的墙上的那扇门被轻轻推开，一个妇人走了进来。她是在大家唱最后一句时进来的，她静静地站在门口，看着他们，听他们把歌唱完。她由背后的常春藤衬托着，阳光透过树枝在她的蓝色斗篷上投下斑斑驳驳的浅影，再加上她那张姣好与充满朝气的脸从绿色叶丛中朝他们笑得那么灿烂，使得她看上去都像是科林藏书里的一幅彩色插图了。她有一双奇妙的、充满深情的眼睛，能把前面的一切统统收入眼中——所有的人，甚至包括本·韦瑟斯达夫和那些“小朋友”们以及绽放的每一朵花儿。尽管她来得出人意料，大家却一点都不觉得她是不速之客。迪康的眼睛更是像两盏灯一样地放出了光。“是俺娘——俺娘来了！”他喊道，并且飞跑着穿过了草地。

科林也开始移动步子朝她走过去，玛丽紧紧跟随。两个人都觉得自己的心跳得更快了。

“那是俺娘！”双方半路相遇时，迪康重复说道，“我知道你们想见她，我就告诉了她们隐藏在什么地方。”

科林伸出手去，他脸颊红红的，还带着几分贵家公子的矜持羞涩，可是他的眼睛却贪婪地盯着她的脸。

“即使是身体不好那阵，我也盼望着能见到你。”他说，“我希望能见到你、迪康和秘密花园。以前我可是根本不想见到任何人和任何东西的。”

见到他那张仰望着的脸，她身上也起了突然变化。她的脸变得更红润了，嘴角微微颤动，眼睛前则因为升起一层薄雾而变得模糊了。

“啊！亲爱的孩子！”她忽然颤声说道，“啊！亲爱的孩子啊！”好像前一分钟连自己都不知道会这样说的。她没有说“科林少爷”，而仅仅是不无突兀地说了一声“亲爱的孩子”。每当见到迪康脸上显现出什么让她感动的表情时，她也会这样叫他的。科林很高兴有人这样叫自己。

“我显得这么健康，你有点感到意外吧？”他问道。

她把手放在他的肩膀上，微微笑了，眼睛前的那层薄雾消失不见了。

“是的，的确是这样的！”她回答道，“不过因为看到你那么像你母亲，所以我的心就跳得快起来了。”

“你觉得，”科林有点尴尬地说，“这一点会不会使我的父亲喜欢我呢？”

“是啊，那是一定的，亲爱的孩子。”她回答道，轻轻而急促地拍了拍他的肩膀，“他会回来的——他一定会回来的。”

“苏珊·索尔比，”本·韦瑟斯达夫说道，一点点走到她跟前来，“你瞅瞅这孩子的腿，行不？两个月之前，它们就像是包在袜子里的两杆小鼓槌——我听底下人瞎唠叨，说他的腿脚既是内八字又是罗圈儿。你瞅瞅这会儿怎么样！”

苏珊·索尔比舒心地大笑起来。

“要不了多久，它们就会长成棒小伙的一双结结实实的好腿的。”她说。“让他继续在园子里玩儿和干活，好好吃东西，多喝些又香又纯的新鲜牛奶，那么感谢上帝，约克郡再不会有比他的更结实的腿了。”

她把两只手按在玛丽小姐的双肩上，以慈母般的眼光细细打量她那张小脸。

“还有你！”她说，“你也快长得跟咱们家伊丽莎白·埃伦一样皮实了。我敢肯定你也会变得很像你的母亲的。咱们的玛莎告诉过我，梅德洛克太太也听说过你母亲是位很漂亮的太太呢。你长大了，也会出落成红玫瑰般的俏丽姑娘的，老天爷会保佑你的。”

她没有提玛莎“轮休”回家向她提起那个脸色蜡黄毫不起眼的小丫头时，还一个劲儿地说不相信梅德洛克太太听说的这个情况呢。玛莎顽固地认为，漂亮妈妈是绝对不会生出这样的丑丫头来的，世界上根本就没有这样的理儿。

玛丽哪有时间管自己的脸正变成什么样子呢。她只知道自己是显得“不一样”了，头发是多出来了不少，而且还长得很快。不过，她还记得当初每次见到“主母太太”的画像时总是感到很快乐，便为自己有一天会长得跟那位漂亮太太一样而高兴。

苏珊·索尔比随着大家走遍了整个花园，听他们讲了整个的经过情形，看了活过来的每一丛灌木和每一棵树。科林走在她的一边，玛丽则在另一边。两个孩子都不断抬起头来看看她那张让人看了很舒服的脸，心中还暗暗琢磨她给予他们的究竟是怎么样一种愉快感情——这种感情使人觉得既温暖又安全可靠。看来她非常了解他们，就跟迪康了解他那些“小朋友”一样。她朝花儿俯下身去，谈论着它们，仿佛它们是小孩子似的。“煤烟”紧紧追随着她，还对着她呱呱叫了几声，又飞到她肩膀上停在那儿，好像那就是迪康的肩膀似的。他们告诉她知更鸟的事情，说那些雏鸟第一次是怎么飞的，她听了慈祥地轻声笑了起来，那笑声从嗓子深处发出，非常醇厚悦耳。

“我寻思，教小鸟儿飞也就跟我们教幼儿走路差不多吧，不过要是我的小孩长的是翅膀而不是腿脚，那我还不定得担心成什么样呢。”她说。

由于看来她是那么一个凡事都从荒原茅屋的实际出发的明智妇女，最后，大伙儿都放心地把魔法的事向她和盘托出了。

“你信不信魔法？”科林在向她介绍过印度苦行僧的事迹后，这样问她。还说：“我真希望你是信的。”

“我信的，孩子。”她回答道，“我以前不知道它有这样的一个名字，不过叫什么又有什么关系呢？我敢说在法国人们用另外一个词儿称呼它，在德国又是别的一个。反正就是这种力量，使得种子发芽，使得你在阳光照耀下能成为一个棒小伙子，反正那是一样好东西。不像我们当中的一些可怜的傻瓜那样，以为名字叫得不对就是件了不得的大事。那个巨大的好东西无时不在操心，上帝保佑你们。它不停地创造万千个世界——像我们这样的世界。你们永远不要中断对巨大的好东西的信仰，要知道世界上这样的东西无处不在——不管你怎么称呼它。我进入花园的时候你们不是正在为它歌唱吗？”

“我方才觉得好快乐哟，”科林说，对着她大睁着自己那双奇妙的蓝眼睛，“突然，我觉得自己跟以前很不一样了——我的胳膊和腿都是那么的健壮，你知道吧——我既能挖土又能站直——我跳了起来，一心想大声叫喊些什么，对着愿意听的任何东西。”

“你唱《荣耀颂》时那魔法正在听着呢。你唱什么它都是愿意听的，重要的仅仅是快乐，对不对啊。啊！孩子啊，孩子——在欢乐的制造者那里，那又该叫什么名称呢？”她又在他肩膀上迅速而轻轻地拍了一下。

她今天早上按惯例准备了一篮子食物，到大家肚子觉得有点空的时候，迪康就从隐蔽处把东西拿了出来，她和大家一起在树底下坐下，看着他们狼吞虎咽的样子，真是又高兴又好笑。她有一肚子的故事、趁他们吃东西时便跟他们说起各种好玩的事儿来。她用的是浓浓的约克郡土腔，有些太土的地方他们不懂，她便解释给他们听。有时她也似乎忍不住会大笑起来，因为他们讲起科林现在再要假扮脾气恶劣的病孩子，真是越来越难了。

“你明白吧，咱们待在一起的时候，总是要笑个没完。”科林解释道，“发出的声音一点也不像病房里的声音。我们想把声音压下去，结果只会笑得更加厉害，情况当然就更加糟糕了。”

“我脑子里老有一个念头，”玛丽说，“我一想到这个念头就憋不住要笑，我想的是如果科林的脸变得像一轮满月那么圆了，那该怎么办。现在还没到这地步，不过他每天都在往胖里长——到了某一天早上他真的像了——咱们该怎么办呢！”

“老天爷保佑，我看得出，这出戏你们还得演一阵子呢。”苏珊·索尔比说，“不过你们用不着再熬多久了，克雷文老爷也该快回来了。”

“你认为他会吗？”科林问，“有什么根据吗？”

苏珊·索尔比咯咯地轻笑了一声。

“我寻思，要是他在你用自己的方式告诉他以前就发现了真实的情况，你会很伤心的。”她说，“你准是晚上躺在床上睡不着时盘算过好多次了吧。”

“我受不了让别人来告诉他。”科林说，“每一天我都构想出新的做法。我现在的想法就是径直跑进他房间去。”

“对他来说那会是一个好的开始。”苏珊·索尔比说，“我真想看看他那时脸上的表情是怎么样的，孩子。我真的很想呢。他会回来的——他一定会回来的。”

他们还讨论了别的一些事，其中之一是准备上她家去做客的事。

他们都计划好了。他们要驾车穿过荒原，在野外的石南丛里吃午餐。

他们将见到所有的十二个孩子，参观迪康的菜园，不玩到筋疲力尽决不回家。

苏珊·索尔比终于站起身来，准备进宅子去见梅德洛克太太了。

现在也是科林应该坐上轮椅让人推回去的时候了。可是在他坐进去之前他紧挨苏珊站着，双眼无限崇敬地着了迷似盯着她看，突然，他伸手抓住她的蓝斗篷，紧紧地捏着。

“你正是我——正是我需要的人呀。”他说，“我真希望你能是我的妈妈——当然，也是迪康的妈妈！”

苏珊·索尔比猛地弯下腰来，将他搂在自己胸前，围裹在蓝斗篷里——好像他真的就是迪康的弟弟似的。她的眼睛又因泪水形成的薄雾变得模糊了。

“啊！亲爱的孩子啊！”她说，“你自己的母亲此刻就在这座花园里呢，我相信。她是绝对不会离开这儿的。你父亲也是一定会回到你身边来的——一定会的！”

第二十七章　在花园里

自从开天辟地以来，每一个世纪里都有不可思议的事情被发现。上个世纪里，所发现的令人叹为观止的事情更是多过这之前的任何一个世纪。在我们的这个新世纪里[①]，必定会有成百上千桩更令人瞠目结舌的事为人知晓。最初，人们拒绝相信能有什么新的东西被制造出来，接着，他们开始希望能把它制造出来，再接下去，他们看到它真的能够制造出来了——等它制造出来以后全世界的人又会觉得奇怪，为什么早几个世纪没能制造出来呢。上世纪人们开始发现的众多新鲜事情之一就是懂得思想——仅仅是思想——是能像电池一样具有威力的——-或是像阳光一样有益于人类，

① 《秘密花园》出版于1911年，作者这里所指的当是20世纪。

或是像毒药一样能起到很坏的作用。让一种悲哀或是有毒的思想进入你的头脑，其危险程度是和让猩红热病菌进入你的身体一模一样的。如果你让这有毒的思想进入头脑却听之任之，很可能在有生之年里你永远也摆脱不掉它呢。

只要玛丽小姐一天脑子里充满不愉快的想法，对别人总是横挑鼻子竖挑眼，对任何事情都决心冷眼相看、漠不关心，那么她永远只能是一个脸色蜡黄、病恹恹、讨人嫌的倒霉蛋。不过，她周围的环境对她还是非常宽宏大量的，尽管她自己对此毫无察觉。环境开始推动她，让她往好的一面发展。知更鸟、满屋子孩子的荒原茅舍、古怪的老园丁、朴实的约克郡使女、大好的春光、一天比一天鲜活的秘密花园，还有一个荒原少年与他的那些“小家伙”，这一切，都一点点地进入她的头脑，使那里再也没有不愉快的思想的立足之地，而正是这种不健康的思想影响着她的肝、她的消化功能，使得她面色蜡黄、死气沉沉。

只要科林把自己关闭在自己的房间里一天，只想到自己的恐惧、自己的弱点与自己对别人的憎恶——这些人冷眼看着他，时时刻刻都在盘算他的驼背与早死——那么，他就只能是一个爱发歇斯底里的、半疯半傻的多疑症小患者。对于阳光与春天，他都一无所知，也不懂得，只要努力去做，有一天他会康复，能够自己站起来。当美好的新思想开始把丑恶的陈旧观念排挤出去时，生命就开始重新回到他的身上，他的血液会健康地流动在他的血管里，力量也会像急流一样涌入他的身体。他的科学实验相当简单实用，一点儿没有故弄玄虚之处。当一个人头脑里进入了一种不愉快或是让人沮丧的思想时，倘若能及时察觉并且用一种愉快、积极进取的精神将其取代，那么更多的奇迹是会在这个人的身上发生的。毕竟，恶与善无法在一个地方并存。这是有诗为证的：

在你精心培育玫瑰之处，那儿，

我的孩子啊，荆棘便难以容身。

就在秘密花园逐渐恢复生机，两个孩子也随之精力越来越旺盛之际，却有一个人在遥远的风景名胜处漂泊漫游，时而在挪威海边的峡湾，时而在瑞士的高山与幽谷，足足有十年，他心中被阴郁的思念和伤心的记忆所占据。他一直没有能振作起来，始终未能用别的思想将阴暗思绪排除出去。即使在蔚蓝的湖滨徘徊时，他也仍然沉湎于忧思之中，在山腰间偃卧时，尽管一片片深蓝的龙胆花在身边怒放，释放出浓郁香气，他想到的依然是那些不顺心的事。在他一生中最快乐的时候，可怕的不幸突然降临到他的头上，自那时起，他就听凭头脑里充溢着黑色的情绪，也顽固地拒绝一丝亮光穿透进来。他把家庭与责任一并抛诸脑后。他浪迹四方时，时时阴沉着脸，以至于见到他的人都觉得晦气，因为好像连周围的空气都被他污染了似的。大多数陌生人都觉得他要么是半疯半傻，要么是灵魂深处隐藏着什么不可告人的肮脏邪念。他个子很高，老是愁眉苦脸的，连肩膀都有点扭曲畸形了。每到一家旅馆，他在登记时写的总是这么几个字：阿奇博尔德·克雷文，英国约克郡米塞斯维特庄园。

自从在书房里见过玛丽小姐，对她说她可以有“自己的一小块地”之后，他又云游了许多地方。他到过欧洲景色最美的一些地方，但是每到一处，他至多不过逗留数日。他选择的都是最最偏僻安静的地方。他攀登过高山之巅，那里的顶峰都没入云深处，它们俯瞰群山，每当旭日东升，阳光抚摩着山巅，使整个世界显得像是刚刚诞生的一样。

但是阳光却似乎一直都未能抚触到他，直到有一天，十年来第一次，他感觉到一件奇异的事情发生了。当时他在奥地利蒂罗尔[1]一处奇妙的山谷里独自漫步，这地方风景如此秀丽，任何人来到此处都会心醉神迷的。他走了很长的一段路，但是心中仍然是死水一潭。但他终于觉得疲倦了，便在山泉旁绿毯般的苔藓地上躺下休息。那是一条清澈的小溪，潺潺流水在狭窄的石槽间欢快地穿越过青翠滋润的沼泽地。有时溪水撞击与绕过圆石块，便会发出像是低低浅笑那样的咕噜声。他看到时不时会有鸟儿飞来往水里一冲，将头浸进去喝水，然舌又振翅离去。小溪像是也有生命的，它发出的微弱声音却使周遭的寂静变得更加深邃。这山谷真是静极、静极了呢。

在阿奇博尔德·克雷文往清清流水里凝视时，他逐渐感觉到他的身与心都沉静了下来，静得与山谷一样。他怀疑自己是不是快要进入梦乡了，但是他没有。他坐着注视阳光晒着的溪流，他的眼睛开始捕捉到一些长在溪边的东西。有一丛可爱的毋忘我花生长在靠水那么近的地方，以至叶子都给打湿了，他看着花儿时依稀记起这景象他多年前亦曾见过。他确实是在柔情地思忖，这花儿多么可爱，这成百朵小花简直能算是蓝色的奇迹了。他不知道，正是这样淳朴的思绪正在慢慢地进入他的心灵——一点一点地进入，而另外的思绪则被轻轻地推到一边。这正像往一潭死水里开始注入清澈的活水，活水越来越多，越来越多，最后，污浊的死水终于被全部排除出去。当然，他自己并未领悟到这一点。他只感觉到，他坐着细看这片亮丽纤巧的蓝色景物时，山谷变得越来越阒寂了。他不知道自己在这里坐了有多久，不知道自己身上发生了什么事，不过他终于移动了一下身子，像是从梦中醒来，他慢慢地爬起来，站在苔藓地上，长长、深深、轻

① 奥地利西部山岳地区，为著名的旅游胜地。

轻地吸了一口气，有点拿不准自己是怎么了。他身体里，似乎有样什么东西非常轻地给松了绑，变得自由了。

“这是怎么回事呢？”他说，声音轻得几乎像耳语，一边用手抚摸着额头，“我怎么有点觉得好像——自己又活过来了呢！”

对于这样有待探索的奇妙现象，写书人所知无多，故而难以向看官解释清，此人所遇到的情形究竟是如何会发生的。世界上恐怕也无人能说清楚吧。此人自己呢，也是一无所知——不过几个月以后他仍然记得这个奇妙的时刻，当时他已经重新回到米塞斯维特，偶然发现就在那同一天，科林进入秘密花园时曾大声喊道：

“我会永远、永远、永远地活下去的。”

那天晚上余下的时间里，这种异乎寻常的恬静一直陪伴着他，他前所未有地酣睡了一大觉；不过这样良好的感觉并未能保持多久。他不懂得那是可以持久留存的。第二天晚上，他又向自己阴暗的思想敞开大门了，而它们也是蜂拥而入、登堂入室。他离开山谷，重新踏上漫游的路途。但是，使他觉得奇怪的是，偶尔会有那么几分钟——有时甚至是半小时——他自己也不明白是怎么一回事，那黑色的负担似乎再次自行离他而去，此时他知道自己是个活生生的人而不是行尸走肉。慢慢地——慢慢地——他也说不清是怎么一回事——他在随着那个花园一起“重新复活”呢。

在金色的夏日逐渐离去，更为深沉的金秋代之而来之际，他去到了科莫湖①。在那里他发现了梦境一般的美景。他在蓝水晶般的湖上度过一天又一天，或者是在山丘上柔软浓密的草木间跋涉，好使自己筋疲力尽，这样才能睡得好一些。不过到此时他已经知道，自己在睡眠上开始有所好转，

---

① 意大利北部，以自然环境优美和湖畔雅致的别墅闻名。

做的梦也不再那么可怕了。

“也许，”他这么自忖，“我的身体正在变得好一些？”

他的身体确实是在变好，不过——由于有了他思想起了变化的那弥足珍贵的短暂时刻——他的心灵也正在变得比较健康了。他开始思念起米塞斯维特来，并且盘算是否应该回家。时不时地他也会印象模糊地想到他的男孩，并且问自己会有什么样的感觉，当那一刻真的来临时：他进入儿子的房间，重新站在那张四柱雕花的床前，低下头去见到那张尖楔子般蜡黄的脸，那张脸还在睡梦中，紧闭的眼睛四周是一圈让人心悸的黑睫毛。想到这里，他又畏缩了。

天气好得出奇，他走出去很远。等他往回走时，明月已经高悬，那是一轮满月，映照得整个世界都成了一片银色与紫色。湖和岸都是那么的寂静，使得他都不愿回到下榻的别墅了。他来到湖边一处林木荫蔽的小平台，在石凳上坐下，呼吸着夜晚无比纯美的空气。他觉得那种奇特的安详感又悄悄回到自己身上，那种感觉越来越强，使得他终于睡着了。

他不知道自己什么时候是睡着的，什么时候又是在做梦；他的梦非常真实，使他都不觉得是在做梦。事后回忆起来，他当时还认为自己是特别清醒与警觉的呢。他认为自己是在坐着嗅闻迟开的玫瑰，一边倾听着脚下湖水拍溅的声音，此时，他听到有一个声音在呼唤他。

那声音甜美、清脆、愉快，也很遥远。声音发自很远之处，但是他听得真真儿的，仿佛就从他身边发出似的。

“阿奇！阿奇！阿奇！”那声音喊道。在停了片刻之后，又响起了，只是比原先更甜美更清晰了：“阿奇！阿奇！”

他觉得他跳了起来，但是一点儿也没惊慌。

这声音是如此真切，显得那么自然，他当然是应该听得到的。

“利里阿斯[1]！是利里阿斯吗？”他回答道，“利里阿斯！你在哪儿啊？”

“在花园里呢。”传回来的是像从金笛子里吹奏出来的声音。“在花园里呢！”

梦到这里戛然而止。可是他并没有醒来。这可爱的整整一夜他都是睡得既香又甜。当他终于醒来时，已经是阳光灿烂的早晨了，有个用人正侍立在侧盯看着他。这是个意大利仆人，像别墅里所有的仆人一样，早就对外国老爷的种种奇特行径习以为常。谁也说不准这位爷何时会外出或回来，他愿意在何处安歇，到底是想在花园里瞎逛呢，还是一整夜要躺在湖中的小船里。这仆人手里端着一只托盘，里面有几封信，他耐心地等着，直到克雷文先生想起要取过来。仆人走开后，克雷文先生把信拿在手里坐了一会，眼睛眺望着湖。他依然保持着那种奇特的安详感，而且还多了些别的感觉——一种轻松感，似乎那件残酷的事情并没有像他预料的那样发生——仿佛这当中起了某种变化。他又记起了那个梦——那个真实的——真实的梦。

“在花园里！”他说，心里也觉得奇怪，“在花园里！可是门是锁上的，钥匙是深深埋起来的呀。”

几分钟后他对着那几封信瞥了一眼，最上面的那封是英文的，是从约克郡寄来的。那是一个文化水平一般的女人的笔迹，他不熟悉这笔迹。他不去多想究竟是谁写来的便把信拆开，可是一开头那几个字就立刻引起了他的注意。

---

① 克雷文先生对亡妻的昵称。

亲爱的先生——我是苏珊·索尔比，也就是有一次在荒原上冒昧地和你说话的那个人。我当时谈的是玛丽小姐的事情。现在我又要大胆多嘴了。真对不起，先生，我想说的是，假如我是你的话，那我就会回家的。我想你回来了一定会很高兴的——请允许我再冒失地多说一句，先生——我想你夫人也会请求你回来的，倘若她还健在的话。

你恭顺的仆人

苏珊·索尔比

克雷文先生把信看了两遍，然后把它塞回信封。他一直在想自己做过的那个梦。

“我要回米塞斯维特去。”他说，“是的，我要立刻回去。”

他穿过花园，来到别墅，命令皮彻打点行装，准备回英国。

几天之后，他又来到约克郡了。在他乘火车的漫长旅途中，他发现自己常常想起儿子，这是十年中从来没有过的事儿。在那些年里，他但求能忘掉这个孩子。现在，虽然他不是有意要去想孩子，对孩子的一个个记忆却经常会袭上心头。他想起了那些阴惨的日子，当时他像个疯子似的乱叫乱喊，因为婴儿活了下来母亲却丧命了。他不想见那小孩，后来他不得不见一见时发现那是个异常虚弱的小东西，谁都认准是活不了几天的。可是让看护婴儿的人惊讶的是，日子一天天过去，小东西却活了下来。于是大家便认定这孩子长大了准是畸形外加瘸腿。

他倒不是有心要做一个坏父亲，可是他一点儿也没有做父亲的感觉。他提供了大夫、护士和昂贵的用品，但是一想到这男孩他就浑身不舒服，他任凭自己陷在一己的悲苦之中。他外出一年后第一次回到米塞斯维特时，那显得可怜兮兮的小东西有气无力与冷漠地将一双眼睛对着他的脸，那是双灰色的大眼睛，四周是一圈黑睫毛，与他曾经爱慕过的那双欢乐的眼睛如此相像又是如此可悲地不一样，他再也无法面对了，于是便把死一般苍白的脸转了开去。自此以后他很少见到小孩，除了在小孩睡着的时候，他对孩子的全部了解就是这是个众人皆知的病人，脾气特别暴躁，发起歇斯底里来简直像个疯子，事事得依着他，才能免得他火头上做出伤着自己的事。

这样的事回忆起来自然全然不能使人精神振奋，可是当火车载着他穿越山间隧道与金色原野时，这个“重新活过来”的人开始用新的方式来思考这件事，他想得很长久、很持续而且还很深刻。

“也许十年来我都错了。”他对自己说，“十年是一段长时间哪。再想有所作为恐怕为时已晚了——真的太晚了。这些年来我都是怎么想的呀！”

自然，一上来就说“太晚”，这里用的“魔法”肯定是来路不正，连科林都可以指出他是错了。不过他对于魔法根本一无所知——不管是正道的魔法还是旁门左道。这上头他还有的好学呢。他琢磨，苏珊·索尔比之所以“冒昧”地给他写信，完全是因为这个富于母性的女人知道他的孩子情况更加不好了——也就是说病得快不行了。要不是有支配着他的那种怪异的安详感的荫蔽，他会比现在还更沮丧呢。他此刻并没有完全丧失希望，而是尽量往好里想。

“会不会她认为我可以帮他改进和对他有所控制呢？”他这么想，“我得在去米塞斯维特的路上先会见她。”

可是当他穿越荒原在茅屋前停住马车时，七八个原来在近处玩耍的孩子聚拢来七零八落地向他一本正经地行了礼，并且告诉他母亲一早就上荒原另一边去帮一个要生小孩的妇女接生了。他们还很主动地告诉他，“咱家的迪康”到庄园的一处花园去干活了，他一星期都要去干几天的。

克雷文先生把一个个壮实的小身体和一张张红扑扑的圆脸蛋都打量了一番，每张脸都神态各异地在对着他绽出灿烂的笑容，他领悟出这么一个事实，即这家人的孩子全都身体健康、性情温和。他也用微笑回报他们友好的笑容，并且从口袋里取出一个金币，递给“咱家的伊丽莎白·埃伦”，她是孩子中年纪最大的一个。

“要是你把这钱分成几份，那就每人能得到半个克朗[①]。”他说。

接下去，在一片窃笑、压抑不住的咯咯笑声和低头屈膝行礼中，他驱马驾车离开了，留下那帮孩子你推我搡、又是跳又是叫，高兴得什么似的。

驱车穿行在景物别致的荒原上倒真是件令人心旷神怡的事呢。

为什么仿佛有一种回家的感觉袭上心头呢，他原来肯定自己是再也不会有这种感觉了——那是这样的一种感觉：这里地美、天美、远处淡紫色的地平线也美，越是接近祖先六百年生息于斯的大宅，心里就益发感到温暖。他上一次驱车离开这里的时候，想到那些紧闭的房间，想到那个男孩，他躺在那张挂着织锦幔帷有四根柱子的床上，他的心都凉了一截。他会不会发现孩子状况有所改善，自己会变得不那么厌恶这孩子呢？那个梦显得多么真切呀——那个召唤他的声音又是多么的奇妙与清晰呀：“在花园里——在花园里！”

“我要想法子找到钥匙。”他说，“我要想法子打开那扇门。我必须

---

① 相当于四分之一英镑。

要这么做——虽然我不知道为了什么。”

他抵达庄园时，像往常那样迎接他的仆佣们注意他气色显得好一些了，也没有像往常那样，一下子就钻进他居住的那个角落，只让皮彻一个人服侍。他去了书房，派人把梅德洛克太太叫来。她匆匆赶来，有点激动，也有点好奇和慌乱。

“科林少爷好不好，梅德洛克？”他问道。

“呃，老爷。”梅德洛克太太回答道，“他嘛——他可有点儿不一般呢，不知道能不能这样说。”

“是更不好了吗？”他试探地说。

这回梅德洛克太太的脸真的是涨红了。

“呃，你知道吧，老爷，”她竭力解释道，“不管是克雷文大夫、护士，还是我，都没法真正弄清楚他是怎么一回事呢。”

“那是为什么？”

“说实在的，科林少爷没准是在好起来，也没准是在变得更不好。他的食欲，老爷，真让人弄不懂——他的行为嘛——”

“他是不是变得更加——更加怪僻了？”主人问道，他心里焦急，眉头拧得更紧了。

“正是这样，老爷。他变得非常古怪——如果跟他过去的表现相比的话。他先是什么都不吃，然后又突然对食物狼吞虎咽起来——再接着又是一下子什么都不吃，把饭菜原封不动退回来，又跟最初一样了。真让人弄不明白到底是怎么一回事呀，老爷，原先他是怎么也不让人把他带到户外去的。我们为了让他坐轮椅出去透透气，花了多大力气呀，弄得人都软了，像片叶子般打起颤来。他呢，也大哭大闹，大发脾气，使得克雷文大夫说这么强迫孩子他可负不了责任。好嘛，老爷，事先一点征兆也没有

——离他闹得最厉害的那回也没多久，突然间，他一定要每天都出去，是由玛丽小姐陪着，苏珊·索尔比的儿子迪康推车。不论是跟玛丽小姐还是跟迪康，他都挺合得来，迪康还带来自己驯养的那些小动物呢。嗨，你信不信，老爷，少爷在户外要从早上一直待到天黑呢。”

“他看上去怎么样？”克雷文先生紧接着又问道。

“如果他一直是好好吃饭的话，老爷，那你会觉得他逐渐在长胖——可是我们担心他这是浮肿。他跟玛丽小姐单独在一起的时候有时会莫名其妙地大笑。过去他是从来都不笑的。克雷文大夫这就来见你，要是你不反对的话。他有生以来还从来没有这样伤脑筋过呢。”

“科林少爷此刻在什么地方？”克雷文先生问道。

“在花园里呀，老爷。他总是在花园里的——虽然谁也不许走近花园，免得能看到他。”

克雷文先生几乎没有听见她最后的那几个字。

“在花园里！”他说，在打发梅德洛克太太退下之后，他站在那儿一遍又一遍地重复着这句话，“在花园里！”

他费了好大的力气才强使自己回到现实里来，等到觉得可以控制住自己之后，他转身走出房间。像玛丽一样，他从树丛之间的那扇门穿出来，来到月桂与喷泉花坛的中间。喷泉此刻正在喷水，四周花畦上秋季的花儿正开得如火如荼。他穿过草坪，走上步行道，这里两边都是常春藤遮掩着的墙。他走得不快，是在慢慢地走，他眼睛盯看着小路。觉得自己似乎是在给拉回到很久以前所舍弃的地方，但他不明白为什么会是这样。他越往那里走近，他的步履变得越加缓慢了。他知道那扇门是在什么地方，虽然厚厚的藤蔓盖住了门——不过他不能准确地指出那东西在什么地方——那把钥匙，它究竟是埋在什么地方。

因此他停了下来，站住了一动不动，朝四下里环视，几乎就在他刚刚站住时，他吃了一惊，赶紧仔细倾听——他怀疑自己是否进入了梦境。

常春藤厚厚地盖住了门，钥匙是埋在树丛底下的，在这凄凉的十年里没有人会穿过这个门框——可是花园里却有动静。那是奔跑的声音，是一遍遍围着树木追逐的脚步声，是奇怪的压低了的说话声——既有喊叫声，也有受到抑制的欢笑声。那的确很像是年轻人的笑声，是小孩子不想让人听到的硬要压下去的声音，但是再过上一会儿——在他们愈加激动时——声音还是会爆发出来的。天哪，他究竟是在做什么梦呀——他究竟听到了什么声音呀？他是不是丧失了理智与思考力，自以为听到这样非人间的声音呢？那遥远而清晰的声音，所意味的莫非就是此事？

这时，那个时刻来到了——那个无法控制的时刻，所有的声音都忘了必须压低的时刻来到了。脚步奔跑得更加快更加快了——声音正来到园门——有年轻人急促有力的呼吸声，也有无法抑制爆发出来的欢笑声——墙上的园门砰地被推开，藤蔓给拨开了，一个男孩全速冲了出来，他没有看见园外有人，几乎与克雷文先生撞了个满怀。

克雷文先生及时伸开双臂，这才使孩子没有倒在地上。他把孩子拉开些距离看看，他发现孩子居然来到此处，感到很惊讶，几乎都透不过气来了。

那男孩个子高挑，模样挺神气。他生气勃勃，因为奔跑，脸上红扑扑的。他把浓密的头发往后一甩，抬起了一双奇特的灰眼睛——眼睛里充满男孩特有的调皮神态，周围是一圈黑色的睫毛。使克雷文先生喘不出气来的正是这样的一双眼睛。

“是谁——什么？是谁！”他结结巴巴地说。

这完全出乎科林的预料——他原来根本不是这样设想的。他从未想到会在这样的情况之下晤面。不过像这样跑了第一冲出来，说不定反倒更好呢。他站得笔直，把身子挺得尽可能高些。玛丽是跟他一块儿跑的，此刻也冲出了园门，她感到科林是在想方设法让自己显得更高——高出好几英寸。

“父亲，”他说，“我是科林。你没法相信吧。我自己也差点儿不敢相信。不过我真的就是科林。”

他跟方才的梅德洛克太太一样，也不明白父亲突然嘟哝出的这几个字是什么意思：

“在花园里！在花园里！”

“是的，”科林紧接他的话头说，“是在花园里完成的——在玛丽、迪康和那些小动物的帮助下——再加上魔法的作用。其他人谁也不知道。我们保守住秘密等你回来时告诉你。我身体好着呢，赛跑能跑过玛丽。我想当运动员。”

他一口气说了这么多，就跟健康孩子一样——脸红扑扑的，因为着急说话有些语无伦次——但是克雷文先生的心却因为难以置信的喜悦而强烈跳动起来了。

科林伸出手，按在了克雷文先生的胳臂上。

“你不觉得高兴吗，父亲？”科林终于要结束他的演说了，“你不觉得高兴吗？我会永远、永远、永远活下去的！”

克雷文先生把双手放在男孩的两个肩膀上，紧紧地按住科林。他明白自己一时间最好先别说话，免得控制不住感情。

等到他终于能开口时，他说：“带我进花园吧，我的孩子。把有关的一切都告诉我吧。”

于是大家就把他领了进去。

这里杂花生树，颇有秋之野趣，到处是斑斑驳驳的金色、深浅不一的紫色和蓝色，还有火一般的鲜红色，四下都有一丛丛迟开的百合亭亭玉立着——白色的或是白中带绛的。他记得很清楚，头一批栽种这种花时，就是指望能在这个季节见到它们大放异彩的。迟开的玫瑰攀登着，悬垂着，或是簇拥在一起，正在一点点变黄的树木让阳光一照，颜色更深沉了，让人宛若置身于一座丛林环抱的金色庙宇里。就像孩子们最初进到荒芜的废园时一样，这位新来者也是噤然发不出一声。对着四周围他一遍遍地看了又看。

“我还以为花园完全荒废了呢。”他说。

“玛丽最初也是这么想的。”科林说，“可是它活过来了。”

接着他们都在他们的那棵树下坐了下来——除了科林，他一定得站着讲自己的故事。

在孩子以年轻人的直率风格滔滔不绝地倾诉他的经历时，阿奇博尔德·克雷文思忖，那真是他所听到过的最最奇妙的故事呢。秘密、魔法和野生小动物，让人的心都要跳出来的午夜会见——春天的来临——小王爷不甘受屈辱拼死也要自己站给老本·韦瑟斯达夫看的那股气势，还有那个古里古怪的小集团，假装厌食的故布疑阵，得费多大劲儿才能保住的秘密。听的人后来连眼泪都要笑出来了，但有时候眼泪又并非因为好笑而流出来的。这位运动员兼演说家兼科学发明家真是个逗人乐、惹人爱、精力充沛的小人儿呀。

“现在，”他在故事讲完时说道，“没有必要再保守秘密了。我敢说，谁见到我都会吓得灵魂出窍的——不过我也不想再坐进那辆轮椅了。我要和你一起走回去，父亲——回咱们家去。”

由于职务所系，本·韦瑟斯达夫很少有机会离开花园，不过在这一非常时刻，他找了个借口，以送蔬菜为名去到厨房，还受梅德洛克太太的邀请，进入用人大厅去喝杯啤酒。因此他能如自己所愿，在米塞斯维特庄园这代人所遇到的最有戏剧性的事件发生的时候，得以在场躬逢其盛。

用人大厅有一扇窗子面对庭院，从那里也能瞥见草坪的一角。梅德洛克太太知道本是从花园回来的，估计他说不定会见到主人，甚至还有可能见到科林少爷。

“你可曾见到他们当中的一位啊，韦瑟斯达夫？”她问道。

本把啤酒杯从嘴边移开，用手背抹了抹嘴唇。

“是啊，我瞅见了。”他故作诡异地答道。

“两个都见到了？”梅德洛克试探地说。

“两个，没错。”本·韦瑟斯达夫回答道，“费神，太太，再给续一杯吧。”

“两个，是在一块儿？”梅德洛克太太说，激动中倒酒时手上没了分寸，使啤酒都溢了出来。

“是在一块儿呀，太太。”本一口就把新添的酒喝下去半杯子。

“那时候科林少爷来到哪儿了？他什么模样？他们俩都说了些什么？”

“我哪里听得见。”本说，“我只不过是站在梯子上朝墙那头望过去罢了。不过有句话我得关照你，宅子外面出了好些事，你们干屋里活的人是连半点儿都不知道的。等你知道时就会觉得晚了。”

没到两分钟，他又把酒杯喝空了，此时，他一本正经地把啤酒杯朝窗子的方向挥了挥，从那扇窗子可以瞥见灌木半掩着的草坪一角。

“上这边来瞅瞅，”他说，“你不是什么都想知道吗，瞅瞅穿过草地走过来的都是谁。”

梅德洛克过来一看，马上就举起双臂发出一声尖叫，用人厅里听到她叫的每一个男女用人都冲了过来，他们拥在窗前朝外看去，眼珠子瞪得都快掉出来了。

穿过草坪走过来的是米塞斯维特庄园的主人，他那副神情，是许多用人连见都没见到过的。走在他身边、头高高抬起、眼里充满欢笑、步履坚稳、不逊于任何一个约克郡少年的，不是别人——正是科林少爷。